**Ética**

*Adolfo Sánchez Vázquez*

# Ética

**Tradução de**
João Dell'Anna

**41ª edição**

Rio de Janeiro
2024

Copyright © Adolfo Sánchez Vázquez, 1997

TÍTULO ORIGINAL ESPANHOL
*Ética*

CAPA
*Anderson Junqueira*

PROJETO GRÁFICO
*Evelyn Grumach e João de Souza Leite*

CIP-BRASIL. CATALOGAÇÃO NA FONTE
SINDICATO NACIONAL DOS EDITORES DE LIVROS, RJ

Sánchez Vázquez, Adolfo, 1915-2011
S195e   Ética/Adolfo Sánchez Vázquez; tradução de João Dell'Anna. – 41ª ed.
41ª ed. – Rio de Janeiro: Civilização Brasileira, 2024.
304p.

Tradução de: Ética
Inclui bibliografia
ISBN 978-85-200-1014-3

1. Ética. I. Título.

98-1833                              CDD – 170
                                     CDU – 17

EDITORA AFILIADA

Todos os direitos reservados. É proibido reproduzir, armazenar ou transmitir partes deste livro, através de quaisquer meios, sem prévia autorização por escrito.

Texto revisado segundo o novo Acordo Ortográfico da Língua Portuguesa.

Direitos desta tradução adquiridos pela
EDITORA CIVILIZAÇÃO BRASILEIRA
Um selo da
EDITORA JOSÉ OLYMPIO LTDA.
Rua Argentina, 171 – Rio de Janeiro, RJ – 20921-380 – Tel.: (21) 2585-2000

Seja um leitor preferencial Record.
Cadastre-se no site www.record.com.br e receba informações sobre nossos lançamentos e nossas promoções.

Atendimento e venda direta ao leitor:
sac@record.com.br

Impresso no Brasil
2024

# Sumário

PRÓLOGO  9

## Capítulo I. Objeto da Ética  13
1. PROBLEMAS MORAIS E PROBLEMAS ÉTICOS  15
2. O CAMPO DA ÉTICA  19
3. DEFINIÇÃO DA ÉTICA  22
4. ÉTICA E FILOSOFIA  25
5. A ÉTICA E OUTRAS CIÊNCIAS  29

## Capítulo II. Moral e história  35
1. CARÁTER HISTÓRICO DA MORAL  37
2. ORIGENS DA MORAL  39
3. MUDANÇAS HISTÓRICO-SOCIAIS E MUDANÇAS DA MORAL  42
4. O PROGRESSO MORAL  53

## Capítulo III. A essência da moral  61
1. O NORMATIVO E O FATUAL  63
2. MORAL E MORALIDADE  65
3. CARÁTER SOCIAL DA MORAL  66
4. O INDIVIDUAL E O COLETIVO NA MORAL  70
5. ESTRUTURA DO ATO MORAL  75
6. SINGULARIDADE DO ATO MORAL  80
7. CONCLUSÃO  82

## Capítulo IV. A moral e outras formas de comportamento humano  85
1. DIVERSIDADE DO COMPORTAMENTO HUMANO  87
2. MORAL E RELIGIÃO  89

3. MORAL E POLÍTICA  92

4. MORAL E DIREITO  97

5. MORAL E TRATO SOCIAL  101

6. MORAL E CIÊNCIA  103

## Capítulo V. Responsabilidade moral, determinismo e liberdade  107

1. CONDIÇÕES DA RESPONSABILIDADE MORAL  109

2. A IGNORÂNCIA E A RESPONSABILIDADE MORAL  111

3. COAÇÃO EXTERNA E RESPONSABILIDADE MORAL  113

4. COAÇÃO INTERNA E RESPONSABILIDADE MORAL  116

5. RESPONSABILIDADE MORAL E LIBERDADE  118

6. TRÊS POSIÇÕES FUNDAMENTAIS NO PROBLEMA DA LIBERDADE  119

7. O DETERMINISMO ABSOLUTO  120

8. O LIBERTARISMO  123

9. DIALÉTICA DA LIBERDADE E DA NECESSIDADE  126

10. CONCLUSÃO  131

## Capítulo VI. Os valores  133

1. QUE SÃO OS VALORES  136

2. SOBRE O VALOR ECONÔMICO  138

3. DEFINIÇÃO DO VALOR  140

4. OBJETIVISMO E SUBJETIVISMO AXIOLÓGICOS  141

5. A OBJETIVIDADE DOS VALORES  146

6. VALORES MORAIS E NÃO MORAIS  147

## Capítulo VII. A avaliação moral  151

1. CARÁTER CONCRETO DA AVALIAÇÃO MORAL  153

2. O BOM COMO VALOR  155

3. O BOM COMO FELICIDADE (EUDEMONISMO)  158

4. O BOM COMO PRAZER (HEDONISMO)  160

5. O BOM COMO "BOA VONTADE" (FORMALISMO KANTIANO)  164

6. O BOM COMO ÚTIL (UTILITARISMO)  168

7. CONCLUSÕES A RESPEITO DA NATUREZA DO BOM  171

Capítulo VIII. A obrigatoriedade moral  *177*

1. NECESSIDADE, COAÇÃO E OBRIGATORIEDADE MORAL  *180*
2. OBRIGAÇÃO MORAL E LIBERDADE  *181*
3. CARÁTER SOCIAL DA OBRIGAÇÃO MORAL  *183*
4. A CONSCIÊNCIA MORAL  *184*
5. TEORIAS DA OBRIGAÇÃO MORAL  *189*
6. TEORIAS DEONTOLÓGICAS DO ATO  *191*
7. TEORIAS DEONTOLÓGICAS DA NORMA (A TEORIA KANTIANA DA OBRIGAÇÃO MORAL)  *193*
8. TEORIAS TELEOLÓGICAS (EGOÍSMO E UTILITARISMO)  *198*
9. UTILITARISMO DO ATO E UTILITARISMO DA NORMA  *200*
10. CONCLUSÕES  *205*

Capítulo IX. A realização da moral  *207*

1. OS PRINCÍPIOS MORAIS BÁSICOS  *209*
2. A MORALIZAÇÃO DO INDIVÍDUO  *211*
3. AS VIRTUDES MORAIS  *214*
4. A REALIZAÇÃO MORAL COMO EMPREENDIMENTO COLETIVO  *216*
5. A VIDA ECONÔMICA E A REALIZAÇÃO DA MORAL  *217*
6. A ESTRUTURA SOCIAL E POLÍTICA E A VIDA MORAL  *223*
7. A VIDA ESPIRITUAL DA SOCIEDADE E A REALIZAÇÃO DA MORAL  *229*
8. CONCLUSÕES  *233*

Capítulo X. Forma e justificação dos juízos morais  *235*

1. A FORMA LÓGICA DOS JUÍZOS MORAIS  *237*
2. FORMAS ENUNCIATIVAS, PREFERENCIAIS E IMPERATIVAS  *238*
3. SIGNIFICADO DO JUÍZO MORAL  *242*
4. A TEORIA EMOTIVISTA  *242*
5. O INTUICIONISMO ÉTICO  *245*
6. A JUSTIFICAÇÃO RACIONAL DOS JUÍZOS MORAIS  *247*
7. A "GUILHOTINA" DE HUME  *249*
8. CRITÉRIOS DE JUSTIFICAÇÃO MORAL  *253*
9. A SUPERAÇÃO DO RELATIVISMO ÉTICO  *259*

Capítulo XI. Doutrinas éticas fundamentais  267

1. ÉTICA E HISTÓRIA  269
2. ÉTICA GREGA  270
3. ÉTICA CRISTÃ MEDIEVAL  277
4. A ÉTICA MODERNA  281
5. A ÉTICA CONTEMPORÂNEA  285

BIBLIOGRAFIA  299

# Prólogo

Este livro pretende introduzir o leitor no estudo dos problemas fundamentais da ética. Concebendo-o desta maneira, com texto introdutório, tivemos presentes as exigências do ensino desta disciplina nos cursos universitários, nos institutos normais e nas escolas técnicas preparatórias. Por isto, procuramos abordar os temas mais importantes que constam nos vigentes programas de ética: objeto da ética, essência da moral, responsabilidade moral, determinismo e liberdade, avaliação moral, obrigatoriedade moral, realização da moral e doutrinas éticas fundamentais. Examinamos também outros temas que não costumam figurar nesses programas e que nos parecem de suma importância: moral e história, moral e outras formas de comportamento humano e, finalmente, forma lógica e justificação dos juízos morais.

A ideia de que a ética deve ter suas raízes no fato da moral, como sistema de regulamentação das relações entre os indivíduos ou entre estes e a comunidade, orientou nosso estudo. Por ser a moral uma forma de comportamento humano que se encontra em todos os tempos e em todas as sociedades, partimos do critério de que é preciso considerá-la em toda a sua diversidade, fixando embora a nossa atenção, de maneira especial, em suas manifestações atuais. Podemos assim impugnar as tentativas especulativas de tratar a moral como um sistema normativo único, válido para todos os tempos e para todos os homens, assim como rejeitar a tendência de identificá-la com uma determinada forma histórico-concreta de comportamento moral.

Por conseguinte, este livro pretende abordar a moral como uma forma específica de comportamento humano, cujos agentes são os indivíduos concretos, indivíduos, porém, que só agem moralmente quando em sociedade, dado que a moral existe necessariamente para cumprir uma função social.

Examinamos então os diversos fatores sociais que contribuem, de uma ou de outra maneira, para a realização da moral, mas sem nunca esquecer que o verdadeiro comportamento moral coloca sempre em ação os indivíduos como tais, pois o ato moral exige a sua decisão livre e consciente, assumida por uma convicção interior e não por uma atitude exterior e impessoal.

Nada mais alheio à nossa intenção do que nos refugiarmos num neutralismo ético — muito em voga hoje em certas correntes —, mas igualmente não pretendemos ceder a um normativismo ou dogmatismo ético que transforma a ética, mais do que numa teoria da moral, num código de normas. Trata-se de estudar o que a moral é em sua essência, como empreendimento individual e social, porque somente assim, com base neste estudo, se podem pôr em evidência os lineamentos de uma nova moral; aquela que, de acordo com as necessidades e possibilidades de nosso tempo, contribua para aproximar o homem atual de uma moral verdadeiramente humana e universal.

Examinando uma série de questões cruciais de ética, procuramos expor diversas e até contrárias posições, não eclética mas criticamente, isto é, sem ocultar nossa posição pessoal. A bibliografia, ainda que sucinta, foi selecionada de maneira a que os nossos leitores não só possam ampliar ou enriquecer o que o presente livro lhes oferece, mas também confrontar as ideias nele expostas e sustentadas com as ideias expostas e sustentadas por outras obras.

Dada a finalidade didática que nos propusemos, esforçamo-nos por utilizar uma linguagem clara e acessível, sem prejuízo, contudo, das exigências teóricas de rigor, nem de fundamentação e de sistematicidade de toda a investigação. Com esse fim, dispensamos, no livro, o aparato de citações e, por razões análogas, reduzimos a bibliografia a um certo número de obras em espanhol, salvo nos casos — não muitos — em que julgamos indispensável incluir obras em línguas estrangeiras.

ÉTICA

Em conclusão, entregamos nosso livro aos leitores — estudantes e professores —, pois são eles, afinal, os que julgarão se conseguimos o que nos propusemos. Terminando, temos de acrescentar às nossas intenções a de ampliar o ensino da ética nos nossos centros de ensino sob um ponto de vista diferente dos que predominaram até hoje.

A. S. V.
MÉXICO, D. F., JANEIRO DE 1969

CAPÍTULO I  Objeto da Ética

## 1. PROBLEMAS MORAIS E PROBLEMAS ÉTICOS

Nas relações cotidianas entre os indivíduos, surgem continuamente problemas como estes: Devo cumprir a promessa $x$ que fiz ontem ao meu amigo Y, embora hoje perceba que o cumprimento me causará certos prejuízos? Se alguém se aproxima, à noite, de maneira suspeita e receio que me possa agredir, devo atirar nele, aproveitando que ninguém pode ver, a fim de não correr o risco de ser agredido? Com respeito aos crimes cometidos pelos nazistas durante a Segunda Guerra Mundial, os soldados que os executaram, cumprindo ordens militares, podem ser moralmente condenados? Devo dizer sempre a verdade ou há ocasiões em que devo mentir? Quem, numa guerra de invasão, sabe que o seu amigo Z está colaborando com o inimigo, deve calar, por causa da amizade, ou deve denunciá-lo como traidor? Podemos considerar bom o homem que se mostra caridoso com o mendigo que bate à sua porta e, durante o dia — como patrão —, explora impiedosamente os operários e os empregados da sua empresa? Se um indivíduo procura fazer o bem e as consequências de suas ações são prejudiciais àqueles que pretendia favorecer, porque lhes causa mais prejuízo do que benefício, devemos julgar que age corretamente de um ponto de vista moral, quaisquer que tenham sido os efeitos de sua ação?

Em todos estes casos, trata-se de problemas práticos, isto é, de problemas que se apresentam nas relações efetivas, reais, entre indivíduos ou quando se julgam certas decisões e ações dos mesmos. Trata-se, por sua vez, de problemas cuja solução não concerne somente à pessoa que os propõe, mas também a outra ou outras

## OBJETO DA ÉTICA

pessoas que sofrerão as consequências da sua decisão e da sua ação. As consequências podem afetar somente um indivíduo (devo dizer a verdade ou devo mentir a X?); em outros casos, trata-se de ações que atingem vários indivíduos ou grupos sociais (os soldados nazistas deviam executar as ordens de extermínio emanadas de seus superiores?). Enfim, as consequências podem estender-se a uma comunidade inteira, como a nação (devo guardar silêncio em nome da amizade, diante do procedimento de um traidor?).

Em situações como estas que acabamos de enumerar, os indivíduos se defrontam com a necessidade de pautar o seu comportamento por normas que se julgam mais apropriadas ou mais dignas de ser cumpridas. Estas normas são aceitas intimamente e reconhecidas como obrigatórias: de acordo com elas, os indivíduos compreendem que têm o dever de agir desta ou daquela maneira. Nestes casos, dizemos que o homem age moralmente e que neste seu comportamento se evidenciam vários traços característicos que o diferenciam de outras formas de conduta humana. Sobre este comportamento, que é o resultado de uma decisão refletida e, por isto, não puramente espontânea ou natural, os outros julgam, de acordo também com normas estabelecidas, e formulam juízos como os seguintes: "X agiu bem mentindo naquelas circunstâncias"; "Z devia denunciar o seu amigo traidor", etc.

Desta maneira temos, pois, de um lado, atos e formas de comportamentos dos homens em face de determinados problemas, que chamamos morais, e, do outro lado, juízos que aprovam ou desaprovam moralmente os mesmos atos. Mas, por sua vez, tanto os atos quanto os juízos morais pressupõem certas normas que apontam o que se deve fazer. Assim, por exemplo, o juízo: "Z devia denunciar o seu amigo traidor", pressupõe a norma "os interesses da pátria devem ser postos acima dos da amizade".

Por conseguinte, na vida real, defrontamo-nos com problemas práticos do tipo dos enumerados, dos quais ninguém pode eximir-se. E, para resolvê-los, os indivíduos recorrem a normas, cumprem determinados atos, formulam juízos e, às vezes, se servem de determinados argumentos ou razões para justificar a decisão adotada ou os passos dados.

ÉTICA

Tudo isto faz parte de um tipo de comportamento efetivo, tanto dos indivíduos quanto dos grupos sociais e tanto de ontem quanto de hoje. De fato, o comportamento humano prático-moral, ainda que sujeito a variação de uma época para outra e de uma sociedade para outra, remonta até as próprias origens do homem como ser social.

A este comportamento prático-moral, que já se encontra nas formas mais primitivas de comunidade, sucede posteriormente — muitos milênios depois — a reflexão sobre ele. Os homens não só agem moralmente (isto é, enfrentam determinados problemas nas suas relações mútuas, tomam decisões e realizam certos atos para resolvê-los e, ao mesmo tempo, julgam ou avaliam de uma ou de outra maneira estas decisões e estes atos), mas também refletem sobre esse comportamento prático e o tomam como objeto da sua reflexão e de seu pensamento. Dá-se assim a passagem do plano da prática moral para o da teoria moral; ou, em outras palavras, da moral efetiva, vivida, para a moral reflexa. Quando se verifica esta passagem, que coincide com o início do pensamento filosófico, já estamos propriamente na esfera dos problemas teórico-morais ou éticos.

À diferença dos problemas prático-morais, os éticos são caracterizados pela sua generalidade. Se na vida real um indivíduo concreto enfrenta uma determinada situação, deverá resolver por si mesmo, com a ajuda de uma norma que reconhece e aceita intimamente, o problema de como agir de maneira a que sua ação possa ser boa, isto é, moralmente valiosa. Será inútil recorrer à ética com a esperança de encontrar nela uma norma de ação para cada situação concreta. A ética poderá dizer-lhe, em geral, o que é um comportamento pautado por normas, ou em que consiste o fim — o bom — visado pelo comportamento moral, do qual faz parte o procedimento do indivíduo concreto ou o de todos. O problema do que fazer em cada situação concreta é um problema prático-moral e não teórico-ético. Ao contrário, definir o que é o bom não é um problema moral cuja solução caiba ao indivíduo em cada caso particular, mas um problema geral de caráter teórico, de

## OBJETO DA ÉTICA

competência do investigador da moral, ou seja, do ético. Assim, por exemplo, na Antiguidade grega, Aristóteles se propõe o problema teórico de definir o que é o bom. Sua tarefa é investigar o conteúdo do bom, e não determinar o que cada indivíduo deve fazer em cada caso concreto para que o seu ato possa ser considerado bom. Sem dúvida, esta investigação teórica não deixa de ter consequências práticas, porque, ao se definir o que é o bom, se está traçando um caminho geral, em cujo marco os homens podem orientar a sua conduta nas diversas situações particulares. Neste sentido, a teoria pode influir no comportamento moral-prático. Mas, apesar disso, o problema prático que o indivíduo deve resolver na sua vida cotidiana e o problema teórico cuja solução compete ao investigador, a partir da análise do material que lhe é proporcionado pelo comportamento efetivo dos homens, não podem ser identificados. Muitas teorias éticas organizaram-se em torno da definição do bom, na suposição de que, se soubermos determinar o que é, poderemos saber o que devemos fazer ou não fazer. As respostas sobre o que é o bom variam, evidentemente, de uma teoria para outra: para uns, o bom é a felicidade ou o prazer; para outros, o útil, o poder, a autocriação do ser humano, etc.

Mas, juntamente com este problema central, colocam-se também outros problemas éticos fundamentais, tais como o de definir a essência ou os traços essenciais do comportamento moral, à diferença de outras formas de comportamento humano, como a religião, a política, o direito, a atividade científica, a arte, o trato social, etc. O problema da essência do ato moral envia a outro problema importantíssimo: o da responsabilidade. É possível falar em comportamento moral somente quando o sujeito que assim se comporta é responsável pelos seus atos, mas isto, por sua vez, envolve o pressuposto de que pôde fazer o que queria fazer, ou seja, de que pôde escolher entre duas ou mais alternativas, e agir de acordo com a decisão tomada. O problema da liberdade da vontade, por isso, é inseparável do da responsabilidade. Decidir e agir numa situação concreta é um problema prático-moral; mas investigar o modo pelo qual a responsabilidade moral se relaciona com a liberdade e com

ÉTICA

o determinismo ao qual nossos atos estão sujeitos é um problema teórico, cujo estudo é da competência da ética. Problemas éticos são também o da obrigatoriedade moral, isto é, o da natureza e fundamentos do comportamento moral enquanto obrigatório, bem como o da realização moral, não só como empreendimento individual, mas também como empreendimento coletivo.

Os homens, porém, em seu comportamento prático-moral, não somente cumprem determinados atos, como, ademais, julgam ou avaliam os mesmos; isto é, formulam juízos de aprovação ou de reprovação deles e se sujeitam consciente e livremente a certas normas ou regras de ação. Tudo isto toma a forma lógica de certos enunciados ou proposições. Neste ponto, abre-se para a ética um vasto campo de investigação que, em nosso tempo, constituiu uma sua seção especial sob o nome de *metaética*, cuja tarefa é o estudo da natureza, função e justificação dos juízos morais. Precisamente este último é um problema metaético fundamental: ou seja, examinar se se podem apresentar razões ou argumentos — e, em tal caso, que tipo de razões ou de argumentos para demonstrar a validade de um juízo moral e, particularmente, das normas morais.

Os problemas teóricos e os problemas práticos, no terreno moral, se diferenciam, portanto, mas não estão separados por uma barreira intransponível. As soluções que se dão aos primeiros não deixam de influir na colocação e na solução dos segundos, isto é, na própria prática moral; por sua vez, os problemas propostos pela moral prática, vivida, assim como as suas soluções, constituem a matéria de reflexão, o fato ao qual a teoria ética deve retornar constantemente para que não seja uma especulação estéril, mas sim a teoria de um modo efetivo, real, de comportamento do homem.

## 2. O CAMPO DA ÉTICA

Os problemas éticos caracterizam-se pela sua generalidade e isto os distingue dos problemas morais da vida cotidiana, que são os que se nos apresentam nas situações concretas. Mas, desde que

## OBJETO DA ÉTICA

a solução dada aos primeiros influi na moral vivida — sobretudo quando se trata não de uma ética absolutista, apriorística ou puramente especulativa —, a ética pode contribuir para fundamentar ou justificar certa forma de comportamento moral. Assim, por exemplo, se a ética revela uma relação entre o comportamento moral e as necessidades e os interesses sociais, ela nos ajudará a situar no devido lugar a moral efetiva, real, de um grupo social que tem a pretensão de que seus princípios e suas normas tenham validade universal, sem levar em conta necessidades e interesses concretos. Por outro lado, se a ética, quando trata de definir o que é o bom, recusa reduzi-lo àquilo que satisfaz meu interesse pessoal, exclusivo, evidentemente influirá na prática moral ao rejeitar um comportamento egoísta como moralmente válido. Por causa de seu caráter prático, enquanto disciplina teórica, tentou-se ver na ética uma disciplina normativa, cuja função fundamental seria a de indicar o melhor comportamento do ponto de vista moral. Mas esta caracterização da ética como disciplina normativa pode levar — e, no passado, frequentemente levou — a esquecer seu caráter propriamente teórico. Certamente, muitas éticas tradicionais partem da ideia de que a missão do teórico, neste campo, é dizer aos homens o que devem fazer, ditando-lhes as normas ou princípios pelos quais pautar seu comportamento. O ético transforma-se assim numa espécie de legislador do comportamento moral dos indivíduos ou da comunidade. Mas a função fundamental da ética é a mesma de toda teoria: explicar, esclarecer ou investigar uma determinada realidade, elaborando os conceitos correspondentes. Por outro lado, a realidade moral varia historicamente e, com ela, variam os seus princípios e as suas normas. A pretensão de formular princípios e normas universais, deixando de lado a experiência moral histórica, afastaria da teoria precisamente a realidade que deveria explicar. Também é certo que muitas doutrinas éticas do passado não são uma investigação ou esclarecimento da moral como comportamento efetivo, humano, mas uma justificação ideológica de determinada moral, correspondente a determinadas

# ÉTICA

necessidades sociais, e, para isto, elevam os seus princípios e as suas normas à categoria de princípios e normas universais, válidos para qualquer moral. Mas o campo da ética nem está à margem da moral efetiva, nem tampouco se limita a uma determinada forma temporal e relativa da mesma.

A ética é teoria, investigação ou explicação de um tipo de experiência humana ou forma de comportamento dos homens, o da moral, considerado porém na sua totalidade, diversidade e variedade. O que nela se afirme sobre a natureza ou fundamento das normas morais deve valer para a moral da sociedade grega, ou para a moral que vigora de fato numa comunidade humana moderna. É isso que assegura o seu caráter teórico e evita sua redução a uma disciplina normativa ou pragmática. O valor da ética como teoria está naquilo que explica, e não no fato de prescrever ou recomendar com vistas à ação em situações concretas.

Como reação a estes excessos normativistas das éticas tradicionais, procurou-se nos últimos tempos limitar o domínio da ética aos problemas da linguagem e do raciocínio moral, renunciando-se a abordar questões como a definição do bom, a essência da moral, o fundamento da consciência moral, etc. Pois bem; embora as questões sobre a linguagem, natureza e significado dos juízos morais tenham uma grande importância — e, por isto, se justifique que sejam estudadas de maneira especial na metaética —, não podem ser as únicas questões tratadas na ética e também não podem ser abordadas independentemente dos problemas éticos fundamentais, levantados pelo estudo do comportamento moral, da moral efetiva em todas as suas manifestações. Este comportamento se apresenta como uma forma de comportamento humano, como um fato, e cabe à ética explicá-lo, tomando a prática moral da humanidade em seu conjunto como objeto de sua reflexão. Neste sentido, como qualquer teoria, a ética é explicação daquilo que foi ou é, e não uma simples descrição. Não lhe cabe formular juízos de valor sobre a prática moral de outras sociedades, ou de outras épocas, em nome de uma moral absoluta e universal, mas deve, antes, explicar a razão de ser desta pluralidade e das mudanças de moral; isto é, deve esclarecer o fato de os homens terem recorrido a práticas morais diferentes e até opostas.

A ética parte do fato da existência da história da moral, isto é, toma como ponto de partida a diversidade de morais no tempo, com seus respectivos valores, princípios e normas. Como teoria, não se identifica com os princípios e normas de nenhuma moral em particular e tampouco pode adotar uma atitude indiferente ou eclética diante delas. Juntamente com a explicação de suas diferenças, deve investigar o princípio que permita compreendê-las no seu movimento e no seu desenvolvimento.

Como as demais ciências, a ética se defronta com fatos. Que estes sejam humanos implica, por sua vez, em que sejam fatos de valor. Mas isto não prejudica em nada as exigências de um estudo objetivo e racional. A ética estuda uma forma de comportamento humano que os homens julgam valioso e, além disto, obrigatório e inescapável. Mas nada disto altera minimamente a verdade de que a ética deve fornecer a compreensão racional de um aspecto real, efetivo, do comportamento dos homens.

## 3. DEFINIÇÃO DA ÉTICA

Assim como os problemas teóricos morais não se identificam com os problemas práticos, embora estejam estritamente relacionados, também não se podem confundir a ética e a moral. A ética não cria a moral. Conquanto seja certo que toda moral supõe determinados princípios, normas ou regras de comportamento, não é a ética que os estabelece numa determinada comunidade. A ética depara com uma experiência histórico-social no terreno da moral, ou seja, com uma série de práticas morais já em vigor e, partindo delas, procura determinar a essência da moral, sua origem, as condições objetivas e subjetivas do ato moral, as fontes da avaliação moral, a natureza e a função dos juízos morais, os critérios de justificação destes juízos e o princípio que rege a mudança e a sucessão de diferentes sistemas morais.

A *ética é a teoria ou ciência do comportamento moral dos homens em sociedade*. Ou seja, é ciência de uma forma específica de comportamento humano.

A nossa definição sublinha, em primeiro lugar, o caráter científico desta disciplina; isto é, corresponde à necessidade de uma abordagem científica dos problemas morais. De acordo com esta abordagem, a ética se ocupa de um objeto próprio: o setor da realidade humana que chamamos moral, constituído — como já dissemos — por um tipo peculiar de fatos ou atos humanos. Como ciência, a ética parte de certo tipo de fatos visando descobrir-lhes os princípios gerais. Neste sentido, embora parta de dados empíricos, isto é, da existência de um comportamento moral efetivo, não pode permanecer no nível de uma simples descrição ou registro dos mesmos, mas os transcende com seus conceitos, hipóteses e teorias. Enquanto conhecimento científico, a ética deve aspirar à racionalidade e objetividade mais completas e, ao mesmo tempo, deve proporcionar conhecimentos sistemáticos, metódicos e, no limite do possível, comprováveis.

Certamente, esta abordagem científica dos problemas morais ainda está muito longe de ser satisfatória, e das dificuldades para alcançá-la ainda continuam se beneficiando as éticas especulativas tradicionais e as atuais de inspiração positivista.

A ética é a ciência da moral, isto é, de uma esfera do comportamento humano. Não se deve confundir aqui a teoria com o seu objeto: o mundo moral. As proposições da ética devem ter o mesmo rigor, a mesma coerência e fundamentação das proposições científicas. Ao contrário, os princípios, as normas ou os juízos de uma moral determinada não apresentam esse caráter. E não somente não têm um caráter científico, mas a experiência histórica moral demonstra como muitas vezes são incompatíveis com os conhecimentos fornecidos pelas ciências naturais e sociais. Daí podermos afirmar que, se se pode falar numa ética científica, não se pode dizer o mesmo da moral. Não existe uma moral científica, mas existe — ou pode existir — um conhecimento da moral que pode ser científico. Aqui, como nas outras ciências, o científico

OBJETO DA ÉTICA

baseia-se no método, na abordagem do objeto, e não no próprio objeto. Da mesma maneira, pode-se dizer que o mundo físico não é científico, embora o seja a sua abordagem ou estudo por parte da ciência física. Se, porém, não existe uma moral científica em si, pode existir uma moral compatível com os conhecimentos científicos sobre o homem, a sociedade e, em particular, sobre o comportamento humano moral. É este o ponto em que a ética pode servir para fundamentar uma moral, sem ser em si mesma normativa ou preceptiva. A moral não é ciência, mas objeto da ciência; e, neste sentido, é por ela estudada e investigada. A ética não é a moral e, portanto, não pode ser reduzida a um conjunto de normas e prescrições; sua missão é explicar a moral efetiva e, neste sentido, pode influir na própria moral.

Seu objeto de estudo é constituído por vários tipos de atos humanos: os atos conscientes e voluntários dos indivíduos que afetam outros indivíduos, determinados grupos sociais ou a sociedade em seu conjunto.

Na definição antes enunciada, ética e moral se relacionam, pois, como uma ciência específica e seu objeto. Ambas as palavras mantêm assim uma relação que não tinham propriamente em suas origens etimológicas. Certamente, *moral* vem do latim *mos* ou *mores*, "costume" ou "costumes", no sentido de conjunto de normas ou regras adquiridas por hábito. A moral se refere, assim, ao comportamento adquirido ou modo de ser conquistado pelo homem. *Ética* vem do grego *ethos*, que significa analogamente "modo de ser" ou "caráter" enquanto forma de vida também adquirida ou conquistada pelo homem. Assim, portanto, originariamente, *ethos* e *mos*, "caráter" e "costume", assentam-se num modo de comportamento que não corresponde a uma disposição natural, mas que é adquirido ou conquistado por hábito. É precisamente esse caráter não natural da maneira de ser do homem que, na Antiguidade, lhe confere sua dimensão moral.

Vemos, pois, que o significado etimológico de *moral* e de *ética* não nos fornecem o significado atual dos dois termos, mas nos situam no terreno especificamente humano no qual se torna possível

24

ÉTICA

e se funda o comportamento moral: o humano como o adquirido ou conquistado pelo homem sobre o que há nele de pura natureza. O comportamento moral pertence somente ao homem na medida em que, sobre a sua própria natureza, cria esta segunda natureza, da qual faz parte a sua atividade moral.

## 4. ÉTICA E FILOSOFIA

Ao ser definida como um conjunto sistemático de conhecimentos racionais e objetivos a respeito do comportamento humano moral, a ética se nos apresenta como um objeto específico que se pretende estudar cientificamente. Esta pretensão se opõe à concepção tradicional que a reduzia a um simples capítulo da filosofia, na maioria dos casos, especulativa.

A favor desta posição se propõem vários argumentos de importância desigual, que conduzem à negação do caráter científico e independente da ética. Argumenta-se que esta não elabora proposições objetivamente válidas, mas juízos de valor ou normas que não podem pretender essa validade. Mas, como já assinalamos, isso se aplica a um tipo determinado de ética — a normativa — que se atribui a função fundamental de fazer recomendações e formular uma série de normas e prescrições morais; mas esta objeção não atinge a teoria ética, que pretende explicar a natureza, fundamentos e condições da moral, relacionando-a com as necessidades sociais dos homens. Um código moral, ou um sistema de normas, não é ciência, mas pode ser explicado cientificamente, seja qual for o seu caráter ou as necessidades sociais às quais corresponda. A moral — dizíamos antes — não é científica, mas suas origens, fundamentos e evolução podem ser investigados racional e objetivamente; isto é, do ponto de vista da ciência. Como qualquer outro tipo de realidade — natural ou social — a moral não pode excluir uma abordagem científica. Até mesmo um tipo de fenômeno cultural e social como o dos preconceitos não é uma exceção no caso; é verdade que os preconceitos não são científicos e que com eles não se pode constituir uma ciência, mas é certamente possível uma explicação científica (sistemática, objetiva e racional) dos preconceitos humanos pelo fato de constituírem parte de uma realidade humana social.

Na negação de qualquer relação entre a ética e a ciência se quer basear a atribuição exclusiva da primeira à filosofia. A ética é então apresentada como uma parte de uma filosofia especulativa, isto é, constituída sem levar em conta a ciência e a vida real. Esta ética filosófica preocupa-se mais em buscar a concordância com princípios filosóficos universais do que com a realidade moral no seu desenvolvimento histórico e real, donde resulta também o caráter absoluto e apriorístico das suas afirmações sobre o bom, o dever, os valores morais, etc. Certamente, embora a história do pensamento filosófico esteja repleta deste tipo de éticas, numa época em que a história, a antropologia, a psicologia e as ciências sociais nos proporcionam materiais valiosíssimos para o estudo do fato moral, não se justifica mais a existência de uma ética puramente filosófica, especulativa ou dedutiva, divorciada da ciência e da própria realidade humana moral.

Em favor do caráter puramente filosófico da ética, argumenta-se também que as questões éticas constituíram sempre uma parte do pensamento filosófico. E assim foi na realidade. Quase desde as origens da filosofia, e particularmente desde Sócrates na Antiguidade grega, os filósofos não deixaram de tratar em grau maior ou menor destas questões. E isto vale, especialmente, para o vasto período da história da filosofia durante o qual, por não se ter ainda elaborado um saber científico sobre diversos setores da realidade natural ou humana, a filosofia se apresentava como um saber total que se ocupava praticamente de tudo. Mas, nos tempos modernos, lançam-se as bases de um verdadeiro conhecimento científico — que é, originariamente, físico-matemático —, e, na medida em que a abordagem científica se estende progressivamente a novos objetos ou setores da realidade, inclusive à realidade social do homem, vários ramos do saber se desprendem do tronco comum da filosofia para constituir ciências especiais com um objeto espe-

# ÉTICA

cífico de investigação e com uma abordagem sistemática, metódica, objetiva e racional comum às diversas ciências. Um dos últimos ramos que se desprendeu do tronco comum foi a psicologia, ciência simultaneamente natural e social, embora ainda hoje haja quem se empenhe em fazer dela — sob a forma de tratado da alma — uma simples psicologia filosófica.

Hoje trilham este caminho científico várias disciplinas — entre elas a ética — que eram tradicionalmente consideradas como tarefas exclusivas dos filósofos. Mas, atualmente, este processo de conquista de uma verdadeira natureza científica assume antes a característica de uma ruptura com as filosofias especulativas que pretendem sujeitá-las e de uma aproximação com as ciências que lhes põem em mãos proveitosas conclusões. Desta maneira, a ética tende a estudar um tipo de fenômeno que se verifica realmente na vida do homem como ser social e constituem o que chamamos de mundo moral; ao mesmo tempo, procura estudá-los não deduzindo-os de princípios absolutos ou apriorísticos, mas afundando suas raízes na própria existência histórica e social do homem.

Ora, o fato de que a ética assim concebida — isto é, com um objeto próprio tratado cientificamente — busque a autonomia própria a um saber científico não significa que esta autonomia possa ser considerada como absoluta com relação aos demais ramos do saber e, em primeiro lugar, com relação à própria filosofia. As importantes contribuições do pensamento filosófico neste terreno — desde a filosofia grega até os nossos dias —, longe de ser relegadas ao esquecimento, devem ser altamente valorizadas porque, em muitos casos, conservam a sua riqueza e vitalidade. Daí a necessidade e a importância do seu estudo.

Uma ética científica pressupõe necessariamente uma concepção filosófica imanentista e racionalista do mundo e do homem, na qual se eliminem instâncias ou fatores extramundanos ou super-humanos e irracionais. De acordo com esta visão imanentista e racionalista do mundo, a ética científica é incompatível com qualquer cosmovisão universal e totalizadora que se pretenda colocar acima das ciências positivas ou em contradição com elas.

## OBJETO DA ÉTICA

As questões éticas fundamentais — como, por exemplo, as que concernem às relações entre responsabilidade, liberdade e necessidade — devem ser abordadas a partir de pressupostos filosóficos básicos, como o da dialética da necessidade e da liberdade. Mas, neste problema como em outros, a ética científica deve apoiar-se numa filosofia estreitamente relacionada com as ciências, e não numa filosofia especulativa, divorciada delas, que pretenda deduzir de princípios absolutos a solução dos problemas éticos.

Ademais, como teoria de uma forma específica do comportamento humano, a ética não pode deixar de partir de determinada concepção filosófica do homem. O comportamento moral é próprio do homem como ser histórico, social e prático, isto é, como um ser que transforma conscientemente o mundo que o rodeia; que faz da natureza externa um mundo à sua medida humana, e que, desta maneira, transforma a sua própria natureza. Por conseguinte, o comportamento moral não é a manifestação de uma natureza humana eterna e imutável, dada de uma vez para sempre, mas de uma natureza que está sempre sujeita ao processo de transformação que constitui precisamente a história da humanidade. A moral, bem como suas mudanças fundamentais, não são senão uma parte desta história humana, isto é, do processo de autocriação ou autotransformação do homem que se manifesta de diversas maneiras, estreitamente relacionadas entre si: desde suas formas materiais de existência até as suas formas espirituais, nas quais se inclui a vida moral.

Vemos, assim, que se a moral é inseparável da atividade prática do homem — material e espiritual —, a ética nunca pode deixar de ter como fundamento a concepção filosófica do homem que nos dá uma visão total deste como ser social, histórico e criador. Toda uma série de conceitos com os quais a ética trabalha de uma maneira específica, como os de liberdade, necessidade, valor, consciência, sociabilidade etc., pressupõem um prévio esclarecimento filosófico. Também os problemas relacionados com o conhecimento moral ou com a forma, significação e validade dos juízos morais exigem que a ética recorra a disciplinas filosóficas especiais, como a lógica, a filosofia da linguagem e a epistemologia.

ÉTICA

Em suma, a ética científica está estreitamente relacionada com a filosofia, embora, como já observamos, não com qualquer filosofia; e esta relação, longe de excluir o seu caráter científico, o pressupõe necessariamente quando se trata de uma filosofia que se apoia na própria ciência.

## 5. A ÉTICA E OUTRAS CIÊNCIAS

Através de seu objeto — uma forma específica do comportamento humano — a ética se relaciona com outras ciências que, sob ângulos diversos, estudam as relações e o comportamento dos homens em sociedade e proporcionam dados e conclusões que contribuem para esclarecer o tipo peculiar de comportamento humano que é o moral.

Os agentes morais, em primeiro lugar, são indivíduos concretos que fazem parte de uma comunidade. Seus atos são morais somente se considerados nas suas relações com os outros; contudo, sempre apresentam um aspecto subjetivo, interno, psíquico, constituído de motivos, impulsos, atividade da consciência que se propõe fins, seleciona meios, escolhe entre diversas alternativas, formula juízos de aprovação ou de desaprovação, etc.; neste aspecto psíquico, subjetivo, inclui-se também a atividade subconsciente. Ainda que o comportamento moral responda — como veremos — à necessidade social de regular as relações dos indivíduos numa certa direção, a atividade moral é sempre vivida interna ou intimamente pelo sujeito em um processo subjetivo para cuja elucidação contribui muitíssimo a psicologia. Como ciência do psíquico, a psicologia vem em ajuda da ética quando põe em evidência as leis que regem as motivações internas do comportamento do indivíduo, assim como quando nos mostra a estrutura do caráter e da personalidade. Dá a sua ajuda também quando examina os atos voluntários, a formação dos hábitos, a gênese da consciência moral e dos juízos morais. Em poucas palavras, a psicologia presta uma importante contribuição à ética quando esclarece as condições internas,

OBJETO DA ÉTICA

subjetivas, do ato moral. Assim, portanto, na medida em que os atos morais são atos de indivíduos concretos, por estes vividos ou interiorizados de acordo com a sua constituição psíquica, a ética não pode prescindir da ajuda da psicologia, entendida não somente no sentido tradicional de ciência do psíquico consciente, mas também como psicologia profunda, ou dos fatores subconscientes que escapam ao controle da consciência e que não deixam de influenciar o comportamento dos indivíduos.

A explicação psicológica do comportamento humano possibilita a compreensão das condições subjetivas dos atos dos indivíduos e, deste modo, contribui para a compreensão da sua dimensão moral. Problemas morais como o da responsabilidade e da culpabilidade não podem ser abordados sem considerar os fatores psíquicos que intervieram no ato, pelo qual o sujeito se julga responsável e culpado. A psicologia, com a sua análise das motivações ou impulsos irresistíveis, faz-nos ver também quando um ato humano escapa a uma avaliação ou julgamento moral. Por todas estas razões, estudando o comportamento moral, a ética não pode prescindir dos dados fornecidos e das conclusões deduzidas pela psicologia. Deste modo, quando se superestima este aspecto subjetivo do comportamento humano, isto é, a função dos fatores psíquicos e se tende a esquecer o aspecto objetivo e social do comportamento humano, até o ponto de transformá-lo em chave da explicação do comportamento moral, cai-se no *psicologismo ético*, isto é, na tendência a reduzir o moral ao psíquico, e a considerar a ética como um simples capítulo da psicologia. Contudo, embora os atos morais tenham seu respectivo aspecto psíquico, a ética não se reduz à psicologia.

A ética apresenta também estreita relação com as ciências que estudam as leis que regem o desenvolvimento e a estrutura das sociedades humanas. Entre estas ciências sociais, figuram a antropologia social e a sociologia. Nelas se estuda o comportamento do homem como ser social sob o ponto de vista de determinadas relações; estudam-se, também, as estruturas nas quais se integram estas relações, assim como as formas de organização e de relação

ÉTICA

dos indivíduos concretos dentro delas. Estas relações, assim como as instituições e organizações sociais, não existem sem os indivíduos, mas às ciências sociais interessa, sobretudo, não o aspecto psíquico ou subjetivo do comportamento humano — que, como dissemos, é uma tarefa da psicologia — mas as formas sociais em cujo âmbito atuam os indivíduos.

O sujeito do comportamento moral é o indivíduo concreto, mas, sendo um ser social e, independentemente do grau de consciência que tenha disto, parte de determinada estrutura social e inserido numa rede de relações sociais, o seu modo de comportar-se moralmente não pode ter um caráter puramente individual, e sim social. Os indivíduos nascem numa determinada sociedade, na qual vigora uma moral efetiva que não é a invenção de cada um em particular, mas que cada um encontra como dado objetivo, social. Esta moral, como veremos mais adiante, corresponde a necessidades e exigências da vida social. Por esta relação entre moral e sociedade, a ética não pode prescindir do conhecimento objetivo das estruturas sociais, de suas relações e instituições, proporcionado pelas ciências sociais e, em particular, pela sociologia como ciência da sociedade.

Mas, por importante que seja — e o é em alto grau — o conhecimento dos fatores sociais do comportamento moral, este não se reduz a uma mera expressão daqueles; por outro lado, embora os atos morais sejam condicionados socialmente, não se reduzem à sua forma social, coletiva e impessoal. Para que se possa falar propriamente do comportamento moral de um indivíduo, é preciso que os fatores sociais que nele influem e o condicionam sejam vividos pessoalmente, passem pela sua consciência ou sejam interiorizados, porque somente assim poderemos responsabilizá-lo por sua decisão e por sua ação. Exige-se efetivamente que o indivíduo, sem deixar de ser condicionado socialmente, disponha da necessária margem individual para poder decidir e agir: somente com esta condição poderemos dizer que se comporta moralmente. Por todas estas razões chegamos à conclusão de que o estudo do comportamento moral não pode exaurir-se no seu aspecto

OBJETO DA ÉTICA

social e de que a ética não se reduz à sociologia. A redução dos atos morais aos fatos sociais e a procura da chave de explicação dos primeiros nos segundos leva ao *sociologismo ético*, isto é, à tendência a transformar a ética num capítulo da sociologia. Esta última fornece dados e conclusões indispensáveis para o estudo do mundo moral, mas não pode substituir a ética.

Enquanto a sociologia pretende estudar a sociedade humana em geral, na base da análise das sociedades concretas, ao mesmo tempo em que investiga os fatores e condições da mudança social, isto é, da passagem de uma formação social a outra, a antropologia social estuda, principalmente, as sociedades primitivas ou desaparecidas, sem preocupar-se com a sua inserção num processo histórico de mudança e de sucessão. No estudo do comportamento dessas comunidades, entra também a análise de seu comportamento moral. Seus dados e conclusões assumem grande importância no exame das origens, fonte e natureza da moral. Os antropólogos conseguiram estabelecer relações entre a estrutura social de uma comunidade e o código moral que as rege, demonstrando assim que as normas que hoje, de acordo com nosso código moral atual, parecem em certos casos imorais — como a de não respeitar a vida dos anciãos e dos prisioneiros — correspondem a certa forma de vida social. As conclusões dos antropólogos constituem uma séria advertência contra as pretensões dos teóricos da moral que, desconhecendo a relação entre esta e as condições sociais concretas, procuram elevar ao plano do absoluto certos princípios e certas normas que correspondem a uma forma concreta de vida social. E esta advertência se justifica também mediante o estudo — quase sempre negligenciado pela ética tradicional — da história da moral como processo de sucessão de determinadas morais efetivas por outras.

Se existe uma diversidade de morais não só no tempo, mas também no espaço, e não somente nas sociedades que se inserem num processo histórico definido, mas inclusive naquelas sociedades hoje desaparecidas que precederam as sociedades históricas, é preciso que a ética como teoria da moral tenha presente um

ÉTICA

comportamento humano que varia e se diversifica no tempo. O antropólogo social, de um lado, e o historiador, do outro, colocam diante de nossos olhos a relatividade das morais, seu caráter mutável, sua mudança e sucessão de acordo com a mudança e a sucessão das sociedades concretas. Mas isto não significa que no passado moral da humanidade haja somente um amontoado de ruínas, nem que tudo aquilo que, em outros tempos, foi moralmente vital, se extinga por completo, ao desaparecer a vida social que condicionava determinada moral. Os dados e as conclusões da antropologia e da história contribuem para que a ética se afaste de uma concepção absolutista ou supra-histórica da moral, mas, ao mesmo tempo, lhe impõem a necessidade de abordar o problema de se, através desta diversidade e sucessão de morais efetivas, existem também, ao lado de seus aspectos históricos e relativos, outros que perduram, sobrevivem ou se enriquecem, elevando-se a um nível moral superior. Em resumo, a antropologia e a história, ao mesmo tempo que contribuem para estabelecer a correlação entre moral e vida social, propõem à ética um problema fundamental: o de determinar se existe um progresso moral.

Toda ciência do comportamento humano, ou das relações entre os homens, pode trazer uma contribuição proveitosa para a ética como ciência da moral. Por isto, também a teoria do direito pode trazer semelhante contribuição, graças à sua estreita relação com a ética, visto que as duas disciplinas estudam o comportamento do homem como comportamento normativo. De fato, ambas as ciências abordam o comportamento humano sujeito a normas, ainda que no campo do direito se trate de normas impostas com um caráter de obrigação exterior e, inclusive, de maneira coercitiva, ao passo que na esfera da moral as normas, embora obrigatórias, não são impostas coercitivamente.

A ética se relaciona, também, com a economia política como ciência das relações econômicas que os homens contraem no processo de produção. Esta vinculação se baseia na relação efetiva, na vida social, entre os fenômenos econômicos e o mundo moral. Trata-se de uma relação em dois planos:

OBJETO DA ÉTICA

a) Na medida em que as relações econômicas influem na moral dominante numa determinada sociedade. Assim, por exemplo, o sistema econômico no qual a força do trabalho se vende como mercadoria e no qual vigora a lei da obtenção do maior lucro possível gera uma moral egoísta e individualista que satisfaz o desejo do lucro. O conhecimento desta moral tem de se basear nos dados e nas conclusões da economia política a respeito desse modo de produção, ou sistema econômico.

b) Na medida em que os atos econômicos — produção de bens através do trabalho e apropriação e distribuição dos mesmos — não podem deixar de apresentar uma certa conotação moral. A atividade do trabalhador, a divisão social do trabalho, as formas de propriedade dos meios de produção e a distribuição social dos produtos do trabalho humano, colocam problemas morais. A ética como ciência da moral não pode negligenciar os problemas morais apresentados, especialmente em nossos dias, pela vida econômica; ora, a economia política, como ciência das relações econômicas ou dos modos de produção, contribui para a elucidação dos mesmos.

Vemos, portanto, que a ética se relaciona estreitamente com as ciências do homem, ou ciências sociais, dado que o comportamento moral não é outra coisa senão uma forma específica do comportamento do homem, que se manifesta em diversos planos: psicológico, social, prático-utilitário, jurídico, religioso ou estético. Mas a relação da ética com outras ciências humanas ou sociais, baseada na íntima relação das diferentes formas de comportamento humano, não nos deve fazer esquecer o seu objeto específico, próprio, enquanto ciência do comportamento moral.

CAPÍTULO II  Moral e história

## 1. CARÁTER HISTÓRICO DA MORAL

Se por moral entendemos um conjunto de normas e regras destinadas a regular as relações dos indivíduos numa comunidade social dada, o seu significado, função e validade não podem deixar de variar historicamente nas diferentes sociedades. Assim como umas sociedades sucedem a outras, também as morais concretas, efetivas, se sucedem e substituem umas às outras. Por isso, pode-se falar da moral da Antiguidade, da moral feudal própria da Idade Média, da moral burguesa na sociedade moderna, etc. Portanto, a moral é um fato histórico e, por conseguinte, a ética, como ciência da moral, não pode concebê-la como dada de uma vez para sempre, mas tem de considerá-la como um aspecto da realidade humana mutável com o tempo. Mas a moral é histórica precisamente porque é um modo de comportar-se de um ser — o homem — que por natureza é histórico, isto é, um ser cuja característica é a de estar-se fazendo ou se autoproduzindo constantemente tanto no plano de sua existência material, prática, como no de sua vida espiritual, incluída nesta a moral.

A maioria das doutrinas éticas, sem excluir aquelas que se apresentam como uma reflexão sobre o *factum* da moral, procuram explicar esta à luz de princípios absolutos e *a priori*, e fixam a sua essência e a sua função sem levar em conta as morais históricas concretas. Mas, ignorando-se o caráter histórico da moral, o que esta foi realmente, não mais se parte do fato da moral e cai-se necessariamente em concepções a-históricas da mesma. Desta maneira, a origem da moral se situa fora da história, o que equivale

MORAL E HISTÓRIA

a dizer — dado que o homem real, concreto, é um ser histórico — fora do próprio homem real.

Este a-historicismo moral, no campo da reflexão ética, segue três direções fundamentais:

a) *Deus como origem ou fonte da moral*. No caso, as normas morais derivam de um poder sobre-humano, cujos mandamentos constituem os princípios e as normas morais fundamentais. Logo, as raízes da moral não estariam no próprio homem, mas fora e acima dele.

b) *A natureza como origem ou fonte da moral*. A conduta moral do homem não seria senão um aspecto da conduta natural, biológica. As qualidades morais — ajuda mútua, disciplina, solidariedade, etc. — teriam a sua origem nos instintos e, por isso, poderiam ser encontradas não só naquilo que o homem é como ser natural, biológico, mas inclusive nos animais. Darwin chega a afirmar que os animais experimentam quase todos os sentimentos dos homens: amor, felicidade, lealdade, etc.

c) *O Homem (ou homem em geral) como origem e fonte da moral*. O homem do qual se fala aqui é um ser dotado de uma essência eterna e imutável inerente a todos os indivíduos, sejam quais forem as vicissitudes históricas ou a situação social. A moral constituiria um aspecto desta maneira de ser, que permanece e dura através das mudanças históricas e sociais.

Estas três concepções coincidem quando procuram a origem e a fonte da moral fora do homem concreto, real, ou seja, do homem como ser histórico e social. No primeiro caso, procura-se fora do homem, num ser que o transcende; no segundo, num mundo natural ou, pelo menos, não especificamente humano; no terceiro, o centro de gravidade se desloca para o homem, mas para um homem abstrato, irreal, situado fora da sociedade e da história. Diante destas concepções, é preciso acentuar o caráter histórico da moral em consequência do próprio caráter histórico-social do homem. Embora seja verdade que o comportamento moral se encontra no

ÉTICA

homem desde que existe como tal, ou seja, desde as sociedades mais primitivas, a moral muda e se desenvolve com a mudança e o desenvolvimento das diversas sociedades concretas. É o que provam a substituição de certos princípios e de certas normas por outros, de certos valores morais ou de certas virtudes por outras, a modificação do conteúdo de uma mesma virtude através do tempo, etc. Mas o reconhecimento destas mudanças históricas da moral levanta, por sua vez, dois problemas importantes: o das causas ou fatores que determinam estas mudanças e o do seu sentido ou direção. Para responder à primeira pergunta, teremos de olhar retrospectivamente até as origens históricas — ou, mais exatamente, pré-históricas — da moral, ao mesmo tempo em que — baseados nos dados objetivos da história real — tentaremos encontrar a verdadeira correlação entre mudança histórico-social e mudança moral. A resposta a esta primeira pergunta nos permitirá enfrentar a segunda, isto é, a do sentido ou direção da mudança moral, ou, em outras palavras, o problema de se existe ou não, através da mudança histórica das morais concretas, um progresso moral.

## 2. ORIGENS DA MORAL

A moral só pode surgir — e efetivamente surge — quando o homem supera a sua natureza puramente natural, instintiva, e possui já uma natureza social: isto é, quando já é membro de uma coletividade (*gens*, várias famílias aparentadas entre si, ou *tribo*, constituída por várias *gens*). Como regulamentação do comportamento dos indivíduos entre si e destes com a comunidade, a moral exige necessariamente não só que o homem esteja em relação com os demais, mas também certa consciência — por limitada e imprecisa que seja — desta relação para que se possa comportar de acordo com as normas ou prescrições que o governam.

Mas esta relação de homem para homem, ou entre o indivíduo e a comunidade, é inseparável da outra vinculação originária: a que os homens — para subsistir e defender-se — mantêm com a natureza

MORAL E HISTÓRIA

ambiente, procurando submetê-la. Esta vinculação se manifesta, antes de mais nada, no uso e fabrico de instrumentos, ou seja, no trabalho humano. Através do trabalho, o homem primitivo já estabelece uma ponte entre si e a natureza e produz uma série de objetos que satisfazem as suas necessidades. Com seu trabalho, os homens primitivos tentam pôr a natureza a seu serviço, mas sua fraqueza diante dela é tal que, durante longo tempo, se lhes apresenta como um mundo estranho e hostil. A própria fragilidade de suas forças diante do mundo que os rodeia determina que, para enfrentá-lo e tentar dominá-lo, reúnam todos os seus esforços visando a multiplicar o seu poder. Seu trabalho adquire necessariamente um caráter coletivo e o fortalecimento da coletividade se transforma numa necessidade vital. Somente o caráter coletivo do trabalho e, em geral, da vida social garante a subsistência e a afirmação da gens ou da tribo. Aparece assim uma série de normas, mandamentos ou prescrições não escritas, a partir dos atos ou qualidades dos membros da gens ou da tribo que beneficiam a comunidade. Assim nasce a moral com a finalidade de assegurar a concordância do comportamento de cada um com os interesses coletivos.

A necessidade de ajustar o comportamento de cada membro aos interesses da coletividade leva a que se considere como bom ou proveitoso tudo aquilo que contribui para reforçar a união ou a atividade comum e, ao contrário, que se veja como mau ou perigoso o oposto; ou seja, o que contribui para debilitar ou minar a união; o isolamento, a dispersão dos esforços, etc. Estabelece-se, assim, uma linha divisória entre o que é bom e o que é mau, uma espécie de tábua de deveres ou obrigações baseada naquilo que se considera bom ou útil para a comunidade. Destacam-se, assim, uma série de deveres: todos são obrigados a trabalhar, a lutar contra os inimigos da tribo, etc. Estas obrigações comuns comportam o desenvolvimento das qualidades morais relativas aos interesses da coletividade: solidariedade, ajuda mútua, disciplina, amor aos filhos da mesma tribo, etc. O que mais tarde se qualificará como virtudes ou como vícios acha-se determinado pelo caráter coletivo da vida social. Numa comunidade que está sujeita a uma luta incessante contra a natureza e contra os homens de outras comunidades, o valor é

ÉTICA

uma virtude principal porque o valente presta um grande serviço à comunidade. Por motivos análogos, são aprovadas e exaltadas a solidariedade, a ajuda mútua, a disciplina, etc. Ao contrário, a covardia é um vício horrível na sociedade primitiva porque atenta, sobretudo, contra os interesses vitais da comunidade. E se deve dizer a mesma coisa de outros vícios como o egoísmo, a preguiça, etc.

O conceito de justiça corresponde também ao mesmo princípio coletivista. Como justiça distributiva, implica na igualdade na distribuição (os víveres ou a presa de guerra se distribuem na base da mais rigorosa igualdade: justiça significa repartição igual e, por isso, em grego, a palavra *diké* significa originariamente as duas coisas). Como justiça retribuidora, a reparação de um mal causado a um membro da comunidade é coletiva (os agravos são um assunto comum: quem derrama sangue, derrama o sangue de todos e, por isso, todos os membros do clã ou da tribo são obrigados a vingar o sangue derramado). A divisão igual, de um lado, e a vingança coletiva, de outro, como dois tipos de justiça primitiva, cumprem a mesma função prática, social: fortalecer os laços que unem os membros da comunidade.

Portanto, esta moral coletivista, característica das sociedades primitivas que não conhecem a propriedade privada nem a divisão em classes, é uma moral única e válida para todos os membros da comunidade. Mas, ao mesmo tempo, trata-se de uma moral limitada pelo próprio âmbito da coletividade; além dos limites da gens ou da tribo, seus princípios e suas normas perdiam a sua validade. As outras tribos eram consideradas como inimigas e, por isso, não lhes eram aplicadas as normas e os princípios que eram válidos no interior da própria comunidade.

De outra parte, a moral primitiva implicava numa regulamentação do comportamento de cada um, de acordo com os interesses da coletividade, mas nesta relação o indivíduo via a si mesmo somente como parte da comunidade ou como sua encarnação ou seu suporte. Não existiam propriamente qualidades morais pessoais, pois a moralidade do indivíduo, o que havia de bom, de digno de aprovação no seu comportamento (seu valor, sua atitude com respeito ao trabalho, sua solidariedade, etc.), era qualidade de qualquer membro da tribo; o indivíduo existia somente em fusão com a comunidade, e não se concebia que pudesse ter interesses pessoais, exclusivos, que entrassem em choque com os coletivos. Esta absorção do individual pelo coletivo, a rigor, não deixava a possibilidade de uma autêntica decisão pessoal e, por conseguinte, de uma responsabilidade pessoal, que, como veremos, são índices de uma vida moral em sentido próprio. A coletividade se apresenta como um limite da moral (com relação ao exterior, porque o seu âmbito coincide com o da comunidade, e com relação a si próprio, porque o coletivo absorve o individual); por isso, trata-se de uma moral pouco desenvolvida, cujas normas e princípios são aceitos sobretudo pela força do costume e da tradição. Os elementos de uma moral mais elevada, baseada na responsabilidade pessoal, somente poderão evidenciar-se quando forem criadas as condições sociais para um novo tipo de relação entre o indivíduo e a comunidade. As condições econômico-sociais que tornarão possível a passagem para novas formas de moral serão exatamente o aparecimento da propriedade privada e a divisão da sociedade em classes.

## 3. MUDANÇAS HISTÓRICO-SOCIAIS E MUDANÇAS DA MORAL

O aumento geral da produtividade do trabalho (em consequência do desenvolvimento da criação de gado, da agricultura e dos trabalhos manuais), bem como o aparecimento de novas forças de trabalho (pela transformação dos prisioneiros de guerra em escravos), elevou a produção material até o ponto de se dispor de uma quantidade de produtos excedentes, isto é, de produtos que se podiam estocar porque não eram exigidos para satisfazer necessidades imediatas. Criaram-se, assim, as condições para que surgisse a desigualdade de bens entre os chefes de família que cultivavam as terras da comunidade e cujos frutos eram repartidos, até então, com igualdade, de acordo com as necessidades de cada família.

Com a desigualdade de bens tornou-se possível a apropriação privada dos bens ou produtos do trabalho alheio, bem como o antagonismo entre pobres e ricos. Do ponto de vista econômico, o

ÉTICA

respeito pela vida dos prisioneiros de guerra, que eram poupados do extermínio para serem convertidos em escravos, transformou-se numa necessidade social. Com a decomposição do regime comunal e o aparecimento da propriedade privada, foi-se acentuando a divisão em homens livres e escravos. A propriedade — dos proprietários de escravos, em particular — livrava da necessidade de trabalhar. O trabalho físico acabou por se transformar numa ocupação indigna de homens livres. Os escravos viviam em condições espantosas e arcavam com o trabalho físico, particularmente o mais duro. Seu trabalho manual, em Roma, foi a base da grande produção. A construção das grandes obras e o desenvolvimento da mineração foi possível graças ao trabalho forçado dos escravos. Somente nas minas de Cartagena, na província romana da Espanha, trabalhavam quarenta mil. Os escravos não eram pessoas, mas coisas, e, como tais, seus donos podiam comprá-los, vendê-los, apostá-los nos jogos de cartas ou inclusive matá-los.

A divisão da sociedade antiga em duas classes antagônicas fundamentais traduziu-se também numa divisão da moral. Esta deixou de ser um conjunto de normas aceitas conscientemente por toda a sociedade. De fato, existiam duas morais: uma, dominante, dos homens livres — a única considerada como verdadeira —; e outra, dos escravos, que no íntimo rejeitavam os princípios e as normas morais vigentes e consideravam válidos os seus próprios, na medida em que adquiriam a consciência de sua liberdade. A moral dos homens livres não só era uma moral efetiva, vivida, mas tinha também seu fundamento e sua justificação teórica nas grandes doutrinas éticas dos filósofos da Antiguidade, especialmente em Sócrates, Platão e Aristóteles. A moral dos escravos nunca conseguiu alçar-se a um nível teórico, embora — como testemunham alguns autores antigos — alcançasse algumas formulações conceptuais. Aristóteles opinava que uns homens são livres e outros escravos por natureza, e que esta distinção é justa e útil. De acordo com esta concepção, que correspondia às ideias dominantes naquela época, os escravos eram objeto de um tratamento desapiedado, feroz, que nenhum dos grandes filósofos daquele tempo julgava imoral.

MORAL E HISTÓRIA

Assim reprimidos e embrutecidos, os escravos não podiam deixar de ser influenciados por aquela moral servil que os fazia considerar a si próprios como coisas; por isso, não lhes era possível vencer com seus próprios esforços os limites daquela moral dominante. Mas, em plena escravidão, cobraram aos poucos uma obscura consciência de sua liberdade e chegaram, em alguns casos, a deflagrar uma luta espontânea e desesperada contra os seus opressores, cujo exemplo grandioso é a insurreição de Espártaco. Uma luta semelhante não teria sido possível sem a aceitação e o desenvolvimento de uma série de qualidades morais: espírito de sacrifício, solidariedade, disciplina, lealdade aos chefes, etc. Mas, nas condições espantosas em que viviam, era impossível que os escravos pudessem elaborar uma moral própria como conjunto de princípios e de regras de ação e ainda menos que surgissem do seu meio os teóricos que pudessem fundamentá-la e justificá-la. Prática e teoricamente, a moral que dominava era a dos homens livres.

Os traços desta moral mais estreitamente relacionados com seu caráter de classe extinguiram-se com o desaparecimento da sociedade escravista, mas isso não significa que todos os seus traços tenham sido perecíveis. Em alguns Estados escravistas, como em Atenas, a moral dominante apresenta aspectos muito fecundos não somente para o seu tempo, mas também para o desenvolvimento posterior da moral. A moral ateniense está intimamente relacionada com a política como técnica de dirigir e organizar as relações entre os membros da comunidade sobre bases racionais. Daí a exaltação das virtudes cívicas (fidelidade e amor à pátria, valor na guerra, dedicação aos negócios públicos acima dos particulares, etc.). Mas isto tudo se refere aos homens livres, cuja liberdade tinha por base a instituição da escravidão e, por sua vez, a negação de que os escravos pudessem levar uma vida político-moral. Mas, dentro destes limites, nasce uma nova e fecunda relação para a moral entre o indivíduo e a comunidade. De um lado, cresce a consciência dos interesses da coletividade e, de outro, surge uma consciência reflexa da própria individualidade. O indivíduo se sente membro da comunidade, sem que, de outro lado, se veja —

ÉTICA

como nas sociedades primitivas — absorvido totalmente por ela. Esta compreensão da existência de um domínio pessoal, ainda que inseparável da comunidade, é de capital importância do ponto de vista moral, pois conduz à consciência da responsabilidade pessoal que constitui parte de uma autêntica conduta moral.

Com o desaparecimento do mundo antigo, que assentava sobre a instituição da escravidão, nasce uma nova sociedade cujos traços essenciais se delineiam desde os séculos V-VI de nossa era, e cuja existência se prolongará durante uns dez séculos. Trata-se da sociedade feudal, cujo regime econômico-social se caracteriza pela divisão em duas classes sociais fundamentais: a dos senhores feudais e a dos camponeses servos; os primeiros eram donos absolutos da terra e detinham uma propriedade relativa sobre os servos, presos a ela durante a vida inteira. Os servos da gleba eram vendidos e comprados com as terras às quais pertenciam e que não podiam abandonar. Eram obrigados a trabalhar para o seu senhor e, em troca, podiam dispor de uma parte dos frutos do seu trabalho. Embora a sua situação, comparada com a dos escravos, continuasse sendo muito dura, porque eram objeto de toda espécie de violências e arbitrariedades, tinham direito à vida e formalmente reconhecia-se que não eram coisas, mas seres humanos.

Os homens livres das cidades (artesãos, pequenos industriais, comerciantes, etc.) estavam sujeitos à autoridade do senhor feudal e eram obrigados a oferecer-lhe certas prestações em troca da sua proteção. Mas, por sua vez, o senhor feudal estava numa relação de dependência ou vassalagem (não por força, mas voluntária) com respeito a outro senhor feudal mais poderoso, ao qual devia lealdade em troca da sua proteção militar, constituindo-se assim um sistema de dependências ou de vassalagens na forma de uma pirâmide cujo vértice era o senhor mais poderoso: o rei ou imperador. Neste sistema hierárquico se inseria também a Igreja, dado que possuía seus próprios feudos ou terras. A Igreja era o instrumento do senhor supremo, ou Deus, ao qual todos os senhores da terra deviam vassalagem e exercia, por isso, um poder espiritual indiscutível em toda a vida cultural; mas, ao mesmo tempo, o seu poder se estendia aos assuntos temporais, gerando constantes

MORAL E HISTÓRIA

conflitos com reis e imperadores, que se procuravam dirimir, de acordo com a doutrina das "duas espadas".

A moral da sociedade medieval correspondia às suas características econômico-sociais e espirituais. De acordo com o papel preponderante da Igreja na vida espiritual da sociedade, a moral estava impregnada de conteúdo religioso, e como o poder espiritual eclesiástico era aceito por todos os membros da comunidade — senhores feudais, artesãos e servos da gleba — tal conteúdo garantia uma certa unidade moral da sociedade. Mas, ao mesmo tempo, e de acordo com as rígidas divisões sociais em estamentos e corporações, verificava-se uma estratificação moral, isto é, uma pluralidade de códigos morais. Assim, havia um código dos nobres ou cavaleiros com a sua moral cavalheiresca e aristocrática; códigos das ordens religiosas com a sua moral monástica; códigos das corporações, códigos universitários, etc. Somente os servos não tinham uma formulação codificada de seus princípios e de suas regras. Mas, entre todos estes códigos é preciso destacar o da classe social dominante: o da aristocracia feudal. A moral cavalheiresca e aristocrática se distinguia — como a dos homens livres da Antiguidade — por seu desprezo pelo trabalho físico e a sua exaltação do ócio e da guerra. Um verdadeiro nobre tinha o dever de exercitar-se nas virtudes cavalheirescas: montar a cavalo, nadar, atirar flechas, esgrimir, jogar xadrez e compor versos em honra da "bela dama". O culto da honra e o exercício das altas virtudes tinham como contrapartida as práticas mais desprezíveis: o valor da guerra se acompanhava com façanhas cruéis; a lealdade ao senhor era obscurecida não raramente pela hipocrisia, quando não pela traição ou pela felonia; o amor à "bela dama" ou "dama do coração" combinava-se com o "direito de pernada"[1], ou com o direito de impedir as núpcias de uma serva ou inclusive de violentá-la.

---

[1]Direito feudal que atribuía ao senhor o desfrute da noiva, antes do marido, no dia das núpcias, sempre que se realizava um casamento entre seus servos. (*N. da R.*)

## ÉTICA

A moral cavalheiresca partia da premissa de que o nobre, por ser tal, por motivos de sangue, já possuía uma série de qualidades morais que o distinguia dos plebeus e dos servos. De acordo com esta ética, o natural — a nobreza de sangue — por si só já possuía uma dimensão moral, ao passo que os servos, por sua própria origem, não podiam levar uma vida realmente moral. Contudo, apesar das terríveis condições de dependência pessoal em que se encontravam e pelos obstáculos de toda espécie para elevar-se até a compreensão das origens sociais de seus males, no seu próprio trabalho e, particularmente, no protesto e na luta para melhorar as suas condições de existência, os servos iam apreciando outros bens e qualidades que não podiam encontrar aceitação no código moral feudal: a sua liberdade pessoal, o amor ao trabalho na medida em que dispunham de uma parte de seus frutos, a ajuda mútua e a solidariedade com os companheiros da mesma sorte. E apreciavam, sobretudo, como uma esperança e uma compensação de suas desventuras terrenas, a vida feliz que a religião lhes prometia para depois da morte, junto com o pleno reconhecimento — nesta vida — de sua liberdade e de sua dignidade pessoal. Assim, pois, enquanto não se libertavam realmente da sua dependência pessoal, a religião lhes oferecia sua liberdade e igualdade no plano espiritual e, com isso, a possibilidade de uma vida moral, que, neste mundo real, por serem servos, lhes era negada.

No interior da velha sociedade feudal deu-se a gestação de novas relações sociais às quais devia corresponder uma nova moral; isto é, um novo modo de regular as relações entre os indivíduos e entre estes e a comunidade. Nasceu e se fortaleceu uma nova classe social — a burguesia — possuidora de novos e fundamentais meios de produção (manufaturas e fábricas), que iam substituindo as oficinas artesanais e, ao mesmo tempo, foi-se formando uma classe de trabalhadores livres que, por um salário, vendiam ou alugavam — por uma jornada — a sua força de trabalho. Eram os trabalhadores assalariados ou proletários que, desta maneira, vendiam uma mercadoria — a sua capacidade de trabalho ou força de trabalho — que possui a propriedade peculiar de produzir um

MORAL E HISTÓRIA

valor superior ao que é pago para ser usada (*mais-valia*, ou valor não remunerado, que o operário produz ou cria).

Os interesses da nova classe social, dependentes do desenvolvimento da produção e da expansão do comércio, exigiam mão de obra livre (e, portanto, a libertação dos servos), assim como o desaparecimento dos entraves feudais para criar um mercado nacional único e um Estado centralizado que acabassem com a fragmentação econômica e política. Através de uma série de revoluções nos Países Baixos e na Inglaterra, e particularmente na França (no último terço do século XVIII), consolida-se econômica e politicamente o poder da nova classe em ascensão, e, nos países mais desenvolvidos, a aristocracia feudal-latifundiária desaparece do primeiro plano.

Neste novo sistema econômico-social, que alcança a sua expressão clássica nos meados do século XIX, na Inglaterra, vigora, como fundamental, a lei da produção de mais-valia. De acordo com esta lei, o sistema funciona eficazmente só no caso de garantir lucros, o que exige, por sua vez, que o operário seja considerado exclusivamente como um homem *econômico*, isto é, como meio ou instrumento de produção e não como homem concreto (com seus sofrimentos e desgraças). A situação em que o operário se encontra com respeito à propriedade dos meios fundamentais de produção (despossessão total) gera o fenômeno da alienação ou do trabalho alienado (Marx). Como sujeito desta atividade, produz objetos que satisfazem necessidades humanas, mas sendo, por sua vez, uma atividade essencial do homem, o operário não a reconhece como tal ou como atividade realmente sua, nem se reconhece nas suas obras; pelo contrário, seu trabalho e seus produtos se lhe apresentam como algo estranho e até hostil, dado que não lhe proporcionam senão miséria, sofrimento e insegurança.

Neste sistema econômico-social, a boa ou má vontade individual, as considerações morais não podem alterar a necessidade objetiva, imposta pelo sistema, de que o capitalista alugue por um salário a força de trabalho do operário e o explore com o fim de obter uma mais-valia. A economia é regida, antes de mais nada, pela lei do máximo lucro, e essa lei gera uma moral própria. Com efeito, o culto ao dinheiro e a tendência a acumular maiores lu-

ÉTICA

cros constituem o terreno propício para que nas relações entre os indivíduos floresçam o espírito de posse, o egoísmo, a hipocrisia, o cinismo e o individualismo exacerbado. Cada um confia em suas próprias forças, desconfia dos demais, e busca seu próprio bem-estar, ainda que tenha de passar por cima do bem-estar dos outros. A sociedade se converte assim num campo de batalha no qual se trava uma guerra de todos contra todos.

Tal é a moral individualista e egoísta que corresponde às relações sociais burguesas. Apesar disto, em tempos já longínquos, quando era uma classe em ascensão e se esforçava por afirmar o seu poder econômico e político em face da caduca e decadente aristocracia feudal, a burguesia tinha interesse em mostrar — diante dela — sua superioridade moral. E, por esta razão, aos vícios da aristocracia (desprezo do trabalho, ociosidade, libertinagem nos costumes, etc.) opunha suas virtudes características: laboriosidade, honradez, puritanismo, amor da pátria e da liberdade, etc. Mas estas virtudes, que serviam a seus interesses de classe na sua fase ascensional, foram cedendo, com o tempo, a novos vícios: parasitismo social, dissimulação, cinismo, chauvinismo, etc.

Nos países mais desenvolvidos, a imagem do capitalismo não corresponde mais, em muitos aspectos, à do capitalismo clássico apresentado pela Inglaterra na metade do século passado. Graças, sobretudo, ao arrebatador progresso científico e tecnológico das últimas décadas, aumentou consideravelmente a produtividade do trabalho. Contudo, apesar das mudanças verificadas, o cerne do sistema se conserva: a exploração do homem pelo homem e a sua lei fundamental, a obtenção da mais-valia. Mas, em alguns países, a situação da classe operária não é exatamente a mesma de outros tempos. Sob a pressão de suas lutas reivindicativas e de seus resultados concretizados na legislação social vigente, às vezes pode-se esboçar um quadro da situação operária que não corresponde mais à do século passado, com seus salários baixíssimos, dias de trabalho de doze a quatorze horas, falta total de direitos e de subvenções sociais, etc.

Dos métodos brutais de exploração do capitalismo clássico, no nosso século, passou-se aos métodos científicos e racionalizados, como os do trabalho em série, no qual uma operação de trabalho se divide em múltiplas fases que reduzem o trabalho de cada indivíduo, repetido monotonamente durante o dia, a um trabalho mecânico, impessoal e esgotante. A elevação das condições materiais da vida do operário tem, como contrapeso, um fortalecimento terrível de sua desumanização ou alienação pelo fato de privar o trabalho de qualquer aspecto consciente e criador. Mas, desta forma de exploração, passou-se ultimamente a outras, baseadas numa pretensa humanização ou moralização do trabalho. Aos incentivos materiais se acrescenta agora uma aparente solicitude para com o homem, inculcando no operário a ideia de que, como ser humano, faz parte da empresa e deve integrar-se nela. Impinge-se-lhe assim, como virtudes, o esquecimento da solidariedade com os seus companheiros de classe, o acoplamento de seus interesses pessoais com os interesses da empresa, a laboriosidade e a escrupulosidade a favor do interesse comum da mesma, etc. Mas, integrando-se desta maneira no mundo do poder, no qual a exploração, longe de desaparecer, não faz senão adotar formas mais astuciosas, o operário dá a sua contribuição pessoal para manter a sua alienação e a sua exploração. A moral que lhe é inculcada como uma moral comum, livre de qualquer conteúdo particular, ajuda a justificar e a reforçar os interesses do sistema regido pela lei da produção da mais-valia e é, por isso, uma moral alheia a seus verdadeiros interesses humanos e de classe.

Assim como a moral burguesa trata de justificar e regular as relações entre os indivíduos numa sociedade baseada na exploração do homem pelo homem, do mesmo modo se lança mão da moral para justificar e regular as relações de opressão e de exploração no âmbito de uma política colonial e neocolonialista. A exploração e a espoliação de povos inteiros por parte de potências coloniais ou imperialistas já apresentam uma longa história. A vontade, porém, de cobrir essa política com um manto moral é relativamente recente. Neste campo se realiza um processo semelhante ao acontecido historicamente nas relações entre os indivíduos. Do mesmo modo que o escravista, na Antiguidade, não julgava necessário justificar moralmente a sua relação com o escravo, porque

ÉTICA

este, a seus olhos, não era pessoa mas coisa ou instrumento; e de modo análogo também ao capitalista do período clássico, que não via a necessidade de justificar moralmente o tratamento bárbaro e desapiedado que impunha ao operário, porque para ele era somente um *homem econômico* e a exploração um fato econômico perfeitamente natural e racional; assim também, durante séculos, os conquistadores e colonizadores consideraram que o subjugar, saquear ou exterminar povos não exigia nenhuma justificação moral. Durante séculos, a espantosa violência colonial (bárbaros métodos de exploração da população autóctone e o seu extermínio em massa) se processou sem que levantasse problemas morais para seus promotores ou executores.

Mas, nos tempos modernos — e precisamente na medida em que os povos subjugados ou colonizados não se resignam a ser dominados —, recorre-se à moral para justificar a opressão. Esta moral colonialista começa por apresentar como virtudes do colonizado o que condiz com os interesses do país opressor: a resignação, o fatalismo, a humildade ou a passividade. Mas os opressores não somente costumam insistir nestas supostas virtudes, como também numa pretensa atitude moral do colonizado (sua indolência, criminalidade, hipocrisia, apego à tradição, etc.), que serve para justificar a necessidade de lhe impor uma civilização superior. Diante desta moral colonialista, que se relaciona com interesses sociais determinados, os povos subjugados foram afirmando, cada vez mais, a sua moral particular, aprendendo a distinguir entre as suas próprias virtudes e os seus próprios deveres. E só conseguem isso na medida em que, crescendo a consciência de seus verdadeiros interesses, lutam por sua emancipação nacional e social. Nesta luta, a sua moral se afirma não mais com as virtudes que o opressor lhe apresentava como suas e que tinha interesse em fomentar (passividade, resignação, humildade, etc.) ou com os vícios que se lhe atribuíam (criminalidade, indolência, fingimento, etc.), mas com as virtudes peculiares — as de uma moral que os opressores não podem aceitar: sua honra, a fidelidade aos seus, seu patriotismo, seu espírito de sacrifício, etc.

MORAL E HISTÓRIA

Toda a exposição anterior leva à conclusão de que a moral vivida realmente na sociedade muda historicamente de acordo com as reviravoltas fundamentais que se verificam no desenvolvimento social. Daí as mudanças decisivas que ocorrem na moral com a passagem da sociedade escravista à feudal e desta à sociedade burguesa. Vemos também que numa mesma sociedade, baseada na exploração de uns homens pelos outros ou de uns países por outros, a moral se diversifica de acordo com os interesses antagônicos fundamentais. A superação deste desvio social e, portanto, a abolição da exploração do homem pelo homem e da submissão econômica e política de alguns países a outros, constitui a condição necessária para construir uma nova sociedade na qual vigore uma moral verdadeiramente humana, isto é, universal, válida para todos os seus membros, visto que terão desaparecido os interesses antagônicos que geravam a diversificação da moral, ou inclusive os antagonismos morais que assinalamos antes. Uma nova moral, verdadeiramente humana, implicará numa mudança de atitude diante do trabalho, num desenvolvimento do espírito coletivista, na eliminação do espírito de posse, do individualismo, do racismo e do chauvinismo; trará também uma mudança radical na atitude para com a mulher e a estabilização das relações familiares. Em suma, significará a realização efetiva do princípio kantiano que convida a considerar sempre o homem como um fim e não como um meio. Uma moral desse tipo pode existir somente numa sociedade na qual, depois da supressão da exploração do homem, as relações dos homens com os seus produtos e dos indivíduos entre si se tornem transparentes, isto é, percam o caráter mistificado, alienante, que tiveram até aqui. Estas condições necessárias se encontram numa sociedade socialista, na qual se criam, por conseguinte, as possibilidades para a transformação radical que envolve a nova moral. Mas, ainda que a moral socialista rompa com todas as sociedades anteriores, baseadas na exploração do homem e, neste sentido, já represente uma organização social superior, é preciso enfrentar as dificuldades, deformações e limitações que freiam a criação de uma nova moral, como, por exemplo: o produtivismo,

ÉTICA

o burocraticismo, as sobrevivências do espírito de posse e do individualismo burguês, a aparição de novas formas de alienação, etc. A nova moral não pode surgir a não ser que se verifique uma série de condições necessárias, econômicas, sociais e políticas, mas a criação desta nova moral — de um homem com novas qualidades morais — é uma tarefa imensa que, longe de completar-se, não fará mais do que se iniciar quando da criação dessas novas condições.

## 4. O PROGRESSO MORAL

A história nos apresenta uma sucessão de morais que correspondem às diferentes sociedades que se sucedem no tempo. Mudam os princípios e as normas morais, a concepção daquilo que é bom e daquilo que é mau, bem como do obrigatório e do não obrigatório. Mas estas mudanças e substituições no terreno da moral podem ser postas numa relação de continuidade de tal maneira que a conquista de uma época ou sociedade determinada prepare o caminho para um nível superior? Ou seja, as mudanças e as substituições se verificam numa ordem ascensional, do inferior para o superior? É evidente que se comparamos uma sociedade com outra anterior podemos objetivamente estabelecer uma relação entre as suas morais respectivas e considerar que uma moral é mais avançada, mais elevada ou mais rica do que a de outra sociedade. Assim, por exemplo, a sociedade escravista antiga mostra a sua superioridade moral com respeito às sociedades primitivas quando suprime o canibalismo, respeita a vida dos anciãos, poupa a vida dos prisioneiros, estabelece relações sexuais monogâmicas, descobre o conceito de responsabilidade pessoal, etc. Mas, por sua vez, a sociedade escravista antiga conserva práticas morais que são abandonadas ou superadas nas sociedades posteriores.

Existe, pois, um progresso moral que não se verifica, como vemos, à margem das mudanças radicais de caráter social. Queremos dizer que o progresso moral não se pode separar da passagem de uma sociedade para outra, isto é, do movimento histórico pelo qual se ascende de uma formação econômico-social, que exauriu suas possibilidades de desenvolvimento, para outra superior. O que quer dizer, por sua vez, que o progresso moral não se pode conceber independentemente do progresso histórico-social. Assim, por exemplo, a passagem da sociedade primitiva para a sociedade escravista torna possível, por sua vez, a ascensão para uma moral superior. Isto posto, não se pretende dizer que o progresso moral se reduza ao progresso histórico ou que este por si próprio acarrete um progresso moral. Embora ambos estejam intimamente vinculados, convém distinguir os dois entre si e não ver de modo simplista um progresso moral em todo progresso histórico-social. Por isto, torna-se necessário, em primeiro lugar, definir o que queremos dizer com progresso histórico-social.

Falamos em progresso com respeito à mudança e à sucessão de formações econômico-sociais, isto é, sociedades consideradas como totalidades nas quais se articulam unitariamente estruturas diversas: econômica, social e espiritual. Ainda que, em cada povo ou nação, esta mudança e sucessão possuam suas peculiaridades, falamos de seu progresso histórico-social considerando a história da humanidade em seu conjunto. Mas em que sentido afirmamos que há progresso ou que a história humana avança segundo uma linha ascensional? Progride-se nas atividades humanas fundamentais e nas formas de relação ou organização que o homem contrai nas suas atividades práticas e espirituais.

Antes de tudo, o homem é um ser prático, criador, transformador da natureza. À diferença do animal, conhece e conquista a sua própria natureza e a conserva e enriquece transformando com seu trabalho o dado natural. O incremento da produção — ou mais exatamente, o desenvolvimento das forças produtivas — expressa em cada sociedade o nível de domínio do homem sobre a natureza ou também o seu grau de liberdade com respeito à necessidade natural. Logo, desta maneira, o nível de desenvolvimento das forças produtivas pode considerar-se como índice ou critério do progresso humano.

Mas o homem produz somente em sociedade, isto é, contraindo determinadas relações sociais; por conseguinte, não só é um ser

ÉTICA

prático, produtor, mas também um ser social. O tipo de organização social mostra uma peculiar relação entre os grupos ou classes sociais, bem como entre o indivíduo e a sociedade, e um maior ou menor grau de domínio do homem sobre a sua própria natureza, isto é, sobre as suas próprias relações sociais e, portanto, um determinado grau de participação consciente na atividade prática social, ou seja, na criação de sua vida social. Logo, desta maneira, o tipo de organização social e o grau correspondente de participação dos homens na sua *praxis* social podem considerar-se como índice ou critério de progresso humano ou de progresso na liberdade em face da necessidade social.

O homem não produz apenas materialmente, mas também espiritualmente. Ciência, arte, direito, educação, etc., são também produtos ou criações do homem. Na cultura espiritual como na cultura material, afirma-se como ser produtor, criador, inovador. A produção de bens culturais é índice e critério do progresso humano, mas é preciso sublinhar que, neste terreno, o conceito de progresso não pode ser aplicado de maneira igual aos diferentes setores da cultura. Em cada setor da cultura (a ciência, a arte, o direito, a educação, etc.), o progresso adquire uma característica própria, mas sempre com o denominador comum de um enriquecimento ou avanço no sentido de um nível superior de determinados aspectos na respectiva atividade cultural.

Podemos falar, portanto, de progresso histórico no terreno da produção material, da organização social e da cultura. Não se trata de três linhas de progresso independentes, mas de três formas de progresso que se relacionam e se condicionam mutuamente, pois o sujeito do progresso nestas três direções é sempre o mesmo: o homem social.

O progresso histórico resulta da atividade produtiva, social e espiritual dos homens. Nessa atividade, cada indivíduo participa como ser consciente, procurando realizar os seus projetos e intenções; contudo, até hoje, o progresso não foi o resultado de uma atividade planejada, consciente. A passagem da sociedade escravista para a sociedade feudal, isto é, para um tipo de organização social superior, não é resultado de uma atividade comum

# MORAL E HISTÓRIA

intencional dos homens. (Os indivíduos não se consultaram para produzir o capitalismo.) Em suma, o progresso histórico é fruto da atividade coletiva dos homens como seres conscientes, mas não de uma atividade comum consciente.

O progresso histórico — considerado em escala universal — não é igual para todos os povos e para todos os homens. Determinados povos progrediram mais do que outros, e numa mesma sociedade nem todos os indivíduos ou grupos sociais participam dele da mesma maneira, ou recebem o benefício de seus resultados em proporção igual. Assim, quando na sociedade feudal se preparam as novas relações sociais que levam a uma organização social superior (a sociedade burguesa), uma nova classe social — a burguesia — marcha no sentido do progresso histórico, ao passo que a nobreza feudal procura freá-lo. Por sua vez, a instauração de uma nova ordem social com o triunfo da revolução burguesa acarreta uma repartição muito desigual de seus resultados: para a burguesia, de um lado, e para os artesãos e proletariado incipiente, do outro.

Finalmente, o progresso histórico-social de determinados países (por exemplo, os do Ocidente europeu) operou-se excluindo, ou retardando, o progresso de outros povos (o Ocidente, de fato, progrediu na base da exploração, da miséria, da destruição de velhas culturas ou do analfabetismo de outros povos).

Tais são as características do progresso histórico-social que devem ser levadas em consideração ao se relacionar com ele o progresso moral. Delas se deduzem as conclusões seguintes:

a) O progresso histórico-social cria as condições necessárias para o progresso moral.

b) O progresso histórico-social afeta, por sua vez, de uma ou de outra maneira — positiva ou negativa — os homens de uma determinada sociedade sob o ponto de vista moral. (Exemplos: a abolição da escravidão enriquece o mundo da moral, ao integrar nele o escravo — quando é reconhecido como pessoa. No caso, o progresso histórico influi positivamente num sentido moral. A

ÉTICA

formação do capitalismo e a consequente acumulação primitiva do capital — processo histórico progressista — realiza-se através dos sofrimentos e dos crimes mais espantosos. De modo análogo, a introdução da técnica mecanizada — fato histórico-progressista — acarreta a degradação moral do operário.)

Desta maneira, vemos que o progresso histórico-social pode ter consequências positivas ou negativas do ponto de vista moral. Mas, pelo fato de que tenham estas consequências, não se conclui que possamos julgar ou avaliar moralmente o progresso histórico. Só posso julgar moralmente os atos realizados livre e consciente-mente, e, por conseguinte, aqueles cuja responsabilidade pode ser assumida por seus agentes. Ora, como o progresso histórico-social não é o resultado de uma ação planejada dos homens, não posso responsabilizá-los pelo que não procuraram livre e conscien-temente, ainda que se trate sempre de uma liberdade que não exclui — como veremos a seguir — certa determinação. Somente os indivíduos ou os grupos sociais que realizam determinados atos de uma maneira consciente e livre — isto é, podendo optar entre várias possibilidades — podem ser julgados moralmente. Consequentemente, não posso julgar moralmente o fato histórico da acumulação originária do capital no início do capitalismo, apesar dos sofrimentos, humilhações e degradações morais que trouxe consigo, porque não se trata de um resultado visado livre e conscientemente. Tampouco posso julgar o capitalista individual, na medida em que age de acordo com uma necessidade histórica, imposta pelas determinações do sistema, ainda que se possa julgar o seu procedimento na medida em que, pessoalmente, pode optar entre várias possibilidades.

Desta maneira, portanto, embora o progresso histórico acar-rete atos positivos ou negativos do ponto de vista moral, não podemos transformá-lo em objeto de uma aprovação ou de uma reprovação moral.

Por isso, afirmamos que o progresso histórico, ainda que crie as condições para o progresso moral e traga consequências positivas para este, não gera por si só um progresso moral, por que os homens não progridem sempre na direção moralmente boa, mas também através da direção má; isto é, pela violência, o crime ou a degradação moral.

Assim, o fato de que o progresso histórico não deva ser julgado à luz de categorias morais não significa que histórica e objetivamente não possa registrar-se um progresso moral, que, como o progresso histórico, não foi até agora o resultado de uma ação planejada, livre e consciente dos homens, mas que, não obstante, verifica-se independentemente do fato de que o tenham ou não procurado. Em que se baseia o conteúdo objetivo deste progresso moral, ou qual o índice ou critério que pode servir-nos para descobri-lo, na passagem dos homens, em consonância com mudanças sociais profundas, de uma moral efetiva para outra?

O progresso moral se mede, em primeiro lugar, pela ampliação da esfera moral na vida social. Esta ampliação se revela ao serem reguladas moralmente relações entre os indivíduos que antes se regiam por normas externas (como as do direito, do costume, etc.). Assim, por exemplo, a subtração das relações amorosas à coação exterior, ou a normas impostas pelos costumes ou pelo direito, como acontecia na Idade Média, para fazer delas um assunto particular, íntimo, sujeito, portanto, à regulação moral, é índice de progresso na esfera moral. A substituição dos estímulos materiais (maior recompensa econômica) pelos estímulos morais no estudo e no trabalho é índice, também, de uma ampliação da esfera moral e, por conseguinte, de um progresso na mesma.

O progresso moral se determina, em segundo lugar, pela elevação do caráter consciente e livre do comportamento dos indivíduos ou dos grupos sociais e, por conseguinte, pelo crescimento da responsabilidade destes indivíduos ou grupos no seu comportamento moral. Neste sentido, a comunidade primitiva se nos apresenta com uma fisionomia moral pobre, porque seus membros atuam sobretudo de acordo com as normas estabelecidas pelo costume e, por conseguinte, com um grau muito baixo de consciência, liberdade e responsabilidade no que tange às suas decisões. Uma

ÉTICA

sociedade é tanto mais rica moralmente quanto mais possibilidades oferece a seus membros de assumirem a responsabilidade pessoal ou coletiva de seus atos; isto é, quanto mais ampla for a margem proporcionada para aceitar consciente e livremente as normas que regulam as suas relações com os demais. Neste sentido, o progresso moral é inseparável do desenvolvimento da livre personalidade. Na comunidade primitiva, a personalidade desaparece porque indivíduo e coletividade se identificam; por isso, a vida moral não pode ser senão muito pobre. Na sociedade grega antiga, o coletivo não sufoca o pessoal; mas somente o homem livre — por ser pessoa — pode assumir a responsabilidade de seu comportamento pessoal. Pelo contrário, nega-se a possibilidade de ter obrigações morais e de assumir uma responsabilidade a um amplo setor da sociedade, o constituído pelos escravos, visto que não são considerados como pessoas, mas como coisas.

Índice e critério de progresso moral é, em terceiro lugar, o grau de articulação e de coordenação dos interesses coletivos e pessoais. Nas sociedades primitivas domina uma moral coletivista, mas o coletivismo traz consigo, neste caso, a absorção total dos interesses pessoais pelos da comunidade, porque o indivíduo não se afirma ainda como tal e a individualidade se dissolve na comunidade. Os interesses pessoais se afirmam somente nos tempos modernos; esta afirmação tem sentido positivo na Renascença com relação às comunidades fechadas e estratificadas da sociedade feudal, mas a afirmação da individualidade acaba por transformar-se numa forma exacerbada de individualismo na sociedade burguesa, dando origem à dissociação entre os interesses do indivíduo e os da comunidade. A elevação da moral a um nível superior exige tanto a superação do coletivismo primitivo, no âmbito do qual não podia desenvolver-se livremente a personalidade, como do individualismo egoísta, no qual o indivíduo se afirma somente à custa da realização dos demais. Esta moral superior deve combinar os interesses de cada um com os interesses da comunidade e esta harmonização deve ter por base um tipo de organização social, na qual o livre desenvolvimento de cada indivíduo suponha neces-

MORAL E HISTÓRIA

sariamente o livre desenvolvimento da comunidade. O progresso moral se nos apresenta, mais uma vez, em estreita relação com o progresso histórico-social.

O progresso moral, como movimento ascensional no terreno moral, manifesta-se também como um processo dialético de negação e de conservação de elementos morais anteriores. Assim, por exemplo, a vingança de sangue, que constitui uma forma de justiça dos povos primitivos, cessa de ter valor moral nas sociedades posteriores; o egoísmo característico das relações morais burguesas é abandonado por uma moral coletivista socialista. Pelo contrário, valores morais admitidos ao longo de séculos — como a solidariedade, a amizade, a lealdade, a honradez, etc. — adquirem certa universalidade e deixam, portanto, de pertencer exclusivamente a uma moral particular, ainda que o seu conteúdo mude e se enriqueça à medida que ultrapassam um limite histórico particular. De maneira análoga, há vícios morais — como a soberba, a vaidade, a hipocrisia, a perfídia, etc. — que são rejeitados pelas várias morais. De outro lado, antigas virtudes morais que correspondem a interesses da classe dominante em outros tempos perdem a sua força moral, quando muda radicalmente a sociedade. Pelo contrário, há valores morais que são reconhecidos somente depois de o homem ter percorrido um longo caminho no seu progresso social e moral. Assim acontece, por exemplo, com o trabalho humano e com a atitude do homem diante dele, que somente assumem um real conteúdo moral na nossa época, superada a sua negação ou desprezo por parte das morais de outros tempos.

Mas este aspecto do progresso moral, que consiste na negação radical de velhos valores, na conservação dialética de alguns ou na incorporação de novos valores e virtudes morais, verifica-se tão somente sobre a base de um progresso histórico-social que condiciona esta negação, superação ou incorporação, fato que, mais uma vez, evidencia como a mudança e a sucessão de determinadas morais por outras, numa linha ascensional, tem suas raízes na mudança e sucessão de determinadas formações sociais por outras.

CAPÍTULO III   A essência da moral

Partindo do fato da moral, isto é, da existência de uma série de morais concretas, que se sucederam historicamente, podemos tentar dar uma definição da moral válida para todas. Esta definição não pode abranger absolutamente todos os elementos específicos de cada uma dessas morais históricas, nem refletir toda a riqueza da vida moral, mas deve procurar expressar os elementos essenciais que permitam distingui-las de outras formas do comportamento humano.

Daremos provisoriamente uma definição que nos permita antecipar, numa fórmula resumida, a exposição da própria natureza da moral que constitui o assunto do presente capítulo. A definição que propomos como ponto de partida é a seguinte: *a moral é um conjunto de normas, aceitas livre e conscientemente, que regulam o comportamento individual e social dos homens.*

## 1. O NORMATIVO E O FATUAL

Já nesta definição vemos que, de um lado, se fala de normas, e, de outro, de comportamento. Ou, mais explicitamente, encontramos na moral dois planos: a) o *normativo*, constituído pelas normas ou regras de ação e pelos imperativos que enunciam algo que deve ser; b) o *fatual*, ou plano dos fatos morais, constituído por certos atos humanos que se realizam efetivamente, isto é, que *são* independentemente de como pensemos que deveriam ser.

No plano do normativo, estão as regras que postulam determinado tipo de comportamento: "ama teu próximo como a

## A ESSÊNCIA DA MORAL

ti mesmo", "respeita teus pais", "não mintas", "não te tornes cúmplice de uma injustiça" etc. Ao plano do fatual, pertencem sempre ações concretas: o ato pelo qual X se mostra solidário com Y, atos de respeito para com os pais, a denúncia de uma injustiça etc. Todos estes atos se conformam com determinadas normas morais e precisamente enquanto podem ser postos em relação positiva com uma norma, enquanto se conformam com ela ou a põem em prática, adquirem um significado moral. São atos morais positivos ou moralmente valiosos. Mas o mundo efetivo da moral não se esgota neles. Consideremos outro tipo de atos: o não cumprimento de uma promessa feita, a falta de solidariedade com um companheiro, os atos de desrespeito para com os pais, a cumplicidade na injustiça etc. Não podem ser considerados moralmente positivos porque implicam na violação de normas morais ou uma forma de comportamento errada, mas nem por isto deixam de pertencer à esfera da moral. São atos moralmente negativos, mas, precisamente por referir-se a uma norma (porque implicam numa violação ou não cumprimento da mesma), têm um significado moral. Assim, portanto, a sua relação com o normativo (no duplo sentido de cumprimento ou de não cumprimento de uma norma moral) determina a inclusão de certos atos na esfera da moral.

O normativo está, por sua vez, numa especial relação com o fatual, pois toda norma, postulando algo que deve ser, um tipo de comportamento que se considera devido, aponta para a esfera dos fatos, porque inclui uma exigência de realização. A norma "não te tornes cúmplice de uma injustiça" postula um tipo de comportamento e, com isso, exige-se que passem a fazer parte do mundo dos fatos morais, isto é, do comportamento efetivo real dos homens, aqueles atos nos quais se cumpre a norma citada, ao mesmo tempo que reclama a exclusão desse mundo de atos que implicam num não cumprimento ou violação da mesma norma. Tudo isto significa que o normativo não existe independentemente do fatual, mas aponta para um comportamento efetivo. O normativo existe para ser realizado, o que não significa que se realize necessariamente; postula um comportamento que se julga dever

ÉTICA

ser; isto é, que deve realizar-se, embora na realidade efetiva não se cumpra a norma. Mas o fato de que a norma não se cumpra não invalida, como sua nota essencial, a exigência de realização. Assim, por exemplo, o fato de que numa comunidade não se cumpra ou por todos ou por uma parte mais ou menos numerosa de seus membros a norma "não te tornes cúmplice de uma injustiça" não invalida, de modo algum, a exigência de que ela seja posta em prática. Esta exigência e, por conseguinte, a sua validade, não são afetadas pelo que acontece no mundo dos fatos. Concluindo, as normas existem e valem independentemente da medida em que se cumpram ou se violem.

O normativo e o fatual não coincidem; todavia, como já assinalamos, encontram-se numa relação mútua: o normativo exige ser realizado e, por isso, orienta-se no sentido do fatual; o realizado (o fatual) só ganha significado moral na medida em que pode ser referido (positiva ou negativamente) a uma norma. Não há normas que sejam indiferentes à sua realização; nem há, tampouco, fatos na esfera moral (ou da realização moral) que não se vinculem com normas. Assim, portanto, o normativo e o fatual no terreno moral (a norma e o fato) são dois planos que podem ser distinguidos, mas não completamente separados.


## 2. MORAL E MORALIDADE

A moral efetiva compreende, portanto, não somente normas ou regras de ação, mas também — como comportamento que deve ser — os fatos com ela conformes. Ou seja, tanto o conjunto dos princípios, valores e prescrições que os homens, numa dada comunidade, consideram válidos como os atos reais em que aqueles se concretizam ou encarnam.

A necessidade de ter sempre presente esta distinção entre o plano puramente normativo, ou ideal, e o fatual, real ou prático, levou alguns autores a propor dois termos para designar respectivamente cada plano: *moral* e *moralidade*. A "moral" designaria

# A ESSÊNCIA DA MORAL

o conjunto dos princípios, normas, imperativos ou ideias morais de uma época ou de uma sociedade determinadas, ao passo que a "moralidade" se referiria ao conjunto de relações efetivas ou atos concretos que adquirem um significado moral com respeito à "moral" vigente. A moral estaria em plano ideal; a moralidade, no plano real. A "moralidade" seria um componente efetivo das relações humanas concretas (entre os indivíduos e a comunidade). Constituiria um tipo específico de comportamento dos homens e, como tal, faria parte da sua existência individual e coletiva.

A distinção entre "moral" e "moralidade" corresponde assim àquela que indicamos antes entre o normativo e o fatual e, como esta, não pode ser negligenciada. A moral tende a transformar-se em moralidade devido à exigência de realização que está na essência do próprio normativo; a moralidade é a moral em ação, a moral prática e praticada. Por isto, lembrando que não é possível levantar um muro intransponível entre as duas esferas, cremos que é melhor empregar um termo só — o de moral, como se costuma fazer tradicionalmente — e não dois. Mas, deve ficar claro que com ele se indicam os dois planos dos quais se fala na nossa definição: o normativo ou prescritivo e o prático ou efetivo, ambos integrados na conduta humana concreta. O primeiro — como veremos mais adiante — nasce também na vida real e a ela retorna para regular ações e relações humanas concretas; o segundo surge exatamente na própria vida real em relação com os princípios ou normas aceitas como válidas pelo indivíduo e pela comunidade e estabelecidos e sancionados por esta, pelo costume ou pela tradição. Por conseguinte, desta maneira, na moral — que é o termo que empregaremos a seguir — conjugam-se o normativo e o fatual ou a moral como fato da consciência individual e social e como tipo de comportamento efetivo dos homens.

## 3. CARÁTER SOCIAL DA MORAL

A moral possui, em sua essência, uma qualidade social. Isso significa que se manifesta somente *na* sociedade, respondendo às

ÉTICA

suas necessidades e cumprindo uma função determinada. A nossa análise anterior do caráter histórico da moral e do progresso moral já destacou a relação entre a moral e a sociedade. Vimos, de fato, que uma mudança radical da estrutura social provoca uma mudança fundamental de moral. Mas, falando em sociedade, devemos ter muito cuidado para não hipostasiá-la; isto é, para não considerar a sociedade como algo que existe em si e por si, como uma realidade substancial que se sustenta independentemente dos homens concretos que a compõem; a sociedade se compõe deles e não existe independentemente dos indivíduos reais. Mas estes também não existem fora da sociedade, quer dizer, fora do conjunto de relações sociais nas quais se inserem. Em cada indivíduo, entrelaçam-se de modo particular uma série de relações sociais, e a própria maneira de afirmar, em cada época e em cada sociedade, a sua individualidade tem caráter social. Há uma série de padrões que, em cada sociedade, modelam o comportamento individual: seu modo de trabalhar, de sentir, de amar etc. Variam de uma sociedade para outra e, por isso, não tem sentido falar de uma individualidade radical fora das relações que os indivíduos contraem na sociedade.

Assim, não tem cabimento substantivar a sociedade, ignorando que esta não existe sem os indivíduos concretos; e também não se pode fazer do indivíduo um absoluto, ignorando que por essência é um ser social. A moral, como forma de comportamento humano, possui também um caráter social, pois é característica de um ser que, inclusive no comportamento individual, comporta-se como um ser social. Em que se revela esta socialidade? Vejamos três aspectos fundamentais da qualidade social da moral.

a) Cada indivíduo, comportando-se moralmente, se sujeita a determinados princípios, valores ou normas morais. Mas os indivíduos pertencem a uma época determinada e a uma determinada comunidade humana (tribo, classe, nação, sociedade em seu conjunto etc.). Nesta comunidade vigoram, admitem-se ou consideram-se válidos certos princípios, normas ou valores, e, ainda que se apresentem sob uma formulação geral ou abstrata (válidos para todos os tempos e para o homem em geral), trata-se de princípios e normas que valem segundo o tipo de relação social dominante. Ao indivíduo como tal não é dado inventar os princípios ou normas, nem modificá-las de acordo com uma exigência pessoal. Depara com o normativo como com algo já estabelecido e aceito por determinado meio social, sem que tenha a possibilidade de criar novas normas segundo as quais poderia pautar a sua conduta prescindindo das estabelecidas, nem pode tampouco modificar as existentes.

Nesta sujeição do indivíduo a normas estabelecidas pela comunidade se manifesta claramente o caráter social da moral.

b) O comportamento moral é tanto comportamento de indivíduos quanto de grupos sociais humanos, cujas ações têm um caráter coletivo, mas deliberado, livre e consciente. Contudo, mesmo quando se trata da conduta de um indivíduo, não estamos diante de uma conduta rigorosamente individual que afete somente ou interesse exclusivamente a ele. Trata-se de uma conduta que tem consequências, de uma ou de outra maneira, para os demais e que, por esta razão, é objeto de sua aprovação ou reprovação. Não é o comportamento de um indivíduo isolado; em rigor, de um Robinson não se poderia dizer que age moralmente, porque os seus atos não se referem a ninguém. Os atos individuais que não têm consequência alguma para os demais não podem ser objetos de uma qualificação moral; por exemplo, o permanecer sentado durante algum tempo numa praça pública. Mas, se perto de mim escorrega uma pessoa e cai no chão sem que eu me levante para ajudá-la, o ato de continuar sentado pode ser objeto de qualificação moral (negativa, neste caso), porque afeta a outros ou, mais exatamente, à minha relação com outro indivíduo. A moral possui um caráter social enquanto regula o comportamento individual cujos resultados e consequências afetam a outros. Portanto, os atos que são estritamente pessoais por seus resultados e efeitos não são de sua competência.

c) As ideias, normas e relações sociais nascem e se desenvolvem em correspondência com uma necessidade social. A sua necessidade

ÉTICA

e a respectiva função social explicam que nenhuma das sociedades humanas conhecidas, até agora, desde as mais primitivas, tenha podido prescindir desta forma de comportamento humano.

A função social da moral consiste na regulamentação das relações entre os homens (entre os indivíduos e entre o indivíduo e a comunidade) para contribuir assim no sentido de manter e garantir uma determinada ordem social. É certo que esta função também se cumpre por outras vias mais diretas e imediatas e até com resultados mais concretos, como, por exemplo, pela via do direito. Graças ao direito, cujas normas, para assegurar o seu cumprimento, contam com o dispositivo coercitivo do Estado, consegue-se que os indivíduos aceitem — voluntária ou involuntariamente — a ordem social que é juridicamente formulada e, desta maneira, fiquem submetidos e integrados no estatuto social em vigor. Mas isto não é considerado suficiente. Busca-se uma integração mais profunda e não somente uma manifesta adesão exterior. Procura-se que os indivíduos aceitem também íntima e livremente, por convicção pessoal, os fins, princípios, valores e interesses dominantes numa determinada sociedade. Desta maneira, sem recorrer à força ou à imposição coercitiva mais do que quando é necessário, pretende-se que os indivíduos aceitem livre e conscientemente a ordem social estabelecida. Tal é a função social que a moral deve cumprir.

Ainda que a moral mude historicamente, e uma mesma norma moral possa apresentar um conteúdo diferente em diferentes contextos sociais, a função social da moral em seu conjunto ou de uma norma particular é a mesma: regular as ações dos indivíduos nas suas relações mútuas, ou as do indivíduo com a comunidade, visando a preservar a sociedade no seu conjunto ou, no seio dela, a integridade de um grupo social.

Assim, a moral cumpre uma função social bem definida: contribuir para que os atos dos indivíduos ou de um grupo social desenvolvam-se de maneira vantajosa para toda a sociedade ou para uma parte. A existência deste tipo particular de regulamen-

A ESSÊNCIA DA MORAL

tação do comportamento humano significa não apenas — como já sublinhamos — que a sociedade não se contenta com uma aceitação exterior, formal ou forçada de certos princípios, normas ou valores — aceitação externa que é garantida pelo direito — mas que pretende, ao mesmo tempo, obter esta aceitação também na esfera íntima ou privada da consciência individual, onde o direito e a força não podem influir de maneira decisiva. Em suma, a moral tende a fazer com que os indivíduos harmonizem voluntariamente — isto é, de uma maneira consciente e livre — seus interesses pessoais com os interesses coletivos de determinado grupo social ou da sociedade inteira.

A moral implica, portanto, uma relação livre e consciente entre os indivíduos ou entre estes e a comunidade. Mas esta relação está também socialmente condicionada, precisamente porque o indivíduo é um ser social ou um nexo de relações sociais. O indivíduo se comporta moralmente no quadro de certas relações e condições sociais determinadas que ele não escolheu, e dentro também de um sistema de princípios, valores e normas morais que não inventou, mas que recebe socialmente e segundo o qual regula as suas relações com os demais ou com a comunidade inteira.

Em conclusão, a moral possui um caráter social porque: a) os indivíduos se sujeitam a princípios, normas ou valores socialmente estabelecidos; b) regula somente atos e relações que acarretam consequências para outros e exigem necessariamente a sanção dos demais; c) cumpre a função social de induzir os indivíduos a aceitar livre e conscientemente determinados princípios, valores ou interesses.

## 4. O INDIVIDUAL E O COLETIVO NA MORAL

O caráter social da moral implica uma particular relação entre o indivíduo e a comunidade ou entre o individual e o coletivo. Já assinalamos que os dois termos, longe de se excluírem, pressupõem-se necessariamente; por isso, o indivíduo pode agir moralmente

ÉTICA

somente em sociedade. De fato, desde a sua infância, encontra-se sujeito a uma influência social que lhe chega através de vários caminhos e à qual não pode subtrair-se: através dos pais, do meio escolar, dos amigos, dos costumes e tradições, do ambiente profissional, dos meios de comunicação de massa (cinema, imprensa, rádio etc.) Sob esta variada influência, formam-se aos poucos as suas ideias morais e os seus modelos de comportamento moral. Os indivíduos vivem numa atmosfera moral, na qual se delineia um sistema de normas ou de regras de ação. Em todas as partes aspira os miasmas da moral estabelecida e a sua influência é tão forte que, em muitos casos, o indivíduo age de forma espontânea, habitual, quase instintiva.

Uma parte do comportamento moral — precisamente a mais estável — manifesta-se na forma de hábitos e costumes. Esta forma de regulação do comportamento predomina, particularmente, nas fases mais antigas do desenvolvimento histórico-social da humanidade, isto é, nas sociedades primitivas. Nelas, o costume representa o que deve ser. Quer dizer, verifica-se aqui uma fusão do normativo com o fatual; o que foi ao longo de gerações e o que é — pela exigência de seguir o caminho traçado pelos antepassados — é, ao mesmo tempo, o que deve ser. Mas, também nas sociedades posteriores, já mais desenvolvidas, o costume não desaparece completamente como forma de regulamentação moral. As normas que assim vigoram na sociedade, às vezes, sobrevivem por muito tempo; sobrevivem a mudanças sociais importantes e estão escudadas pelo peso da tradição.

As normas morais que já se integram nos hábitos e costumes chegam a ter tal força que sobrevivem até mesmo quando, depois de surgir uma nova estrutura social, domina outra moral: a mais adequada às novas condições e necessidades. Assim acontece, por exemplo, com aspectos da moral feudal — a atitude com respeito ao trabalho físico — que sobrevivem na sociedade burguesa, ou elementos da moral dominante no passado que subsistem às vezes em sociedades socialistas (individualismo egoísta, influência dos estímulos materiais na atitude para com o trabalho etc.). Toda

## A ESSÊNCIA DA MORAL

nova moral deve romper com a velha moral que tenta sobreviver como costume; mas, por outro lado, o novo, do ponto de vista moral, tende a consolidar-se como costume.

No nível da regulamentação moral consuetudinária — e tanto mais quanto maior é a sua autoridade na vida humana — o indivíduo sente sobre si a pressão do coletivo. O costume opera como um meio eficaz de integrar o indivíduo na comunidade, de fortalecer a sua socialidade e de fazer com que seus atos contribuam para manter — e não para desagregar — a ordem estabelecida. O indivíduo age então de acordo com as normas aceitas por um grupo social ou por toda a comunidade, sancionadas pela opinião e sustentadas pela fiscalização atenta dos demais. Quando isso acontece nas sociedades primitivas, nas quais o costume se transforma em instância reguladora suprema, o indivíduo encontra-se de tal maneira ligado a esta instância que lhe sobra bem pouca margem para dissentir dela. Apesar disto, ainda que esta forma de regulamentação da conduta não seja senão expressão daquilo que sempre foi — e daí a sua autoridade para o indivíduo — o costume possui um caráter moral — inclusive nas sociedades primitivas — desde o momento em que se apresenta com uma intenção normativa. Esta convicção íntima — por indefinida e obscura que seja — de que o que *foi* ontem, *deve ser* também hoje, dá à regulamentação consuetudinária ou habitual do comportamento seu significado moral.

Mas este tipo de regulamentação moral, dominante nas sociedades primitivas, está muito longe de abranger todo o domínio da moral. Já dissemos antes que o progresso moral se caracteriza, entre outras coisas, por um aumento do grau de consciência e de liberdade e, por conseguinte, de responsabilidade pessoal no comportamento moral. Isso implica, portanto, uma participação mais livre e consciente do indivíduo na regulamentação moral do seu comportamento e uma diminuição do papel do costume como sua instância reguladora, mas sempre, em toda moral histórica, concreta, muitas das normas que prevalecem constituem parte dos hábitos e costumes. E nesta sujeição do indivíduo a normas

## ÉTICA

morais impostas pelo costume, que não pode deixar de tomar em consideração — cumprindo-as ou violando-as —, evidencia-se mais uma vez o caráter social da relação entre indivíduo e comunidade e do comportamento moral individual.

Pois bem; o sujeito do comportamento propriamente moral — tanto mais quanto mais aumenta o seu grau de consciência e de liberdade, bem como sua responsabilidade — é uma pessoa singular. Por mais fortes que sejam os elementos objetivos e coletivos, a decisão e o ato respectivo emanam de um indivíduo que age livre e conscientemente e, portanto, assumindo uma responsabilidade pessoal. O peso dos fatores objetivos — costumes, tradição, sistema de normas já estabelecidas, função social deste sistema etc. — não nos pode fazer esquecer o papel dos fatores subjetivos, dos elementos individuais (decisão e responsabilidade pessoal), ainda que a importância deste papel varie historicamente de acordo com a estrutura social existente. Mas, inclusive quando o indivíduo pensa que age em obediência exclusiva à sua consciência, a uma suposta "voz interior", que em cada caso lhe indica o que deve fazer, isto é, inclusive quando pensa que decide sozinho no santo recesso da sua consciência, o indivíduo não deixa de acusar a influência do mundo social de que é parte e, a partir de sua interioridade, tampouco deixa de falar à comunidade social à qual pertence.

A consciência individual é a esfera em que se operam as decisões de caráter moral, mas, por estar condicionada socialmente, não pode deixar de refletir uma situação social concreta e, por conseguinte, diferentes indivíduos que, numa mesma época, pertencem ao mesmo grupo social, reagem de maneira análoga. Desta maneira, mais uma vez se evidencia como também a individualidade é um produto social e que são as relações sociais dominantes numa época determinada que determinam a forma como a individualidade expressa a sua própria natureza social. Assim, nas sociedades primitivas, a coesão da comunidade se conserva absorvendo quase totalmente o indivíduo no todo social. Na sociedade capitalista, tende-se a fazer do indivíduo o suporte ou a personificação de determinadas relações sociais, ainda que o seu comportamento

## A ESSÊNCIA DA MORAL

individual não se possa esgotar na forma social (como operário ou capitalista) que o sistema lhe impõe. Numa sociedade superior a esta, o indivíduo — como sujeito dotado de consciência e vontade — deve superar esta condição de suporte ou efeito passivo de uma estrutura social para integrar-se livre e consciente na comunidade e desenvolver, mais do que nunca, sua responsabilidade pessoal e, com isso, a sua própria natureza moral. Mas, em todos estes casos, é exatamente um determinado tipo de relações sociais que determina o gênero de relações entre o indivíduo e a comunidade e, com isso, o grau de consciência moral individual.

Desta maneira, portanto, quando se sublinha o caráter social da moral, e a decorrente relação entre o individual e o coletivo, está-se muito longe de negar o papel do indivíduo no comportamento moral, embora este varie histórica e socialmente de acordo com a forma que assume, em cada sociedade, sua qualidade social ou socialidade. No plano moral, esta qualidade social pode fazer-se sentir limitando, até quase afogá-la, sua "voz interior", como sucede nas sociedades primitivas nas quais a moral se reduz às normas ou prescrições estabelecidas pelo costume; pode também revelar-se, como na sociedade moderna, na divisão do indivíduo entre o que há nele de mero elemento do sistema (na medida em que o comportamento do indivíduo é perfeitamente substituível pelo de outro), e o que nele há de verdadeiramente individual; o que produz, por sua vez, a cisão entre a sua vida pública e a sua vida privada, e a afirmação desta última como a verdadeira esfera da moral, mas de uma moral particular e necessariamente egoísta e individualista. No quadro de novas relações sociais, a socialidade pode tomar as feições de uma coordenação dos aspectos da vida humana que antes vimos dissociados: o privado e o público, o individual e o coletivo; a moral aparecerá enraizada nos dois planos, isto é, com os seus dois lados inseparáveis: o pessoal e o coletivo.

Em conclusão: a moral implica sempre — inclusive nas suas formas mais primitivas — uma consciência individual que faz suas ou interioriza as regras de ação que se lhe apresentam com um caráter normativo, ainda que se trate de regras estabelecidas pelo costume.

ÉTICA

levar à mesma ação. Os motivos constituem, por conseguinte, um aspecto importante do ato moral.

Outro aspecto fundamental do ato moral é a consciência do *fim* visado. Toda ação especificamente humana exige certa consciência de um fim, ou antecipação ideal do resultado que se pretende alcançar. Também o ato moral implica a produção de um fim, ou antecipação ideal de um resultado. Mas o fim proposto pela consciência implica também a decisão de alcançá-lo. Quer dizer, no ato moral não somente se antecipa idealmente, como fim, um resultado, mas há também, além disto, a decisão de alcançar realmente o resultado que tal fim prefigura ou antecipa. A consciência do fim e a decisão de alcançá-lo dão ao ato moral a qualidade de ato voluntário. E, por esta voluntariedade, o ato moral — no qual o sujeito, consciente do fim, decide a realização — diferencia-se radicalmente de outros que se verificam à margem da consciência, como é o caso dos atos fisiológicos ou dos atos psíquicos automáticos — instintivos ou habituais — que se produzem no indivíduo sem sua intervenção ou controle. Estes atos não se referem a um fim proposto pela consciência nem a uma decisão de realizá-los: por isso, são inconscientes e involuntários e, consequentemente, não são morais.

O ato moral implica, assim, a consciência de um fim e a decisão de realizá-lo. Mas esta decisão pressupõe, por sua vez, em muitos casos, a escolha entre vários fins possíveis que, em dadas ocasiões, se excluem reciprocamente. A decisão de realizar um fim pressupõe a sua escolha entre outros. A pluralidade de fins exige, de um lado, a consciência da natureza de cada um deles e, ao mesmo tempo, a consciência de que, numa determinada situação concreta, um é preferível aos demais, o que significa também que um resultado ideal, ainda não efetivado, é preferível a outros possíveis. A pluralidade dos fins no ato moral exige, pois: a) escolha de um fim entre outros, e b) decisão de realizar o fim escolhido.

O ato moral não se completa com a decisão tomada; é necessário chegar ao resultado efetivo. Se decido concretizar determinado fim e não dou os passos necessários para isto, o fim não se realiza

77

e, portanto, o ato moral não se produz. O passo seguinte, aspecto igualmente fundamental do ato moral, é a consciência dos *meios* para realizar o fim escolhido e o seu emprego para obter assim, finalmente, o resultado desejado.

O emprego dos meios adequados não pode entender-se — quando se trata de um ato moral — no sentido de que todos os meios sejam bons para alcançar um fim ou que o fim justifique os meios. Um fim elevado não justifica o uso dos meios mais baixos, como aqueles que levam a tratar os homens como coisas ou meros instrumentos, ou a humilhá-los como seres humanos. Por isto, não se justifica o emprego de meios como a calúnia, a tortura, o suborno etc. Mas, de outro lado, a relação entre fins e meios — relação de adequação do meio à natureza moral do fim — não pode ser considerada abstratamente, prescindindo da situação concreta em que ocorre, porque, de outra maneira, cair-se-ia num moralismo abstrato, alheio à vida real.

O ato moral, no que diz respeito ao agente, consuma-se no *resultado*, ou seja, na realização ou concretização do fim desejado. Mas, como fato real, deve ser relacionado com a norma que implica e que faz parte do "código moral" da comunidade respectiva. Ou seja, o ato moral responde de modo efetivo à necessidade social de regulamentar, de certa maneira, as relações entre os membros de uma comunidade, o que significa que deve levar em consideração as *consequências* objetivas do resultado obtido, isto é, o modo como este resultado afeta aos demais.

O ato moral supõe um sujeito real dotado de consciência moral, isto é, da capacidade de interiorizar as normas ou regras de ação estabelecidas pela comunidade e de atuar de acordo com elas. A consciência moral é, por um lado, consciência do fim desejado, dos meios adequados para realizá-lo e do resultado possível; mas é, ao mesmo tempo, decisão de realizar o fim escolhido, pois a sua execução se apresenta como uma exigência ou um dever.

O ato moral apresenta, também, um aspecto subjetivo (motivos, consciência do fim, consciência dos meios e decisão pessoal), mas, ao mesmo tempo, mostra um lado objetivo que transcende a

ÉTICA

consciência (emprego de determinados meios, resultados objetivos, consequências). Por isso, a natureza moral do ato não pode ser reduzida exclusivamente ao seu lado subjetivo. Também não se pode fixar o centro de gravidade do ato num só dos seus elementos, com exclusão dos outros. Por esta razão, seu significado moral não pode ser encontrado somente nos motivos que impulsionam a agir. Já dissemos antes que o motivo não basta para caracterizar o ato moral, porque o sujeito pode não reconhecê-lo claramente, ou até ser inconsciente. Contudo, em muitas ocasiões, é preciso tê-lo em conta, já que dois motivos opostos podem conduzir a um mesmo ato moral. Nesse caso, não é indiferente, quando se qualifica o ato moral, que o motivo seja a generosidade, a inveja ou o egoísmo.

Às vezes, o centro de gravidade do ato moral se desloca, sobretudo, para a intenção com que se realiza ou para o fim desejado, independentemente dos resultados obtidos e das consequências que nosso ato acarreta para os demais. Esta concepção subjetivista ou intencionalista do ato moral negligencia os seus resultados e as suas consequências. Mas já sublinhamos que a intenção ou o fim envolve uma exigência de realização: portanto, não é admissível que se fale de intenções ou de fins bons em si mesmos, independentemente da sua realização, porque, sendo a antecipação ideal de um resultado, ou o guia de uma ação, a prova ou validade das "boas intenções" se deve procurar nos resultados. A experiência histórica e a vida cotidiana estão repletas de resultados — moralmente reprováveis — que foram alcançados com as melhores intenções e com os meios mais discutíveis. As intenções não se podem salvar moralmente, nesses casos, porque não podemos isolá-las dos meios e dos resultados. O agente moral deve responder não só por aquilo que projeta ou propõe realizar, mas também pelos meios empregados e pelos resultados obtidos. Nem todos os meios são moralmente bons para obter um resultado. Justifica-se moralmente como meio a violência que o cirurgião faz num corpo e a dor respectiva que provoca; mas não se justifica a violência física contra um homem para arrancar-lhe uma verdade. O resultado obtido, num caso e no outro, não pode ser separado do ato moral no seu conjunto, com

79

A ESSÊNCIA DA MORAL

exclusão de outros aspectos fundamentais. De outro lado, o ato moral possui uma qualidade social: isto é, não é algo de exclusiva competência do agente, mas que afeta ou tem consequências para outro, razão por que essas devem estar bastante presentes quando se qualifica um ato moral.

Em suma: o ato moral é uma totalidade ou unidade indissolúvel de diversos aspectos ou elementos: motivo, fim, meios, resultados, consequências objetivas. O subjetivo e o objetivo estão aqui como as duas faces de uma mesma moeda. O ato moral não pode ser reduzido a um dos seus elementos, mas está em todos eles, na sua unidade e nas suas mútuas relações. Assim, embora a intenção preceda geneticamente o resultado, isto é, preceda sua concretização objetiva, a qualificação moral da intenção não pode prescindir da consideração do resultado. Por sua vez, os meios não podem ser considerados sem os fins, e tampouco os resultados e as consequências objetivas do ato moral podem ser isolados da intenção, porque circunstâncias externas imprevistas ou casuais podem conduzir a resultados que o agente não pode reconhecer como seus.

Finalmente, o ato moral, como ato de um sujeito real que pertence a uma comunidade humana, historicamente determinada, não pode ser qualificado senão em relação com o código moral que nela vigora. Mas, seja qual for o contexto normativo e histórico-social no qual o situamos, o ato moral se apresenta como uma totalidade de elementos — motivo, intenção ou fim, decisão pessoal, emprego de meios adequados, resultados e consequências — numa unidade indissolúvel.

## 6. SINGULARIDADE DO ATO MORAL

O ato moral possui uma qualidade normativa; isto é, assume um significado moral em relação a uma norma.

Com a ajuda da norma, o ato moral se apresenta como a solução de um caso determinado, singular. A norma, que apresenta

80

ÉTICA

um caráter universal, se singulariza, desta maneira, no ato real. Ainda que a norma seja aplicável a diferentes casos particulares, as peculiaridades de cada situação dão lugar necessariamente a uma diversidade de realizações ou de atos morais. De outro lado, graças à distância que o agente deve percorrer entre a sua intenção e o resultado e graças também à impossibilidade de prever todas as vicissitudes do processo de realização do fim ou de concretização objetiva da intenção, há sempre o risco de que o resultado se afaste da intenção originária até o ponto de adquirir um sinal diferente ou oposto ao esperado. No trajeto da intenção ao resultado, o ato pode adquirir um significado moral negativo.

Em poucas palavras, como os casos são múltiplos e diversos, ainda que se recorra à mesma norma moral, os fins precisam hierarquizar-se de modo diverso, os meios a empregar devem ser diferentes e, portanto, as soluções dos casos reais devem ser também diversas. Por isso, ainda que as situações sejam análogas e se disponha para enfrentá-las de uma norma geral, não se pode determinar de antemão, com toda certeza, o que se deve fazer em cada caso; isto é, como hierarquizar os fins, por que preferir uns aos outros, que decisão tomar quando se apresentam circunstâncias imprevistas etc.

Assim, por conseguinte, o problema de como nos devemos comportar moralmente não deixa de apresentar dificuldades quando nos encontramos numa situação que se caracteriza pela sua novidade, singularidade ou imprevisibilidade. É verdade que não nos encontramos diante dela totalmente desamparados, já que dispomos de um código moral, isto é, de um conjunto de normas das quais podemos extrair aquela que nos indique o que devemos fazer. Mas, devido às peculiaridades da situação e de seus aspectos imprevisíveis, também não podemos julgar-nos completamente amparados num caso concreto, singular. É então que nos perguntamos: Devemos fazer X ou Y? Confrontando a norma com as exigências práticas, surge assim uma situação problemática que assume a forma de um conflito de deveres ou dos assim chamados casos de consciência.

A ESSÊNCIA DA MORAL

Ao longo da história da moral, não faltaram tentativas de acabar com esta situação de conflito, proporcionando aos agentes morais uma decisão segura em todos e cada um dos casos. Tal foi a pretensão do *casuísmo* ou da *casuística*, que, tomando como base o estudo de uma multidão de casos reais, pretende chegar a ter em mãos a solução de todos os casos possíveis, e, por conseguinte, saber com antecipação o que se deve fazer em cada caso. Isto é, a casuística não se conforma em dispor de normas morais, que possam regular de determinada maneira nosso comportamento, mas pretende também traçar de antemão regras de realização do ato moral, de concretização de nossos fins ou intenções, negligenciando as peculiaridades e as vicissitudes que cada situação real impõe ao ato moral.

Por esta razão, a casuística se nos apresenta como um vão esforço, porque a singularidade, novidade e imprevisibilidade de cada situação real integram o ato moral num contexto particular que impede a possibilidade de ditar por antecipação uma regra de realização, coisa que não significa que não deva conformar-se necessariamente com certa norma moral de caráter geral. De outra parte, pode-se opor à casuística esta grave objeção: oferecendo ao sujeito uma decisão segura, isto é, apresentando-lhe por antecipação o que deve decidir em cada caso, empobrece imensamente a sua vida moral, porque reduz a sua responsabilidade pessoal na tomada de decisão correspondente e na eleição dos meios adequados para realizar o fim desejado. Refugiando-se o sujeito numa decisão já tomada previamente, abdica de sua responsabilidade situando-se assim num nível moral inferior. Em suma, a casuística, como método de determinar de antemão a maneira de realizar o ato moral (o que o sujeito deve fazer em cada caso concreto), acarreta um empobrecimento da vida moral.

## 7. CONCLUSÃO

De toda a exposição anterior podemos deduzir uma série de traços essenciais da moral, os quais permitem precisar o que coin-

ÉTICA

cide com outras formas de conduta humana e, ao mesmo tempo, o que delas a distingue.

1) A moral é uma forma de comportamento humano que compreende tanto um aspecto normativo (regras de ação) quanto um aspecto fatual (atos que se conformam num sentido ou no outro com as normas mencionadas).

2) A moral é um fato social. Verifica-se somente na sociedade, em correspondência com necessidades sociais e cumprindo uma função social.

3) Ainda que a moral possua um caráter social, o indivíduo nela desempenha um papel essencial, porque exige a interiorização das normas e deveres em cada homem individual, sua adesão íntima ou reconhecimento interior das normas estabelecidas e sancionadas pela comunidade.

4) O ato moral, como manifestação concreta do comportamento moral dos indivíduos reais, é unidade indissolúvel dos aspectos ou elementos que o integram: motivo, intenção decisão, meios e resultados, e, por isso, o seu significado não se pode encontrar num só deles com exclusão dos demais.

5) O ato moral concreto faz parte de um contexto normativo (código moral) que vigora numa determinada comunidade, o qual lhe confere sentido.

6) O ato moral, como ato consciente e voluntário, supõe uma participação livre do sujeito em sua realização, que, embora incompatível com a imposição forçada das normas, não o é com a necessidade histórico-social que o condiciona.

Baseados nestes traços essenciais, podemos afinal formular a definição seguinte:

## A ESSÊNCIA DA MORAL

*A moral é um sistema de normas, princípios e valores, segundo o qual são regulamentadas as relações mútuas entre os indivíduos ou entre estes e a comunidade, de tal maneira que estas normas, dotadas de um caráter histórico e social, sejam acatadas livre e conscientemente, por uma convicção íntima, e não de uma maneira mecânica, externa ou impessoal.*

CAPÍTULO IV  A moral e outras formas de
comportamento humano

# 1. DIVERSIDADE DO COMPORTAMENTO HUMANO

À diferença do animal, o homem se encontra numa variedade de relações com o mundo exterior (transforma-o materialmente, conhece-o, contempla-o esteticamente etc.). Seu comportamento variado e diverso corresponde, por sua vez, à variedade e diversidade das suas necessidades especificamente humanas. O animal vive as suas relações com o mundo exterior segundo um repertório único e imutável; o homem, entretanto, ainda que nas fases mais inferiores do seu desenvolvimento social comece com uma relação pobre e indiferenciada, na qual se confundem trabalho, arte, conhecimento e religião, enriquece aos poucos a sua conduta com vários modos de comportamento que, com o tempo, adquirem feições próprias e específicas. Assim, constitui-se um comportamento prático-utilitário, graças ao qual o homem transforma praticamente a natureza com o seu trabalho para produzir objetos úteis; pode-se também distinguir uma relação teórico-cognoscitiva, que desde as suas origens está em função das exigências dessa transformação prática e pela qual o homem capta o que as coisas são; temos também um comportamento estético quando o homem se expressa, exterioriza ou se reconhece a si mesmo, ora na natureza que existe independentemente dele, ora nas obras de arte que são suas criações.

Deve-se salientar também um comportamento religioso, no qual o homem se relaciona indiretamente com o mundo através de sua vinculação (ou religação) com um ser transcendente, sobrenatural ou Deus. Esta diversidade de relações do homem

## A MORAL E OUTRAS FORMAS DE COMPORTAMENTO HUMANO

com o mundo acarreta também uma diversidade de relações dos homens entre si: econômicas, políticas, jurídicas, morais etc. Por isso, podemos falar também em diversos tipos de comportamento humano que se evidenciam na economia, na política, no direito, no trato social e na moral.

Todas estas diversas formas de comportamento — tanto com o mundo exterior quanto entre os próprios homens — supõem um mesmo sujeito: o homem real, que diversifica assim o seu comportamento de acordo com o objeto com o qual entra em contato (a natureza, as obras de arte, Deus, os outros homens etc.) e de acordo também com o tipo de necessidade humana que procura satisfazer (produzir, conhecer, expressar-se e comunicar-se, transformar ou manter uma ordem social determinada etc.). Porque são próprias de um mesmo sujeito — que cria material e espiritualmente —, as formas mencionadas de comportamento estão relacionadas entre si, mas as formas concretas assumidas pela sua relação — entre a arte e a religião, entre a moral e a economia ou entre o direito e a política, por exemplo —, dependem das condições históricas concretas. Estas condições determinam qual o tipo de comportamento humano dominante nesta ou naquela sociedade ou numa época determinada; quer dizer, se é a religião, a política etc., embora o que sempre domine, em última instância, seja o comportamento humano exigido pela necessidade vital e inadiável de produzir os bens necessários para subsistir, ou seja, a estrutura econômica. Não se pode, pois, estranhar que devido às peculiaridades de uma sociedade ou de uma época determinada, a arte se relacione mais com a religião, com a política ou com a moral. Ou que a moral esteja em mais estreita relação com a política, como foi na Antiguidade o caso de Atenas; a política com a religião, como acontecia na Idade Média; ou que a moral suplante a economia como acontece na sociedade burguesa, na qual as virtudes econômicas se transformam em virtudes morais.

Somente o estudo concreto das diferentes formas de comportamento humano no seu desenvolvimento histórico relativamente autônomo, assim como nas suas relações com a estrutura social,

# ÉTICA

na qual se integram, pode-nos dizer como e por que circulam entre si as diversas formas de conduta humana e como e por que uma delas desempenha, numa determinada fase, o papel principal.

No momento, cabe-nos somente examinar, em termos gerais, qual a distinção, nesse quadro geral de relações mútuas, entre o comportamento moral e outras formas fundamentais do comportamento humano, como o religioso, o político, o jurídico ou legal, o trato social e o teórico-cognoscitivo ou científico. Vejamos, por conseguinte, separadamente, as relações entre a moral e a religião, a moral e a política, a moral e o direito, a moral e o trato social e a moral e a ciência.

## 2. MORAL E RELIGIÃO

Num sentido amplo, pode-se entender por religião a fé ou a crença na existência de forças sobrenaturais ou num ser transcendente e sobre-humano, todo-poderoso (ou Deus), com o qual o homem está em relação ou está religado. Do ponto de vista das relações entre o homem e a divindade, a religião se caracteriza: a) pelo sentimento de dependência do homem com respeito a Deus; b) pela garantia de salvação dos males terrenos que a religião oferece ao homem no outro mundo. Esta caracterização aplicada, sobretudo, ao cristianismo, significa: 1) a afirmação de Deus como verdadeiro sujeito e a consequente negação da autonomia do homem; 2) a transposição da verdadeira libertação do homem para um mundo transcendente, ultraterreno, que somente se pode alcançar depois da morte.

Se a religião oferece num além a salvação dos males deste mundo, significa que reconhece a existência real desses males, isto é, a existência de uma limitação ao pleno desenvolvimento do homem e, neste sentido, é "a expressão da miséria real". Por outro lado, prometendo este desenvolvimento na outra vida, significa que, também nesta forma, a religião não se resigna com os males deste mundo e lhes dá uma solução, ainda que num mundo ultraterreno, colocado além do mundo real: neste sentido, a religião é "o protesto contra a miséria real". Quando se perde de vista que inclui um protesto contra o mundo real, a religião se transforma num instrumento de conformismo, resignação ou conservadorismo: isto é, de renúncia à luta para transformar realmente este mundo terreno. E tal é a função que a religião desempenhou historicamente durante séculos, colocando-se, como ideologia, a serviço da classe dominante. Mas não foi assim nas suas origens, quando nasceu como religião dos oprimidos — dos escravos e dos libertos — em Roma. E, em nossos dias, está adquirindo força dentro do cristianismo uma tendência que remonta até suas origens e se afasta da tradição conformista que, durante séculos, forneceu um fundamento teológico aos sistemas econômico-sociais dominantes (escravidão, feudalismo e capitalismo), para solidarizar-se com as forças que lutam por uma transformação efetiva do mundo humano real.

Quando se fala de relações entre a moral e a religião, é preciso lembrar as considerações anteriores. Tendo-as presentes, podemos sublinhar que a relação entre ambas as formas de comportamento humano ocorre na medida em que: a) a religião inclui certa forma de regulamentação das relações entre os homens, ou seja, certa moral. No cristianismo os mandamentos de Deus são, também, preceitos ou imperativos morais; b) a religião se apresenta como garantia do fundamento absoluto (Deus) dos valores morais, assim como da sua realização no mundo. Sem religião, portanto, não há moral.

A primeira tese — a religião inclui certa moral — é confirmada historicamente tanto pelo comportamento religioso dos homens como pelo seu comportamento moral. Uma moral de inspiração religiosa existiu e continua a existir, embora de acordo com as formas efetivas que a religião — e, em particular, o cristianismo — adotou seja preciso reconhecer que a moral que se apresentava como cristã era classista, isto é, a serviço dos interesses e valores da classe social dominante.

No que diz respeito à segunda tese — Deus como garantia da moral — pode-se afirmar que, segundo ela, a falta deste funda-

ÉTICA

mento ou garantia acarretaria a impossibilidade da moral. Nas palavras seguintes do romancista russo Dostoievski, inúmeras vezes citadas, expressa-se condensadamente esta posição: "Se Deus não existisse, tudo seria permitido." Não haveria, pois, uma moral autônoma, que tivesse seu fundamento no homem: poder-se-ia afirmar somente a moral que tivesse o seu centro ou a sua fonte em Deus.

Pois bem, como demonstra a própria história da humanidade, a moral não somente não se origina da religião, mas também é anterior a ela. Durante milênios, o homem primitivo viveu sem religião, mas não sem certas normas consuetudinárias que regulamentavam as relações entre os indivíduos e a comunidade e, ainda que em forma embrionária, já tinham um caráter moral. Por conseguinte, do fato que a religião implique numa certa moral e que, para esta, Deus seja a garantia dos valores morais e da realização da moral, não segue que a moral não seja possível sem a religião. A religião não cria a moral, nem é a condição indispensável — em qualquer sociedade — para ela. Mas, evidentemente, existe uma moral de inspiração religiosa que desempenha também a função de regulamentar as relações entre os homens em consonância com a função da própria religião. Assim, os princípios básicos desta moral — amor ao próximo, respeito à pessoa humana, igualdade espiritual de todos os homens, reconhecimento do homem como pessoa (como fim) e não como coisa (meio ou instrumento) — constituíram, numa determinada fase histórica (particularmente na época da escravidão e na servidão feudal), um alívio e uma esperança para todos os oprimidos e explorados, aos quais se negava aqui na terra amor, respeito, igualdade e reconhecimento. Mas, ao mesmo tempo, as virtudes dessa moral (resignação, humildade, passividade etc.), por não contribuírem para a solução imediata e terrena dos males sociais, serviram para manter o mundo social que as classes dominantes estavam empenhadas em sustentar. Mas a reviravolta que começa a esboçar-se na nossa época dentro do cristianismo — e especialmente dentro do catolicismo pós-conciliar —, no sentido de que os cristãos se orientem mais para este mundo e para o homem, participando inclusive com os não crentes na transformação real dele, imprime uma nova feição à moral de inspiração religiosa. Esta dupla orientação para o mundo real e para o homem permite que as velhas virtudes — resignação, humildade, conformismo etc. — cedam lugar a outras vinculadas com o esforço coletivo para a emancipação efetiva neste mundo real. De outro lado, a moral cristã assim renovada coexiste com a moral de outros homens que se guiam por princípios e valores exclusivamente humanos, isto é, com a moral de indivíduos ou povos que revelam altas qualidades morais sem que o seu heroísmo, solidariedade, espírito de sacrifício, etc. brotem de um estímulo religioso.

Vemos, pois, que, embora a moral imprima um caráter peculiar à regulamentação moral das relações entre os homens, não se confirma, nos nossos tempos, a tese de que sem religião soçobraria a vida moral. Se o comportamento moral e o religioso articulam-se ainda em nossos dias, com as particularidades que assinalamos, não se deduz que a moral precise permanecer necessariamente dependente da religião. Se no passado Deus era o fundamento e a garantia da vida moral, hoje são cada dia mais numerosos os que procuram no próprio homem o seu fundamento e a sua garantia.

## 3. MORAL E POLÍTICA

Enquanto a moral regulamenta as relações mútuas entre os indivíduos e entre estes e a comunidade, a política abrange as relações entre grupos humanos (classes, povos ou nações). A política inclui também a atividade das classes ou dos grupos sociais através das suas organizações específicas — partidos políticos — orientada para consolidar, desenvolver, derrubar ou transformar o regime político-social existente. Na política, expressa-se abertamente a atitude dos grupos sociais — determinada por diversos interesses e particularmente pelos econômicos — com relação à conquista ou à conservação e exercício do poder estatal. A política abrange, portanto, a atividade dos grupos sociais que tende a conservar a

ÉTICA

ordem social existente, a reformá-la ou a mudá-la radicalmente, tanto quanto a atividade que o próprio poder estatal desenvolve na ordem nacional e internacional. A atividade política implica, também, participação consciente e organizada de amplos setores da sociedade; disto decorre a existência de projetos e programas que fixam os objetivos mediatos e imediatos, bem como os meios ou métodos para realizá-los. Desta maneira, sem excluir que ocorram também atos espontâneos dos indivíduos ou dos grupos sociais, a política é uma forma de atividade prática, organizada e consciente.

Os sujeitos ou agentes da ação política são os indivíduos concretos, reais, mas enquanto membros de um grupo social determinado (classe, partido, nação). Atuando politicamente, os indivíduos defendem os interesses comuns do grupo social respectivo nas suas relações com o Estado, com outras classes ou com outros povos. Na política, o indivíduo encarna uma função coletiva e a sua atuação diz respeito a um interesse comum. Na moral, pelo contrário, ainda que o coletivo sempre esteja presente, porque o indivíduo nunca deixa de ser um ser social, o elemento íntimo, pessoal, desempenha — como já assinalamos — um papel importante; de fato, nas suas relações morais com os demais, o indivíduo age como tal, isto é, tomando decisões pessoais, interiorizando as normas gerais e assumindo uma responsabilidade pessoal. Ainda que as normas morais que regulamentam os atos do indivíduo, num sentido ou no outro, possuam um caráter coletivo e não propriamente individual, é o indivíduo que deve decidir pessoalmente — isto é, livre e conscientemente — se as cumpre ou não e assumir a respectiva responsabilidade pela decisão tomada. A atividade política ultrapassa este plano pessoal, e, embora, em última instância, sejam os indivíduos reais os que tomam parte conscientemente na política, seus atos individuais somente adquirem sentido político na medida em que se integram na ação comum ou coletiva do grupo.

Vemos, portanto, que a política e a moral se distinguem: a) porque os termos das relações que ambas estabelecem são distintos (grupos sociais num caso; indivíduos no outro); b) pela maneira

# A MORAL E OUTRAS FORMAS DE COMPORTAMENTO HUMANO

distinta com que os homens reais (os indivíduos) se situam numa e noutra relação; c) pela maneira distinta com que, numa e na outra, articula-se a relação entre o individual e o coletivo.

Política e moral são formas de comportamento que não podem identificar-se. Nem a política pode absorver a moral, nem esta pode ser reduzida à política. A moral possui um âmbito específico no qual a política não pode interferir. Culpar um inocente não somente é injusto mas moralmente reprovável, embora um Estado o faça por motivos políticos. Da mesma maneira, a agressão contra um país pequeno e soberano é um ato imoral, ainda que o agressor trate de justificá-lo politicamente (pelo interesse da sua segurança nacional). Mas, por sua vez, a política possui um campo específico que a impede de ser reduzida a um capítulo da moral. Daí decorre a necessidade de que ambas as formas de comportamento humano mantenham uma relação mútua, mas conservando, ao mesmo tempo, suas características específicas, isto é, sem que uma absorva a outra ou a exclua por completo.

A este propósito, examinaremos duas posições extremas sobre as relações entre a política e a moral, as quais nos permitirão situar ambas em seu verdadeiro terreno. Uma é a do moralismo abstrato; a outra, a do realismo político.

O moralista abstrato julga os atos políticos com um critério moral ou, melhor, moralizante. Por conseguinte, somente aprova os atos que possam ser realizados por meios "puros", que não perturbem a consciência moral ou satisfaçam plenamente as boas intenções ou as exigências morais do indivíduo. Uma expressão histórico-concreta desta atitude política moralizante foi, no século passado, a dos socialistas utópicos (Saint-Simon, Owen, Fourier etc.), que pretendiam transformar radicalmente a ordem social imperante apelando para a persuasão individual, para a consciência moral ou para os corações dos empresários, a fim de obter desta maneira uma ordem social e econômica baseada numa justa distribuição da riqueza. Expressão desta atitude moralizante é igualmente a que julga o trabalho de um governante tão somente por suas virtudes ou vícios pessoais e põe as esperanças

ÉTICA

de transformação política na moralização dos indivíduos, sem compreender que não se trata de um problema individual, visto que a possibilidade de que as suas qualidades morais — positivas ou negativas — desenvolvam-se ou sufoquem depende de uma determinada estrutura político-social.

Este moralismo abstrato leva a uma redução da política à moral. Como leva, também, à impotência política na ação ou — diante da impossibilidade prática de efetuar esta redução — à condenação ou à renúncia à política para refugiar-se na esfera pura e privada da moral. Desta maneira, segue-se que o preço que o moralista abstrato deve pagar por sua atitude é, do ponto de vista político, sumamente alto: a impotência política ou a renúncia à ação.

Vejamos, agora, a posição oposta no que diz respeito às relações entre política e moral, ou seja, a do chamado realismo político. A tendência legítima para fazer da política uma esfera específica, autônoma, evitando limitá-la aos bons desejos ou intenções do político, culmina na chamada política realista, na procura de certos efeitos a qualquer preço, sejam quais forem os meios aos quais se deva recorrer, com a consequente exclusão da moral, por julgar-se que o seu domínio específico é a vida privada. Esta separação absoluta da política e da moral, no terreno das relações internacionais, conduz ao predomínio do egoísmo nacional sobre qualquer outro motivo e à justificação de qualquer meio para satisfazê-lo: a agressão, o engano, a pressão em todas as formas, a violação de compromissos assumidos etc. O realismo político pretende assim subtrair os atos políticos a qualquer avaliação moral, em nome da legitimidade dos fins.

Os dois modos de conceber as relações entre a política e a moral, o moralismo abstrato e o realismo político, correspondem a uma dissociação entre a vida privada e a vida pública, ou também à fragmentação do homem real entre o indivíduo e o cidadão, que caracteriza a sociedade moderna. A esta cisão corresponde, no plano ideológico e político, a cisão que, de formas distintas, é exigida pelo moralismo abstrato e pelo "realismo" político. O primeiro concentra a atenção na vida privada e, por conseguinte, na moral, compreendida esta, por seu turno, como uma moral privada, intimista, subjetiva; a política interessa enquanto podem-lhe ser aplicadas as categorias morais. A não ser assim, mais vale refugiar-se na vida privada e, para manter limpas as mãos e a consciência, renunciar à política. Mas, como já assinalamos, esta atitude leva à impotência política ou ao abstencionismo político, com a agravante de que assim se contribui objetivamente para que prevaleça outra política que pode afirmar-se exatamente no terreno favorável da impotência e da abstenção.

O "realismo" político é igualmente a expressão da dissociação do individual e do coletivo ou da vida privada e da vida pública. Mas, neste caso, a atenção se fixa na vida pública, na correspondente ação política, deixando que a moral opere exclusivamente no santuário íntimo da consciência. Esquece-se assim que a moral efetiva, como já notamos, é um fato social e que, portanto, não pode ser considerada como um assunto totalmente privado ou íntimo. É uma forma de regulamentação das relações entre os homens que cumpre uma função social e que, por isto mesmo, não pode ser separada da política. Num sentido ou outro, a política afirma ou nega certa moral, cria condições para o seu desenvolvimento e, na realidade, não pode subtrair-se a uma certa avaliação moral. Mas, de outro lado, a política, para ser eficaz, necessita assegurar o consenso mais profundo dos cidadãos, e, neste sentido, necessita lançar mão da moral.

Precisamente porque o homem é um ser social, obrigado a se desenvolver sempre individual e socialmente, com seu interesse pessoal e coletivo, não pode deixar de atuar, ao mesmo tempo, moral e politicamente. Moral e política estão numa relação mútua. Mas a forma concreta que assume esta relação (de exclusão recíproca ou de concordância) dependerá do modo como, efetivamente, na sociedade, operam as relações entre o individual e o coletivo, ou entre a vida privada e a vida pública.

O homem não pode renunciar à moral, porque esta corresponde a uma necessidade social; assim também — pelo menos num futuro previsível — não pode renunciar à política, porque

ÉTICA

esta responde igualmente a uma necessidade social. Mas, numa sociedade superior, suas relações devem caracterizar-se por sua concordância, sem abdicar do seu âmbito respectivo. Por conseguinte, nem renúncia à política em favor da moral, nem exclusão da moral em favor da política.

## 4. MORAL E DIREITO

De todas as formas de comportamento humano, o jurídico ou legal (direito) é o que mais intimamente se relaciona com a moral, porque os dois estão sujeitos a normas que regulam as relações dos homens.

Moral e direito têm em comum uma série de características essenciais e, ao mesmo tempo, diferenciam-se por outros traços específicos. Em primeiro lugar, vejamos os elementos comuns a ambas as formas de comportamento.

1) O direito e a moral regulamentam as relações de uns homens com outros por meio de normas; postulam, portanto, uma conduta obrigatória e devida. Nisto se parecem também, como veremos, com o trato social.

2) As normas jurídicas e morais têm a forma de imperativos; por conseguinte, acarretam a exigência de que se cumpram, isto é, de que os indivíduos se comportem necessariamente de uma certa maneira. Nisto se diferenciam das normas técnicas que regulam as relações dos homens com os meios de produção no processo técnico, que não possuem esta forma de imperativos.

3) O direito e a moral respondem a uma mesma necessidade social: regulamentar as relações dos homens visando a garantir certa coesão social.

4) A moral e o direito mudam quando muda historicamente o conteúdo da sua função social (isto é, quando se opera uma mu-

## A MORAL E OUTRAS FORMAS DE COMPORTAMENTO HUMANO

dança radical no sistema político-social). Por isto estas formas de comportamento humano têm caráter histórico. Assim como varia a moral de uma época para outra, ou de uma sociedade para outra, varia também o direito.

Examinemos agora as diferenças entre o direito e a moral.

1) As normas morais se cumprem através da convicção íntima dos indivíduos e, portanto, exigem uma adesão íntima a tais normas. Neste sentido, pode-se falar de interioridade da vida moral. (O agente moral deve fazer as suas ou interiorizar as normas que deve cumprir.) As normas jurídicas não exigem esta convicção íntima ou adesão interna. (O sujeito deve cumprir a norma jurídica, ainda que não esteja convencido de que é justa e, por conseguinte, ainda que não adira intimamente a ela.) Pode-se falar, por isto, da exterioridade do direito. O importante, no caso, é que a norma se cumpra, seja qual for a atitude do sujeito (voluntária ou forçada) com respeito a seu cumprimento.

Se a norma moral se cumpre por motivos formais ou externos, sem que o sujeito esteja intimamente convencido de que deve atuar de acordo com ela, o ato moral não será moralmente bom; pelo contrário, a norma jurídica cumprida formal ou externamente, isto é, ainda que o sujeito esteja convencido de que é injusta e intimamente não queira cumpri-la, implica um ato irrepreensível do ponto de vista jurídico. Assim, pois, a interiorização da norma, essencial do ato moral, não o é, pelo contrário, no âmbito do direito.

2) A coação se exerce de maneira diferente na moral e no direito: é fundamentalmente interna na primeira e externa no segundo. Isto significa que o cumprimento dos preceitos morais é garantido, antes de tudo, pela convicção interna de que devem ser cumpridos. E ainda que a sanção da opinião pública, com a sua aprovação ou desaprovação, leve a atuar num certo sentido, no comportamento moral se requer sempre a adesão íntima do sujeito. Nada e ninguém nos pode obrigar internamente a cumprir a norma moral. Isso quer

ÉTICA

dizer que o cumprimento das normas morais não é garantido por um dispositivo exterior coercitivo que possa prescindir da vontade. O direito, pelo contrário, exige tal dispositivo, isto é, um organismo estatal capaz de impor a observância da norma jurídica ou de obrigar o sujeito a comportar-se de certa maneira, embora este não esteja convencido de que assim deve comportar-se devendo, pois, se necessário, passar por cima de sua vontade.

3) Deste modo distinto de garantir o cumprimento das normas morais e jurídicas se deduz, também, que as primeiras não se encontram codificadas formal e oficialmente, ao passo que as segundas gozam desta expressão formal e oficial em forma de códigos, leis e diversos atos do Estado.

4) A esfera da moral é mais ampla do que a do direito. A moral atinge todos os tipos de relação entre os homens e as suas várias formas de comportamento (assim, por exemplo, o comportamento político, o artístico, o econômico etc., podem ser objeto de qualificação moral). O direito, pelo contrário, regulamenta as relações humanas mais vitais para o Estado, para as classes dominantes ou para a sociedade em seu conjunto.

Algumas formas de comportamento humano (criminalidade, malandragem, roubo etc.) caem na esfera do direito enquanto violam normas jurídicas e na da moral enquanto infringem normas morais. O mesmo se deve dizer de certas formas de organização social como o matrimônio, a família e as respectivas relações (entre os cônjuges, os pais e os filhos etc.). Outras relações entre os indivíduos, como o amor, a amizade, a solidariedade etc., não são objeto de regulamentação jurídica, mas somente moral.

5) Dado que a moral cumpre — como já assinalamos — uma função social vital, manifesta-se historicamente desde que o homem existe como ser social e, portanto, anteriormente a certa forma específica de organização social (a sociedade dividida em classes) e à organização do Estado. Dado que a moral não exige a coação estatal, pode

existir antes da organização do Estado. O direito, ao contrário, por depender necessariamente de um dispositivo coercitivo externo de natureza estatal, acha-se ligado ao aparecimento do Estado.

6) A distinta relação da moral e do direito com o Estado explica, por sua vez, a distinta situação de ambas as formas de comportamento humano numa mesma sociedade. Dado que a moral não depende necessariamente do Estado, pode-se verificar numa mesma sociedade uma moral que se harmoniza com o poder estatal vigente e uma moral que entra em contradição com ele. Não se dá a mesma coisa com o direito, porque, como depende necessariamente do Estado, existe somente um direito ou sistema jurídico único para toda a sociedade, ainda que este direito não conte com o apoio moral de todos os seus membros. Conclui-se, portanto, que na sociedade dividida em classes antagônicas existe somente um direito — porque existe somente um Estado — ao passo que coexistem duas ou mais morais diversas ou opostas.

7) O campo do direito e da moral, respectivamente, assim como a sua relação mútua, possuem um caráter histórico. A esfera da moral se amplia à custa do direito, à medida que os homens observam as regras fundamentais da convivência voluntariamente, sem necessidade de coação. Esta ampliação da esfera da moral com a consequente redução da do direito é, por sua vez, índice de um progresso social. A passagem para uma organização social superior acarreta a substituição de certo comportamento jurídico por outro, moral. De fato, quando o indivíduo regula as suas relações com os demais não sob a ameaça de uma pena ou pela pressão da coação externa, mas pela íntima convicção de que deve agir assim, pode-se afirmar que nos encontramos diante de uma forma de comportamento moral mais elevada. Vê-se, assim, que as relações entre o direito e a moral, historicamente mutáveis, revelam num certo momento tanto o nível alcançado pelo progresso espiritual da humanidade, quanto o progresso político-social que o torna possível.

ÉTICA

Em conclusão: a moral e o direito possuem elementos comuns e mostram, por sua vez, diferenças essenciais, mas estas relações, que ao mesmo tempo possuem um caráter histórico, baseiam-se na natureza do direito como comportamento humano sancionado pelo Estado e na natureza da moral como comportamento que não exige esta sanção estatal e se apoia exclusivamente na autoridade da comunidade, expressa em normas e acatada voluntariamente.

## 5. MORAL E TRATO SOCIAL

O comportamento normativo não se reduz à moral e ao direito. Existe também outro tipo de comportamento normativo que não se identifica com o direito e com a moral, e que abrange as várias formas de saudação, o modo de uma pessoa dirigir-se a outra, de atender a um amigo ou a um convidado em casa, de vestir com decoro etc., bem como as várias manifestações de cortesia, o tato, a fineza, o cavalheirismo, a pontualidade, a galanteria etc. Trata-se, como vemos, de um sem-número de atos, regidos pelas respectivas regras ou normas de convivência que cobrem o vasto setor — muito extenso na vida cotidiana — dos convencionalismos sociais ou do trato social.

Alguns destes atos — como, por exemplo, a saudação, as visitas de cortesia, o uso do tratamento de respeito com pessoas mais velhas, o uso do "tu" entre jovens, colegas e companheiros de trabalho, tirar o chapéu num lugar reservado etc. — se regem por regras que passam de uma sociedade a outra através do tempo e são comuns a diversos países e diferentes grupos sociais. Apesar disto, as manifestações concretas do trato social mudam historicamente e inclusive, numa mesma época, de um país para outro e de uma classe social para outra. Assim, por exemplo, na Idade Média a aristocracia feudal possuía suas próprias maneiras que se consideravam de "bom tom" ao passo que "os de baixo", a plebe, tinha as suas. As regras geralmente aceitas costumam ser, no trato social, as da classe ou do grupo social dominante. Por esta razão, quando novas forças sociais impugnam o domínio das classes sociais já caducas ou buscam expressar seu não conformismo com a velha sociedade, recorrem também a uma deliberada violação das regras aceitas do trato social para evidenciar assim o seu protesto ou descontentamento. Deste modo procedia, por exemplo, o burguês do século XVIII na França com relação às "boas maneiras" da nobreza; e assim procediam também, no século XIX, os artistas boêmios ou "malditos", quando mostravam o seu desprezo para com o mundo social prosaico e utilitário em que viviam, não somente através de sua arte (exatamente com "a arte pela arte"), mas também através de seu desalinho no vestir.

Detenhamo-nos agora, brevemente, nas relações entre a moral e o trato social, especificando aquilo que une e aquilo que distingue as duas formas de comportamento humano.

1) Como o direito e a moral, o trato social cumpre a função de regulamentar as relações dos indivíduos, regulamentação que contribui — como a das demais formas de comportamento normativo — para garantir a convivência social no quadro de uma ordem social determinada.

2) As regras do trato social — como as normas morais — se apresentam como obrigatórias e o seu cumprimento é consideravelmente influenciado pela opinião dos demais. Contudo, por mais forte que seja esta coação externa, nunca assume um caráter coercitivo.

3) Como acontece na moral, o trato social não conta com um dispositivo coercitivo que possa obrigar a cumprir as suas regras ou normas, inclusive contra a vontade do sujeito. Estas, por exemplo, exigem que se responda à saudação de um conhecimento ou que se ceda o lugar a um ancião, mas nada e ninguém pode obrigar a cumprir esta obrigação por força. Isso não quer dizer que este não cumprimento fique impune, dado que a opinião dos outros o sanciona com a sua desaprovação.

ÉTICA

4) As regras do trato social — como as do direito — não exigem o reconhecimento, a adesão íntima ou seu sincero cumprimento por parte do sujeito. Ainda que se possa dar à regra uma íntima adesão, o trato social constitui essencialmente um tipo de comportamento humano formal e exterior. Por sua exterioridade, pode entrar em contradição com a convicção interna, como acontece quando se cumprimenta cortesmente uma pessoa que interiormente se detesta. Por esta razão, quanto mais externo e formal é o trato social, tanto mais insincero, falso ou hipócrita pode-se tornar. Esta a razão por que, na avaliação do comportamento do indivíduo, desempenha um papel inferior ao da moral.

Em resumo: o trato social constitui um comportamento normativo que procura regulamentar formal e exteriormente a convivência dos indivíduos na sociedade, mas sem o apoio da convicção e adesão íntima do sujeito (característica da moral) e sem a imposição coercitiva do cumprimento das regras (inerente ao direito).

## 6. MORAL E CIÊNCIA

O problema das relações entre ciência e moral pode ser colocado em dois planos: a) com relação à natureza da moral. Neste plano, trata-se de determinar se é cabível falar-se em caráter científico da moral; b) com relação ao uso social da ciência. Neste plano, cabe falar no papel moral do homem de ciência ou da atividade do cientista.

Já abordamos a primeira questão quando definimos a ética como ciência da moral. Insistindo naquilo que já notamos, acrescentaremos agora que as ciências são um conjunto de proposições ou juízos sobre aquilo que as coisas são: enunciam ou indicam aquilo que alguma coisa *é*. Seus enunciados não têm um caráter normativo, isto é, não indicam o que alguma coisa *deve ser*. Como ciência, a ética também é um conjunto de enunciados a respeito de um objeto específico, ou do setor da realidade humana que chamamos *moral*. Deste objeto da ética, como já vimos, fazem parte as normas e os atos morais que se conformam com elas. A ética nos diz o que é a norma moral, mas não postula ou não estabelece normas; estuda um tipo de conduta normativa, mas não é o teórico da moral, e sim o homem real, que estabelece determinadas regras de comportamento. Sublinhado isso, é evidente que a moral — nos seus dois planos: ideal e real, normativo e fatual — não é ciência, já que possui uma estrutura normativa. A moral satisfaz a necessidade social de regulamentar de certa maneira as ações dos indivíduos numa dada comunidade: não é, portanto, a necessidade de aprender o que algo é, ou seja, de conhecê-lo, o que determina a existência da moral. A moral não é conhecimento ou teoria de algo real, mas *ideologia*, ou seja, conjunto de ideias, normas e juízos de valor — juntamente com os atos humanos respectivos —, que servem aos interesses de um grupo social.

A moral, pois, tem por base determinadas condições históricas e sociais, assim como determinada constituição psíquica e social do homem. Cabe à ética examinar as condições de possibilidade da moral e, neste sentido, pode ser útil à própria moral. Com efeito, uma moral baseada numa abordagem científica dos fatos morais, e que por conseguinte tome em consideração as possibilidades objetivas e subjetivas da realização que o conhecimento ético lhe pode mostrar, não será certamente científica por sua estrutura — já que esta será sempre normativa —, mas poderá sem dúvida basear-se no conhecimento científico que lhe é proporcionado pela ética e, com ela, pela psicologia, pela história, pela sociologia etc., isto é, pelas ciências que estudam a realidade humana. Desta maneira, sem deixar de ser ideologia, a moral poderá relacionar-se — não pela sua estrutura, mas pelo seu próprio fundamento — com a ciência.

A segunda questão refere-se ao conteúdo moral da atividade do cientista; ou seja, à responsabilidade moral que assume: a) no exercício da sua atividade, e b) pelas consequências sociais da mesma. No primeiro caso, o cientista deve apresentar uma série de qualidades morais cuja posse garanta uma melhor realização do objetivo fundamental que norteia a sua atividade, a saber: a procura da verdade. Entre estas qualidades morais, características de qualquer verdadeiro homem de ciência, figuram sobretudo a honestidade intelectual, o desinteresse pessoal, a decisão na defesa da verdade e na crítica da falsidade etc. Mas, em nossa época, que se distingue pela enorme elevação do papel da ciência no progresso tecnológico, o conteúdo moral da atividade científica se concretiza e se enriquece ainda mais. A ciência se torna cada vez mais uma força produtiva e, ao mesmo tempo, uma força social. Mas o uso da ciência pode trazer grandes bens ou espantosos males para a humanidade. Aplicada com finalidades bélicas, pode transformar-se numa gigantesca força de destruição e de extermínio em massa. Por isto, não é casual a atenção que os departamentos militares de algumas potências dispensam aos estudos científicos, nem que os países menos desenvolvidos estejam sujeitos a um verdadeiro saque de seus cérebros melhores. Enquanto a ciência — não sendo ideológica por sua estrutura — pode estar a serviço ou dos fins mais nobres ou dos mais prejudiciais para o gênero humano, o cientista não pode permanecer indiferente diante das consequências sociais do seu trabalho, isto é, diante do uso que se faça de suas investigações ou descobertas. Assim pensaram muitos dos grandes homens da ciência de nossa época, encabeçados pela maioria dos prêmios Nobel, quando se opuseram ao emprego das bombas atômicas e de hidrogênio e ao uso destruidor de muitas descobertas científicas.

A ciência sob este aspecto (isto é, pelo seu uso, pelas consequências da sua aplicação) não pode ser separada da moral. Mas deve ficar claro que a sua qualificação moral não pode dizer respeito ao seu conteúdo próprio e interno, já que a investigação científica como tal é moralmente neutra. As considerações morais, neste terreno, perturbariam a objetividade e a validade das proposições científicas e a transformariam em mera ideologia. Mas se a ciência como tal não pode ser qualificada moralmente, pode sê-lo, no entanto, a utilização que dela se faça, os fins e os interesses a que serve e as consequências sociais da sua aplicação. Sob este aspecto, o homem de ciência não pode ficar indiferente à finalidade social da sua atividade e, por isto, deve assumir uma responsabilidade moral, sobretudo quando se trata de investigações científicas cujo uso e consequências são de vital importância para a humanidade. Assim pensam hoje os grandes cientistas que se interessam pelos problemas morais colocados pela sua própria atividade, corroborando desta maneira a opinião de que a ciência não pode deixar de estar relacionada com a moral.

CAPÍTULO V  Responsabilidade moral, determinismo e liberdade

## 1. CONDIÇÕES DA RESPONSABILIDADE MORAL

Assinalamos antes (cap. II) que um dos índices fundamentais do progresso moral é a elevação da responsabilidade dos indivíduos ou dos grupos sociais no seu comportamento moral. Assim, se o enriquecimento da vida moral acarreta o aumento da responsabilidade pessoal, o problema de determinar as condições desta responsabilidade adquire uma importância primordial. De fato, atos propriamente morais são somente aqueles nos quais podemos atribuir ao agente uma responsabilidade não só pelo que se propôs realizar, mas também pelos resultados ou consequências da sua ação. Mas o problema da responsabilidade moral está estreitamente relacionado, por sua vez, com o da necessidade e liberdade humanas, pois somente admitindo que o agente tem certa liberdade de opção e de decisão é que se pode responsabilizá-lo pelos seus atos.

Por isto, não basta julgar determinado ato segundo uma norma ou regra de ação, mas é preciso também examinar as condições concretas nas quais ele se realiza, a fim de determinar se existe a possibilidade de opção e de decisão necessária para poder imputar-lhe uma responsabilidade moral. Assim, por exemplo, se poderá convir facilmente que roubar é um ato reprovável do ponto de vista moral e tanto mais se a vítima é um amigo. Se João rouba um serviço de mesa na casa do seu amigo Pedro, a reprovação moral deste ato não apresenta, ao que parece, dúvida alguma. E, contudo, talvez seja um tanto precipitada se não se tomam em consideração as condições peculiares em que se efetua o ato pelo qual João é moralmente condenado. Numa apreciação

## RESPONSABILIDADE MORAL, DETERMINISMO E LIBERDADE

imediata, sua condenação se justifica porque roubar um amigo não tem desculpa e, se a ação de João não tem desculpa, não se pode eximi-lo da responsabilidade. Mas suponhamos que João não somente mantém com Pedro uma relação de íntima amizade, mas também que a situação econômica não autoriza a admitir a suspeita de que tenha necessidade de cometer uma semelhante ação. Nada disto poderá explicar o roubo. Tudo, porém, ficará claro quando soubermos que João é cleptomaníaco. Continuaríamos então a reprovar a sua ação julgando-o responsável? Evidentemente, não; nestas condições já não seria justo imputar-lhe uma responsabilidade e, pelo contrário, seria necessário eximi-lo dela, considerando-o um doente que realiza um ato — normalmente ilícito — por não conseguir controlar-se.

O exemplo anterior nos permite formular uma pergunta: quais são as condições necessárias e suficientes para poder imputar a alguém uma responsabilidade moral por determinado ato? Ou também, em outras palavras: em que condições uma pessoa pode ser louvada ou censurada por sua maneira de agir? Quando se pode afirmar que um indivíduo é responsável pelos seus atos ou se pode isentá-lo total ou parcialmente da sua responsabilidade?

Já desde o tempo de Aristóteles, contamos com uma velha resposta a estas perguntas; nela se evidenciam duas condições fundamentais:

a) que o sujeito não ignore nem as circunstâncias nem as consequências da sua ação; ou seja, que o seu comportamento possua um caráter *consciente*.

b) que a causa dos seus atos esteja nele próprio (ou causa interior), e não em outro agente (ou causa exterior) que o force a agir de certa maneira, contrariando a sua vontade; ou seja, que a sua conduta seja *livre*.

Assim, portanto, tão somente o conhecimento, de um lado, e a liberdade, do outro, permitem falar legitimamente de responsabilidade. Pelo contrário, a ignorância, de uma parte, e a falta de

ÉTICA

liberdade, de outra (entendida aqui como coação), permite eximir o sujeito da responsabilidade moral.

Vejamos mais detalhadamente estas duas condições fundamentais.

## 2. A IGNORÂNCIA E A RESPONSABILIDADE MORAL

Se podemos responsabilizar somente o sujeito que escolhe, decide e age conscientemente, é evidente que devemos eximir da responsabilidade moral a quem não tem consciência daquilo que faz, isto é, a quem ignora as circunstâncias, a natureza ou as consequências da sua ação. A ignorância neste amplo sentido se apresenta, portanto, como uma condição que exime da responsabilidade moral.

Assim, por exemplo, quem dá ao neurótico Y um objeto que lhe provoca uma reação específica de cólera não pode ser responsabilizado pela sua ação se afirma fundadamente que ignorava estar tratando com um doente desta natureza ou que, com o objeto em questão, pudesse provocar nele uma reação tão desagradável. Certamente, por X ignorar as circunstâncias em que se produzia a sua ação, não podia prever as suas consequências negativas. Mas não basta afirmar que ignorava essas circunstâncias para livrá-lo da responsabilidade. É necessário acrescentar que, não só não as conhecia, mas que *não podia e não tinha a obrigação* de conhecê-las. Somente assim a sua ignorância o isenta da respectiva responsabilidade. Pelo contrário, os familiares do neurótico Y que o autorizaram a ir à casa de X e que, lá, não avisaram a X da suscetibilidade de Y em face do objeto em questão podem certamente ser considerados responsáveis pelo que aconteceu, já que conheciam a personalidade de Y e as possíveis consequências para ele do ato de X. Vemos, portanto que, num caso, a ignorância exime da responsabilidade moral e, no outro, a justifica plenamente.

Contudo, é preciso perguntar logo a seguir: a ignorância é sempre uma condição suficiente para eximir da responsabilidade moral? Antes de responder a esta pergunta, coloquemos outro exemplo: o motorista que estava fazendo uma longa viagem e se chocou com outro que estava enguiçado numa curva da rodovia, provocando graves prejuízos materiais e pessoais, pode alegar que não viu o carro que ali estava estacionado (isto é, ignorava a sua presença) porque a luz de seus faróis era muito fraca. Mas esta desculpa não é moralmente aceitável, porque ele poderia e deveria ver o carro enguiçado se tivesse feito a revisão dos seus faróis, como é a obrigação moral e legal de quem vai fazer uma longa viagem rodoviária de noite. Certamente, neste caso, o motorista ignorava, mas *podia e devia não ignorar*.

Concluímos, assim, que a tese de que a ignorância exime da responsabilidade moral deve ser concretizada, pois há circunstâncias em que o agente ignora o que poderia ter conhecido ou o que tinha obrigação de conhecer. Em poucas palavras, a ignorância não pode eximi-lo da sua responsabilidade, já que ele é responsável por não saber o que devia saber.

Mas, como dissemos antes, a ignorância das circunstâncias nas quais se age, do caráter moral da ação (da sua bondade ou da sua maldade) ou das suas consequências não pode deixar de ser tomada em consideração, particularmente quando é devida ao nível de desenvolvimento moral pessoal em que o sujeito se encontra ou ao estado de desenvolvimento histórico, social e moral em que se encontra a sociedade.

Assim, por exemplo, a criança, em certa fase do seu desenvolvimento, quando não acumulou a experiência social necessária e possui unicamente uma consciência moral embrionária, não somente ignora as consequências dos seus atos, mas também desconhece a sua natureza boa ou má, com a particularidade de que não podemos — num caso e no outro — responsabilizá-la por sua ignorância. Pela impossibilidade subjetiva de superá-la, fica isenta da responsabilidade moral. Algo parecido pode ser dito dos adultos no que diz respeito ao seu comportamento individual, considerado sob o ponto de vista da necessidade histórico-social. Já sublinhamos antes que a estrutura econômico-social da sociedade abre e fecha determinadas possibilidades ao desenvolvimento moral e,

ÉTICA

por conseguinte, ao comportamento do indivíduo em cada caso concreto. Na antiga sociedade grega, por exemplo, as relações propriamente morais só podiam ser encontradas entre os homens livres e, pelo contrário, não podiam verificar-se entre os homens livres e os escravos, visto que estes não eram reconhecidos como pessoas pelos primeiros. O indivíduo — o cidadão da *polis* — não podia ultrapassar em seu comportamento o limite histórico-social em que estava situado ou do sistema do qual era uma criatura; por isto, não podia tratar moralmente um escravo. Ignorava — e não podia deixar de ignorar, como o ignorava a mente mais sábia do seu tempo: Aristóteles — que o escravo também era um ser humano e não um simples instrumento. Dado o nível do desenvolvimento social e espiritual da sociedade em que viviam, não podemos responsabilizar individualmente aqueles homens por sua ignorância. Por conseguinte, também não podemos considerá-los moralmente responsáveis pelo tratamento que dispensavam aos escravos. Como poderíamos responsabilizá-los pelo que ignoravam e — dadas as condições econômicas, sociais e espirituais da sociedade grega escravista — não podiam deixar de ignorar?

Em resumo: a ignorância das circunstâncias, da natureza ou das consequências dos atos humanos autoriza a eximir um indivíduo da sua responsabilidade pessoal, mas essa isenção estará justificada somente quando, por sua vez, o indivíduo em questão não for responsável pela sua ignorância; ou seja, quando se encontra na impossibilidade subjetiva (por motivos pessoais) ou objetiva (por motivos históricos e sociais) de ser consciente do seu ato pessoal.

## 3. COAÇÃO EXTERNA E RESPONSABILIDADE MORAL

A segunda condição fundamental para que se possa responsabilizar uma pessoa por um ato é que a causa deste esteja dentro dele próprio e não provenha de fora, isto é, de algo ou de alguém que o force — contra a sua vontade — a realizar o referido ato. Em outras palavras: exige-se que a pessoa em questão não esteja submetida a uma coação externa. Quando o agente moral está sob a pressão de uma coação externa, perde o controle dos seus atos, sendo-lhe fechado o caminho da eleição e da decisão pessoais, razão pela qual realiza um ato nem escolhido nem decidido pessoalmente. Na medida em que a causa do ato está fora do agente, escapando ao seu poder e controle, e em que se lhe barra a possibilidade de decidir e agir de outra maneira, não se pode responsabilizá-lo pelo modo como agiu.

Vejamos um exemplo. Um motorista de carro, que roda na cidade à velocidade regulamentar e que dirige com habilidade, depara-se de repente com um pedestre que cruza imprudentemente a rua. Para não atropelá-lo, vê-se forçado a fazer uma curva brusca devido à qual atropela uma pessoa que, na esquina, esperava para tomar o bonde. O motorista é moralmente responsável? Este alega que não podia prever o movimento do pedestre e que não teve alternativa se não fazer o que fez para não matá-lo, ainda que a sua ação tivesse uma consequência igualmente inesperada e imprevisível: atropelar outro transeunte. Não fez o que teria desejado fazer, mas o que lhe ditaram e lhe impuseram circunstâncias externas. Tudo o que aconteceu escapou ao seu controle; não escolheu e não decidiu livremente. A causa do seu ato estava fora dele; por isso argumenta, com razão, que não se sente responsável pelo que sucedeu. Aqui, a coação externa exime da responsabilidade moral. Isto significa ao mesmo tempo, que a falta de uma coação externa semelhante é indispensável para que se possa atribuir ao agente uma responsabilidade moral.

Mas, como já dizia Aristóteles, a coação externa pode provir não de algo — circunstâncias imprevistas — que força a agir de certa maneira contra a vontade do agente, mas de alguém que consciente e voluntariamente o força a realizar um ato que não quer fazer, isto é, que o agente não escolheu e não decidiu.

Vejamos o exemplo seguinte. Se alguém, de pistola na mão, força Pedro a escrever umas linhas em que difama outra pessoa, pode ele ser considerado responsável pelo que escreveu? Ou vejamos este outro exemplo. Se X tem obrigação de acudir ao seu amigo Y, que se encontra numa situação muito crítica, e Z, um inimigo seu, lho

ÉTICA

impede, barrando-lhe o caminho com o uso de uma força superior
à sua, não ficará X isento de qualquer responsabilidade moral, seja
qual for a gravidade das consequências de não ter acudido a Y?
Neste caso, a coação externa, física, exercida por Z não lhe deixou
possibilidade de optar; isto é, não lhe permitiu agir da maneira
como teria desejado. Mas a causa de não ter ajudado não estava
em X e sim fora dele.

Em casos semelhantes, a coação é tão forte que não resta
margem — ou, se resta, é limitadíssima — para decidir e agir de
acordo com a vontade própria. A coação é tão forte que, em alguns
casos, como no do primeiro exemplo, a resistência à coação do
agente externo acarreta riscos gravíssimos até à própria vida. A
experiência histórica nos diz que inclusive em situações análogas
houve homens que assumiram a sua responsabilidade moral. Mas
os métodos requintados de coação são tão poderosos que o agente
pode ver-se forçado a fazer o que normalmente não teria desejado.
O sujeito, neste caso, fica moralmente escusado, porque a resistência física e espiritual tem um limite, além do qual o sujeito perde
o domínio e o controle sobre si mesmo.

Vemos, portanto, que a coação externa pode anular a vontade
do agente moral e exími-lo da sua responsabilidade pessoal, mas
isto não pode ser tomado num sentido absoluto, porque há casos
em que, apesar de suas formas extremas, sobra-lhe certa margem
de opção e, por conseguinte, de responsabilidade moral. Quando, portanto, Aristóteles assinala a falta de coação externa como
condição necessária da responsabilidade moral, isso não significa
que o agente não possa resistir, em nenhum caso, a esta coação e
que não seja responsável pelo que faz, todas as vezes que está sob
o seu poder. Se esta condição se postulasse em termos tão absolutos, chegar-se-ia em muitos casos a reduzir enormemente a área
da responsabilidade moral. E esta redução seria menos legítima
tratando-se de atos cujas consequências afetam profundamente a
amplos setores da população ou à sociedade inteira.

A este propósito, lembre-se o que aconteceu no famoso processo
de Nuremberg contra os principais dirigentes do nazismo alemão:

nenhum deles aceitou a sua responsabilidade legal (e, ainda menos, moral) pelos crimes monstruosos cometidos pelos nazistas. Todos eles alegavam ou ignorância dos fatos ou a necessidade de cumprir ordens superiores. E, se assim se comportavam os mais altos dirigentes do nazismo, com maior razão alegavam a mesma desculpa, nos escalões inferiores da hierarquia (a impossibilidade de resistir a uma coação externa) os generais e oficiais que ordenavam saques, fuzilamentos ou incêndios, os chefes implacáveis dos campos de concentração que submetiam os prisioneiros ao tratamento mais desumano ou os médicos que realizavam terríveis experiências com seres humanos vivos (transplante de tecidos e de órgãos, esterilização forçada, vacinação de doenças infecciosas etc.). É evidente que a ignorância, em certos casos, ou a coação, em outros — de acordo com o que afirmamos anteriormente —, não podiam absolver os nazistas de sua responsabilidade penal e, ainda menos, da moral.

Todavia, a coação exterior, nas duas formas que acabamos de examinar, pode — em determinadas situações — eximir o agente de responsabilidade moral de atos que, ainda que se apresentem como seus, não o são na realidade, pois têm sua causa fora dele.

## 4. COAÇÃO INTERNA E RESPONSABILIDADE MORAL

Se o agente não é responsável pelos atos que têm a sua causa fora dele, sê-lo-á, ao contrário, por todos aqueles que têm a sua causa ou a sua fonte dentro dele? Não pode haver atos cuja causa esteja dentro do sujeito e pelos quais não seja moralmente responsável? Antes de responder a estas perguntas, devemos insistir em que, em termos gerais, o homem só pode ser moralmente responsável pelos atos cuja natureza conhece e cujas consequências pode prever, assim como por aqueles que, por se realizarem na ausência de uma coação extrema, estão sob seu domínio e controle.

Partindo destas afirmações gerais, podemos dizer que um indivíduo normal é moralmente responsável pelo roubo que comete, à diferença do cleptomaníaco que rouba por um impulso irresistível. O assassinato é reprovável moralmente e quem o comete contrai — além de outras responsabilidades — uma responsabilidade moral. Mas poderíamos considerar moralmente responsável o neurótico que mata num momento de crise aguda? O homem que dirige frases obscenas a uma mulher é repreensível de nossa parte e quem comete uma ação semelhante contrai uma responsabilidade moral. Mas também o doente sexual, que levado por motivos inconscientes, procura afirmar desta maneira a sua personalidade, é moralmente responsável?

É evidente que, nestes três casos, a cleptomania, a neurose ou um desajuste sexual impelem de maneira irresistível, respectivamente, a roubar, matar e ofender por palavras. Em todos eles, o sujeito não tem consciência, pelo menos no momento em que realiza tais atos, dos motivos verdadeiros, da sua natureza moral e das suas consequências. Talvez a seguir, quando o ocorrido já não tenha remédio, o sujeito tome consciência daquilo tudo, mas inclusive neste caso não poderá garantir que não tornará a fazer o mesmo sob um impulso irresistível ou uma motivação inconsciente. Os psiquiatras e psicanalistas conhecem muitos casos semelhantes, isto é, casos de indivíduos que realizam atos que têm a sua causa dentro deles e que, apesar disto, não podem ser considerados moralmente responsáveis. Atuam sob uma *coação interna* a que não podem resistir e, portanto, ainda que os seus atos possuam a sua causa no seu íntimo, não são propriamente seus, porque não puderam exercer um controle sobre eles. A coação interna é tão forte que o sujeito não pode agir de maneira diferente daquela como operou, e não tendo realizado o que livre e conscientemente teria querido.

Devemos assinalar, portanto, que os exemplos que acabamos de citar são casos extremos; ou seja, casos de coação interna à qual o sujeito não consegue resistir de maneira alguma. São os casos de pessoas doentes, ou de outras que, embora se comportem de maneira normal, mostram zonas de comportamento que se caracterizam por sua anormalidade (como acontece com o cleptomaníaco que se comporta normalmente, até que se encontre diante do objeto que lhe excita o instinto irresistível de roubar). E, certamente, ainda que seja difícil traçar a linha divisória entre o normal e o anormal (ou doentio) no comportamento dos seres humanos, é evidente que as pessoas que costumamos considerar normais não agem sob uma coação irresistível, embora seja indiscutível que sempre se encontram sob uma coação interna relativa (de desejos, paixões, impulsos ou motivações inconscientes em geral). Mas, normalmente, esta coação interna não é tão forte que anule a vontade do agente e o impeça de uma opção e, portanto, de contrair uma responsabilidade moral na medida em que mantém certo domínio e controle sobre seus atos pessoais.

## 5. RESPONSABILIDADE MORAL E LIBERDADE

A responsabilidade moral exige, como vimos, a ausência de coação externa e interna ou, então, a possibilidade de resistir-lhe em maior ou menor grau. Pressupõe, por conseguinte, que o agente aja não como resultado de uma coação irresistível, que não deixa ao sujeito opção alguma para agir de outra maneira, mas como consequência da decisão de agir como queria agir quando poderia ter agido de outra maneira. A responsabilidade moral pressupõe, portanto, a possibilidade de decidir e agir vencendo a coação externa ou interna. Mas, se o homem pode resistir — dentro de certos limites — à coação e, neste sentido, é livre, isso não quer dizer que o problema da responsabilidade moral nas suas relações com a liberdade tenha ficado inteiramente esclarecido, pois, embora o homem possa agir livremente na falta de uma coação externa ou interna, encontra-se sempre sujeito — ainda quando não está submetido à coação — a causas que determinam a sua ação. E se o nosso comportamento está de tal maneira determinado, em que sentido podemos então afirmar que somos moralmente responsáveis pelos nossos atos? De um lado, a responsabilidade moral exige a possibilidade de decidir e agir livremente e, de outro, formamos parte de um mundo casualmente determinado. Como podem ser

ÉTICA

compatíveis, por sermos habitantes deste mundo, a determinação de nosso comportamento e a liberdade de nossa vontade? Somente há responsabilidade moral se existe liberdade. Até que ponto, então, pode-se afirmar que o homem é moralmente responsável por seus atos, se estes não podem ser determinados?

Vemos, assim, que o problema da responsabilidade moral depende, para a sua solução, do problema das relações entre necessidade e liberdade, ou, mais concretamente, das relações entre a determinação causal do comportamento humano e a liberdade da vontade.

É, pois, inevitável que tenhamos de abordar este velho problema ético, no qual encontramos duas posições diametralmente opostas e uma tentativa de superação dialética das duas.

## 6. TRÊS POSIÇÕES FUNDAMENTAIS NO PROBLEMA DA LIBERDADE

Sem enfrentar o problema das relações entre a necessidade e a liberdade e, em particular, da liberdade de vontade, não se podem resolver os problemas éticos fundamentais e, mais em particular, o da responsabilidade moral. Ninguém pode ser moralmente responsável, se não tem a possibilidade de escolher uma maneira de comportamento e de ação realmente na direção escolhida. Não se trata — convém sublinhá-lo mais uma vez — de decidir e agir livremente sem coação interna ou externa, mas diante de uma determinação do próprio comportamento. Mas, num mundo humano determinado, isto é, sujeito a relações de causa e efeito, existe tal liberdade? Eis aí a questão, à qual respondem três posições filosóficas fundamentais: a primeira é representada pelo determinismo em sentido absoluto; a segunda, por um libertarismo concebido também de maneira absoluta; a terceira, por uma forma de determinismo que admite ou é compatível com certa liberdade. Examinemos cada uma das três posições, sobretudo do ponto de vista de suas implicações no problema da responsabilidade moral, sublinhando que as três coincidem quando reconhecem que

RESPONSABILIDADE MORAL, DETERMINISMO E LIBERDADE

o comportamento humano é determinado, ainda que interpretem de maneira diferente a natureza e o alcance dessa determinação. Contudo, apesar da coincidência indicada, cada uma das três posições mencionadas chega a conclusões distintas, isto é:

1ª) Se o comportamento do homem é determinado, não tem sentido falar em liberdade e, portanto, em responsabilidade moral. O determinismo é incompatível com a liberdade.

2ª) Se o comportamento do homem é determinado, trata-se somente de uma autodeterminação do EU, e nisto consiste a sua liberdade. A liberdade é incompatível com qualquer determinação externa ao sujeito (da natureza ou da sociedade).

3ª) Se o comportamento do homem é determinado, esta determinação, longe de impedir a liberdade, é a condição necessária da liberdade. Liberdade e necessidade se conciliam.

Vejamos mais particularmente cada uma destas três posições fundamentais.

## 7. O DETERMINISMO ABSOLUTO

O determinismo absoluto parte do princípio de que neste mundo tudo tem uma causa. A experiência cotidiana e a ciência confirmam a cada passo esta tese determinista. Nas suas investigações e experiências, a ciência parte do pressuposto de que tudo tem uma causa, embora nem sempre a possamos conhecer. O progresso científico consistiu historicamente em estender a aplicação do princípio de causalidade a um após outro dos setores da realidade: físico, químico, biológico etc. No século atual, revela-se cada vez mais a fecundidade desta aplicação no terreno das ciências sociais ou humanas. Aqui também se evidencia que a atividade do homem — seu modo de pensar ou sentir, de agir e organizar-se política ou socialmente, seu comportamento moral, seu desenvolvimento artístico etc. — está sujeita a causas.

ÉTICA

Mas, se tudo é causado, como podemos evitar agir como agimos? Se o que faço neste momento é resultado de atos anteriores que, em muitos casos, nem sequer conheço, como se pode dizer que a minha ação é livre? Também a minha decisão, meu ato voluntário, é causado por um conjunto de circunstâncias. Portanto, como poderíamos pretender que a vontade é livre — continuará a argumentar o determinista absoluto — ou que o homem faz alguma coisa livremente? Falando em determinação causal, não nos referimos, certamente, a uma coação externa ou interna que me obriga a agir de certa maneira, mas ao conjunto de circunstâncias que determinam o comportamento do agente, de maneira que o ato — supostamente livre — não é senão um efeito de uma causa ou de uma série causal. O fato de que minha decisão é causada — insiste o determinista absoluto — significa que a minha escolha não é livre. A escolha livre se revela como uma ilusão, pois, na verdade, não existe tal liberdade da vontade. Eu não escolho propriamente: um conjunto de circunstâncias (enquanto causas) escolhe por mim.

Nesta forma absoluta, o determinismo — e a sua consequente recusa da existência da liberdade — encontra-se representado na história do pensamento filosófico e, em particular, na história das doutrinas éticas, pelos materialistas franceses do século XVIII, encabeçados pelo barão d'Holbach. Segundo estes pensadores, os atos humanos não são nada mais que elos de uma cadeia causal universal; nela, o passado determina o presente. Se conhecêssemos todas as circunstâncias que atuam num dado momento, poderíamos predizer com toda exatidão o futuro. O físico Laplace, neste mesmo século, resumiu semelhante determinismo nos termos seguintes: "Um calculador divino, que conhecesse a velocidade e a posição de cada partícula do universo num dado momento, poderia predizer todo o curso futuro dos acontecimentos na infinidade do tempo." Como vemos, aqui, se elimina toda a possibilidade de intervenção livre do homem e se estabelece uma antítese absoluta entre a necessidade causal e a liberdade humana.

A tese central da posição que estamos examinando é, pois, a seguinte: tudo é causado e, por conseguinte, não existe liberdade humana e, portanto, responsabilidade moral. E, realmente, se a determinação causal de nossas ações fosse tão absoluta e rigorosa até o ponto de nos tornar meros efeitos de causas que escapam por completo ao nosso controle, não se poderia falar em responsabilidade moral, porque não se nos poderia exigir que agíssemos de maneira diferente daquela em que somos forçados a agir.

Ainda que a tese donde parte o determinismo absoluto seja verdadeira (isto é: tudo — incluindo os atos humanos de qualquer tipo — está sujeito a causas), não decorre disso que o homem seja mero efeito ou joguete das circunstâncias que determinam o seu comportamento. Ao tomar consciência destas circunstâncias, os homens podem decidir atuar de certa maneira e esta decisão, traduzida em prática, se transforma, por sua vez, numa causa que reage sobre as circunstâncias ou sobre as condições dadas. Vendo a relação causal somente num sentido e não compreendendo que o efeito pode transformar-se também em causa, o determinismo absoluto não capta com acerto a situação peculiar que, dentro do contexto universal, é ocupada pelo homem, como ser consciente e prático, isto é, como um ser que compreende a si mesmo e compreende o mundo que o cerca, ao mesmo tempo em que o transforma praticamente — de um modo consciente. Por ser dotado de consciência, pode conhecer a causalidade que o determina e atuar conscientemente, transformando-se assim num fator causal determinante. Assim, o homem deixa de ser um mero efeito para ser uma causa consciente de si mesmo e inserir-se conscientemente na trama causal universal. Este fato não rompe a cadeia causal e continua sendo válido o princípio — que é pedra angular do conhecimento científico — segundo o qual nada se produz que não resulte de causas, mas, dentro desta cadeia causal universal, é preciso distinguir — quando se trata de uma atividade não puramente natural, mas social, propriamente humana — o fator causal particular constituído pelo homem como ser consciente e prático.

Por conseguinte, o fato de que seja causalmente determinado, não significa que o homem não possa, por sua vez, ser causa consciente e livre de seus atos. Portanto, o que aqui se impugna

ÉTICA

não é um determinismo universal, mas absoluto; ou seja, aquele que é incompatível com a liberdade humana (com a existência de várias formas possíveis de comportamento e com a possibilidade de escolher livremente uma delas).

## 8. O LIBERTARISMO

De acordo com esta posição, ser livre significa decidir e operar como se quer; ou seja, poder agir de modo diferente de como fizemos se assim quiséssemos e decidíssemos. O que é interpretado, por sua vez, no sentido de que se poderia ter feito o que não se fez ou, se não aconteceu o que poderia ter acontecido, isso contradiz o princípio de que tudo está determinado causalmente. Dizer que tudo tem uma causa significa também, segundo os adeptos desta posição — coincidindo nisto com os deterministas absolutos —, que somente pode ter acontecido o que aconteceu de fato. Portanto — continuam argumentando os primeiros —, se algo aconteceu que poderia não ter acontecido, embora se tivesse querido que acontecesse, ou se não se produziu algo que poderia ter-se produzido, se assim se tivesse escolhido e decidido, isso implica em que se tem uma liberdade de decisão e de ação que foge à determinação causal.

De acordo com isso, refuta-se que o agente esteja causalmente determinado quer de fora — pelo ambiente social em que vive — quer de dentro — por seus desejos, motivos ou caráter. A liberdade se apresenta como um dado da experiência imediata ou como uma convicção inquebrantável que não pode ser destruída pela existência da causalidade. E, embora se admita que o homem esteja sujeito a uma determinação causal — por ser parte da natureza e viver em sociedade —, acredita-se que exista uma esfera do comportamento humano — e muito especialmente a moral — na qual é absolutamente livre; isto é, livre a respeito da determinação dos fatores causais. Esta posição é compartilhada também, no fundo, por aqueles que — como Nicolai Hartmann

# RESPONSABILIDADE MORAL, DETERMINISMO E LIBERDADE

— veem na determinação interior da vontade, ou autodeterminação, uma nova forma de causalidade.

A característica desta posição é a contraposição entre liberdade e necessidade causal. Nela, a liberdade da vontade exclui o princípio causal, porque se pensa que, se aquilo que se quer, se decide ou se faz tem causas — imediatas ou remotas —, esse querer ou essa decisão e ação não seriam propriamente livres. A liberdade implica, portanto, uma ruptura da continuidade causal universal. Ser livre é ser incausado. Uma verdadeira ação livre não poderia ser determinada nem sequer pelo caráter do sujeito, como em nossos dias sustenta Campbell. Para que a autodeterminação seja pura, é preciso excluir também a determinação interna do caráter e deve implicar numa escolha do EU na qual este transcenda o próprio caráter. Somente assim se pode gozar de uma genuína liberdade.

Examinando estes argumentos, devemos lembrar as objeções que fizemos antes ao determinismo absoluto. Também aqui, ainda que agora para negar a compatibilidade da liberdade da vontade com a determinação causal, ignora-se a peculiaridade do agente moral como fator causal e fala-se de atos propriamente humanos como se se tratasse de atos meramente naturais. É certo que alguns fenômenos físicos — como o movimento da terra ao redor do seu eixo — verificam-se em nossa presença (habitantes do globo terrestre), sem que possamos neles intervir; isto é, sem que possamos inserir-nos — graças ao nosso conhecimento e à nossa ação — na sua relação causal e alterá-la ou orientá-la num sentido ou no outro. É certo também que, até agora, o homem não conseguiu exercer um poder semelhante sobre todos os seus atos, particularmente sobre os fenômenos sociais, embora cada vez mais se amplie a área desse controle. Mas precisamente os atos que chamamos morais dependem de condições e circunstâncias que não escapam totalmente ao nosso controle. O fato, por exemplo, do fechamento de uma fábrica pode obedecer a uma série de causas de ordem econômica e social que, inclusive, escapam ao controle dos indivíduos. Mas o fato de que Pedro, como operário da mesma, se associe a um protesto contra o desemprego provocado pelo fechamento dependerá de uma série de circunstâncias e de condições que não escapam por completo ao seu controle. Diante dele se apresentam, pelo menos, duas possibilidades: associar-se ao protesto ou não. Decidindo-se por uma delas, evidencia a sua liberdade de decisão, ainda que nesta não deixem de interferir determinadas causas: a sua própria situação econômica, seu nível de consciência de classe, caráter, educação etc. Sua decisão é livre, isto é, realmente sua, na medida em que pode escolher e decidir por si próprio, ou seja, não por efeito de uma forte coação externa e interna, mas sem que se queira dizer com isso que a sua decisão não seja determinada. Esta determinação causal, porém, não é tão rígida que trace apenas uma única direção para a sua ação, ou seja, que impeça a possibilidade de optar entre duas ou mais alternativas.

O sujeito que quer, decide e age numa certa direção não somente determina, mas também está determinado; isto é, não somente se insere na trama das relações causais alterando-a ou modificando-a com a sua decisão e a sua ação, mas obedece também, no seu comportamento, a causas internas e externas, imediatas e mediatas, de modo que, longe de romper a cadeia causal, a pressupõe necessariamente.

No ato moral, o sujeito não decide arbitrariamente; no seu comportamento, o seu caráter se revela como um fator importante. Mas a relação do seu comportamento com esta determinação interna que provém do seu caráter não rompe a cadeia causal, já que o seu caráter se formou ou modelou por uma série de causas ao longo de sua vida, na sua existência social, nas suas relações com os demais etc. Há quem veja neste papel do caráter em nossas decisões uma negação da liberdade da vontade e, por isto, concebem esta como uma ruptura da cadeia causal ao nível do caráter. De acordo com esta tese, o homem que agisse conforme — ou determinado por — seu caráter não seria propriamente livre. Ser livre seria agir apesar dele ou, inclusive, contra ele (Campbell). Mas, se se exclui o caráter como fator determinante causal, não se cai num indeterminismo total? De fato, a decisão do sujeito não estaria determinada por nada, nem pelas condições em que se desenvolve a sua existência social e pessoal, mas tampouco pelo seu próprio caráter. Mas, então, por que o sujeito deveria agir de uma maneira ou de outra? Por que, diante de duas alternativas, a alternativa X seria preferida à Y? Se o caráter do sujeito não influi na decisão, tudo pode ocorrer, tudo é possível, com a característica de que todas as possibilidades se verificariam no mesmo plano; tudo pode igualmente suceder.

De outro lado, se tudo é possível, com que critério se pode julgar a moralidade de um ato? Se os fatores causais não influem na decisão e na ação, que sentido tem o conhecimento deles para julgar se o agente moral podia ou não agir de outra maneira e, por conseguinte, considerá-lo responsável pelo que fez? Num mundo em que dominasse somente o acaso, em que tudo fosse igualmente possível, nem sequer teria sentido falar em liberdade e responsabilidade moral. Chegamos assim à conclusão de que a liberdade de vontade, longe de excluir a causalidade — no sentido da ruptura da conexão causal ou de uma negação total desta (indeterminismo) — pressupõe inevitavelmente a necessidade causal.

Vemos, por conseguinte, que o libertarismo, como o determinismo absoluto, ao estabelecer uma oposição absoluta entre necessidade causal e liberdade, não pode dar uma solução satisfatória ao problema da liberdade da vontade como condição necessária da responsabilidade moral. Desta maneira, impõe-se a solução que, em nossas objeções a ambas as posições, deixamos transparecer.

## 9. DIALÉTICA DA LIBERDADE E DA NECESSIDADE

O determinismo absoluto conduz inevitavelmente a esta conclusão: se o homem não é livre, não é moralmente responsável pelos seus atos. Mas o libertarismo conduz também a uma conclusão análoga, já que — se as decisões e os atos dos indivíduos não estão sujeitos à necessidade e são resultados do acaso — carece de sentido torná-los responsáveis moralmente pelos seus atos e procurar influir na sua conduta moral. Para que se possa falar de responsabilidade moral,

ÉTICA

é preciso que o indivíduo disponha de certa liberdade de decisão e de ação; ou seja, é necessário que intervenha conscientemente na sua realização. Mas, por sua vez, para que possa decidir com conhecimento de causa e basear a sua decisão em razões, é preciso que o seu comportamento se ache determinado causalmente; isto é, que existam causas e não meros antecedentes ou situações fortuitas. Liberdade e causalidade, portanto, não podem excluir-se reciprocamente.

Mas não podemos aceitar uma falsa conciliação das duas, como a postulada por Kant ao situar ambas em dois mundos distintos: a necessidade no reino da natureza, da qual faz parte o homem empírico, e a liberdade no mundo do *noumeno*, ou reino inteligível, ideal, no qual não vigora a conexão causal e do qual faz parte o homem como ser moral em sentido próprio. Kant tenta, assim, conciliar a liberdade, entendida como autodeterminação do EU, ou "causalidade pela liberdade", com a causalidade propriamente dita, que vigora na esfera da natureza. Mas esta conciliação assenta sobre uma divisão da realidade em dois mundos, ou sobre a divisão do homem em duas partes: o empírico e o moral. Também não encontramos uma verdadeira conciliação da necessidade e da liberdade em Nicolai Hartmann, quando este postula um novo tipo de determinação (a teleológica), que se inseriria no contexto causal, já que esta determinação por fins não resulta, por sua vez, causada. Desta maneira, esquecendo que os fins que o homem se propõe são também causados, estabelece-se um abismo intransponível entre a causalidade propriamente dita e a causalidade teleológica. A continuidade causal fica interrompida, portanto, e não se pode falar, a rigor, de acordo com esta doutrina, de uma conciliação entre a liberdade e a necessidade causal.

Vejamos agora as três tentativas mais importantes de superar dialeticamente a antítese entre liberdade e necessidade causal. São as de Spinoza, Hegel e Marx-Engels.

Para Spinoza, o homem como parte da natureza está sujeito às leis da necessidade universal e não pode subtrair-se a elas de maneira alguma. A ação do mundo externo provoca nele o estado psíquico que o filósofo holandês chama de "paixão" ou de "afeto". Neste plano, o homem se apresenta determinado de fora e se comporta como um ser passivo; isto é, regido pelos afetos e paixões nele suscitados pelas causas externas. Mas o homem que assim se comporta não é, na opinião de Spinoza, livre, mas sim escravo; ou seja, suas ações são determinadas por causas externas e não por sua própria natureza. Sendo assim, como o homem se eleva da escravidão à liberdade? Dado que não pode deixar de estar sujeito à necessidade universal, a sua liberdade não poderia consistir em subtrair-se a esta sujeição. A liberdade não se pode conceber independentemente da necessidade. Ser livre é ter consciência da necessidade ou compreender que tudo o que sucede — por conseguinte, também o que acontece a mim — é necessário. Nisto se diferenciam o homem livre e o escravo, o qual, por não compreender a necessidade, está cegamente sujeito a ela.

Ser livre, portanto, é elevar-se da sujeição cega e espontânea à necessidade — própria do escravo — para a consciência desta; e, nesta base, para uma sujeição consciente. A liberdade humana reside, então, no conhecimento da necessidade objetiva. Tal é a solução de Spinoza para o problema das relações entre necessidade e liberdade e na qual os termos da antítese ficam conciliados. Mas esta solução spinoziana tem limites porque, afinal, o que é conhecimento da necessidade do suposto homem livre com respeito à ignorância da mesma por parte do escravo? Esta liberdade não passa de sujeição ou escravidão voluntária e consciente. O homem liberta-se no plano do conhecimento, mas continua escravo na sua relação efetiva, prática, com a natureza e a sociedade, mas a liberdade — como chegarão a ver outros filósofos posteriores — não é somente assunto teórico, mas prático, real. Exige não só o conhecimento da necessidade natural e social, mas também a ação transformadora, prática — baseada neste conhecimento —, do mundo natural e social. A liberdade não é somente sujeição consciente à natureza, mas domínio ou afirmação do homem diante dela.

A doutrina da Spinoza se aproxima da solução do problema, mas ainda não a alcança. Deu um passo muito importante quando

ÉTICA

sublinhou o papel do conhecimento da necessidade na liberdade humana, mas não basta conhecer para ser livre. É evidente — e este é o mérito da contribuição spinoziana — que a consciência da necessidade causal é sempre uma condição necessária da liberdade.

Hegel, de certo modo, se move no mesmo plano de Spinoza. Como ele, não opõe liberdade e necessidade e também define a primeira como conhecimento da necessidade ("a liberdade é a necessidade compreendida"). Mas à diferença de Spinoza, relaciona a liberdade com a história. O conhecimento da necessidade depende, em cada época, do nível em que se encontra o espírito no seu desenvolvimento, e este se manifesta na história da humanidade. A liberdade é histórica: há graus de liberdade ou de conhecimento da necessidade. A vontade é tanto mais livre quanto mais conhece; e, portanto, quando a sua decisão se baseia num maior conhecimento de causa. Vemos assim que para Hegel — como para Spinoza — a liberdade é um assunto teórico, ou da consciência, ainda que a sua teoria da liberdade se enriqueça ao colocar esta última em relação com a história e ao ver a sua conquista como um progresso ascensional histórico (a história é "progresso na liberdade").

Marx e Engels aceitam as duas características antes assinaladas: a de Spinoza (liberdade como consciência da necessidade) e a de Hegel (sua historicidade). A liberdade é, por conseguinte, a consciência histórica da necessidade. Mas, para eles, a liberdade não se reduz a isto; ou seja, a um conhecimento da necessidade que deixa intacto o mundo sujeito a essa necessidade. A liberdade do homem com relação à necessidade — e particularmente com relação à que vigora no mundo social — não se reduz a transformar a escravidão espontânea e cega numa escravidão consciente. A liberdade não é apenas assunto teórico, porque o conhecimento, por si só, não impede que o homem esteja sujeito passivamente à necessidade natural e social. A liberdade acarreta um poder, um domínio do homem sobre a natureza e, por sua vez, sobre a sua própria natureza. Esta dupla afirmação do homem — que está na própria essência da liberdade — traz consigo uma transformação do mundo sobre a base de sua interpretação; ou seja, sobre a base do conhecimento de seus nexos causais, da necessidade que o rege.

O desenvolvimento da liberdade está, pois, ligado ao desenvolvimento do homem como ser prático, transformador ou criador, isto é, está vinculado ao processo de produção de um mundo humano ou humanizado, que transcende o mundo dado, natural, bem como ao processo de autoprodução do ser humano que constitui precisamente a sua história.

A liberdade não é somente um assunto teórico, pois a compreensão da necessidade não basta para que o homem seja livre, visto que a liberdade implica — como assinalamos — uma atividade prática transformadora. Mas, sem o conhecimento da necessidade, também não há liberdade; por isso, é uma das suas condições necessárias.

O conhecimento e a atividade prática, sem os quais a liberdade humana não existiria, não têm como sujeito indivíduos isolados, mas indivíduos que vivem em sociedade, que são sociais por sua própria natureza e estão inseridos na rede das relações sociais que, por sua vez, variam historicamente. Por todas estas razões, a liberdade também possui um caráter histórico-social. Os níveis de liberdade são níveis de desenvolvimento do homem como ser prático, histórico e social.

Não se pode falar de liberdade do homem em abstrato, isto é, fora da história e da sociedade. Mas, seja que se trate da liberdade como poder do homem sobre a natureza, seja como domínio sobre a sua própria natureza (controle sobre as suas próprias relações ou sobre os seus próprios atos individuais), a liberdade implica uma ação do homem baseada na compreensão da necessidade causal. Trata-se, pois, de uma liberdade que, longe de excluir a necessidade, supõe necessariamente a sua existência, assim como o seu conhecimento e a ação dentro de seu próprio âmbito.

Tal é, em substância, a solução de Marx e Engels para o problema das relações entre a necessidade e a liberdade, na qual — como vemos — os contrários se superam (ou conciliam) dialeticamente.

## ÉTICA

## 10. CONCLUSÃO

A liberdade da vontade dos indivíduos — considerados sempre como seres sociais — se nos apresenta com os traços fundamentais da liberdade em geral, que indicamos anteriormente com relação à necessidade.

Como liberdade de escolha, decisão e ação, a livre vontade acarreta, em primeiro lugar, uma consciência das possibilidades de agir numa ou noutra direção. Contém também uma consciência dos fins ou das consequências do ato que se pretende realizar. Em ambos os casos, é necessário um conhecimento da necessidade que escapa à vontade: a situação em que o ato moral se efetua, as condições e os meios de sua realização etc. Acarreta também certa consciência dos motivos que impelem a agir, pois de outro modo se agiria — como faz, por exemplo, o cleptomaníaco — de uma maneira imediata e irrefletida.

Mas, seja qual for o grau de consciência dos motivos, fins, ou caráter que determinam a ação, ou a compreensão que se alcance do contexto social concreto em que surgem estes fatores causais — causados, por sua vez —, não existe a livre vontade à margem da — ou contra a — necessidade e causal. É certo que, no terreno moral, a liberdade traz consigo uma autodeterminação do sujeito quando enfrenta as várias formas de comportamento possível, e que precisamente ao autodeterminar-se é que se decide pela forma que considera justa ou mais adequada moralmente. Mas esta autodeterminação não se pode entender como uma ruptura da conexão causal ou à margem das determinações que provêm de fora.

Liberdade da vontade não significa, de modo algum, algo incausado ou um tipo de causa que influiria na conexão causal sem ser, por sua vez, causada. Livre não é compatível — como já sublinhamos — com "coação" — quando esta se apresenta como uma força externa ou interna que anula a vontade. O homem é livre para decidir e agir, sem que a sua decisão e a sua ação deixem de ser causadas. Mas o grau de liberdade está, por sua vez, determinado histórica e socialmente, pois se decide e se age numa determinada sociedade, que oferece aos indivíduos determinadas pautas de comportamento e de possibilidades de ação.

Em conclusão, vemos que a responsabilidade moral pressupõe necessariamente certo grau de liberdade, mas esta, por sua vez, implica também inevitavelmente a necessidade causal. Responsabilidade moral, liberdade e necessidade estão, portanto, entrelaçadas indissoluvelmente no ato moral.

CAPÍTULO VI   Os valores

Todo ato moral inclui a necessidade de escolher entre vários atos possíveis. Esta escolha deve basear-se, por sua vez, numa preferência. Escolhemos *a* porque o preferimos pelas suas consequências a *b* ou *c*, Poderíamos dizer que *a* é preferível porque se nos apresenta como um comportamento mais digno, mais elevado moralmente ou, em poucas palavras, mais valioso. E, por conseguinte, deixamos de lado *b* e *c*, porque se nos apresentam como atos menos valiosos ou com um valor moral negativo.

Ter de escolher supõe, portanto, que preferimos o mais valioso ao menos valioso moralmente ou ao que constitui uma negação de valor desse gênero (valor moral negativo ou desvalor). O comportamento moral não só faz parte de nossa vida cotidiana, é um fato humano entre outros, mas é valioso; ou seja, tem para nós um valor. Ter um conteúdo axiológico (de *axios*, em grego, valor) não significa somente que consideramos a conduta boa ou positiva, digna de apreço ou de louvor, do ponto de vista moral; significa também que pode ser má, digna de condenação ou censura, ou negativa do ponto de vista moral. Em ambos os casos, nós a avaliamos ou julgamos como tal em termos axiológicos.

Mas, antes de examinar em que sentido atribuímos valor moral a um ato humano, é preciso determinar qual o significado que damos às palavras valor e valioso. Podemos falar de coisas valiosas e de atos humanos valiosos. Para nós é valioso um ato moral, mas também o são — num ou noutro sentido — os atos políticos, jurídicos e econômicos etc. Também o são os objetos da natureza (uma porção de terra, uma árvore, um mineral etc.); os objetos produzidos ou fabricados pelo homem (uma cadeira, uma máquina) e, em geral, os diversos produtos humanos (uma obra de arte, um código de justiça, um tratado de zoologia etc.). Assim, pois, tanto as coisas que o homem não criou, como os atos humanos ou os produtos da atividade humana, têm um valor para nós. Mas o que significa ter um valor ou ser valioso para nós? Antes, porém, de esclarecer estas questões, é necessário determinar, em primeiro lugar, a natureza do valor.

## 1. QUE SÃO OS VALORES

Quando falamos em valores, temos presente a utilidade, a bondade, a beleza, a justiça etc., assim como os respectivos polos negativos: inutilidade, maldade, fealdade, injustiça etc. Em primeiro lugar, referir-nos-emos ao valor que atribuímos às coisas ou aos objetos, quer sejam naturais quer sejam produzidos pelo homem e, mais tarde, ocupar-nos-emos do valor com respeito à conduta humana e, particularmente, à conduta moral.

Com a finalidade de esclarecer a sua essência, vejamos como o valor existe nas coisas, nela distinguindo dois modos de sua existência, que exemplificaremos com um mineral, como a prata. Podemos falar nela tal como existe em seu estado natural nas jazidas respectivas; é então um corpo inorgânico que possui certa estrutura e composição, bem como determinadas propriedades naturais que lhe são inerentes. Podemos falar também da prata transformada pelo trabalho humano e, então, já não possuímos um mineral em seu estado puro ou natural, mas um objeto de prata. Como material trabalhado pelo homem, serve, nesse caso, para produzir braceletes, anéis ou outros objetos de enfeite; para a fabricação de serviços de mesa, cinzeiros etc., podendo ainda ser utilizada como moeda.

Temos assim uma dupla existência da prata: a) como objeto natural; b) como objeto natural humano ou humanizado. Como objeto natural, é simplesmente um fragmento da natureza com determinadas propriedades físicas e químicas. É assim que existe

## ÉTICA

para o olhar do cientista, para o estudioso de química inorgânica. Na relação que o homem de ciência mantém com este objeto, trata-se de determinar o que é, descrever a sua estrutura e as suas propriedades essenciais. Isto é, nesta relação de conhecimento, o cientista se abstém de apreciar o objeto ou de formular juízos de valor a seu respeito.

Considerado, porém, como objeto humano — isto é, como objeto de prata produzido e criado pelo homem —, se nos apresenta com um tipo de existência que não se reduz mais à sua existência puramente natural. O objeto de prata possui propriedades que certamente não interessam ao cientista, mas não deixam de atrair os homens quando estabelecem outro tipo de relações diferentes, não meramente cognoscitivas. A prata já não existe como um simples objeto natural, dotado exclusivamente de propriedades sensíveis, físicas ou naturais, mas tem uma série de propriedades novas como, por exemplo, a de servir de enfeite ou de produzir um prazer desinteressado quando contemplado (propriedade *estética*); de servir para fabricar objetos de utilidade prática (propriedade *prático-utilitária*); de servir, como moeda, de meio de circulação, entesouramento ou pagamento (propriedade *econômica*).

Vemos, portanto, que a prata não só existe no estado natural, cuja investigação interessa particularmente ao homem de ciência, mas como objeto dotado de certas propriedades (estéticas, prático-utilitárias ou econômicas) que somente possui quando posta numa relação especial com o homem. A prata adquire, no caso, um valor para nós na medida em que o seu modo natural de existência se humaniza, assumindo propriedades que não existem no objeto em si, isto é, à margem da relação com o homem. Temos, assim, certas propriedades naturais do objeto — como a brancura, o brilho, a dutilidade ou a maleabilidade —, ao lado de outras, valiosas, que nela existem enquanto objeto belo, útil ou econômico. As primeiras — isto é, as naturais — nela existem independentemente das segundas. Ou seja, existem na prata, por exemplo, ainda que o homem não a contemple, trabalhe ou utilize; isto é, independentemente de uma relação propriamente humana

## OS VALORES

com ela. As propriedades que consideramos valiosas, ao contrário, existem somente baseadas nas naturais que constituem — com seu brilho, brancura, maleabilidade e dutilidade — o suporte necessário delas, ou seja, da beleza, da utilidade ou do valor econômico.

Mas estas propriedades podem ser também chamadas de *humanas*, porque o objeto que as possui só existe como tal em relação ao homem (isto é, se é contemplado, utilizado ou trocado por ele). *Vale* não como objeto em si, mas *para* o homem. Em suma: o objeto valioso não pode existir sem certa relação com um sujeito, nem independentemente das propriedades naturais, sensíveis e físicas que sustentam o seu valor.

## 2. SOBRE O VALOR ECONÔMICO

O termo "valor" — cujo uso hoje se estende a todos os setores da atividade humana, incluindo evidentemente a moral — deriva da economia. Marx teve o mérito de ter analisado o valor econômico, desvendando-nos assim as características essenciais do valor em geral. Embora o valor econômico possua um conteúdo distinto dos demais valores — como o estético, o político, o jurídico ou o moral —, a sua análise se revela muito fecunda quando se trata de esclarecer a essência do valor em geral, evidenciando a sua significação social, humana, que permite responder com firmeza à questão básica sobre a objetividade ou subjetividade dos valores ou sobre o tipo particular de sua objetividade.

Vejamos este problema do valor em relação a um objeto econômico como a mercadoria.

A mercadoria é, em primeiro lugar, um objeto útil; isto é, satisfaz determinada necessidade humana. Tem para nós uma utilidade e, neste sentido, possui um valor de uso. A mercadoria vale na medida em que podemos usá-la, mas o objeto útil (seda, ouro, tecido, ferro etc.) não poderia ser usado, e, portanto, não teria um valor de uso, se não possuísse certas propriedades sensíveis ou materiais. Ao mesmo tempo, o valor de uso só existe

# ÉTICA

potencialmente nestas propriedades materiais e "toma corpo" ou existe efetivamente quando o objeto é usado.

Aqui temos a dupla relação de valor que sublinhávamos antes: a) com as propriedades materiais do objeto (sem elas o valor de uso não existiria, nem potencial nem efetivamente); b) com o sujeito que o usa ou consome (também sem ele não existiria o valor, nem potencial nem efetivamente, embora nem por isto o objeto deixasse de ter uma real existência enquanto objeto material). Por esta razão, podemos dizer: a) que o valor de uso de um objeto natural existe somente para o homem como ser social, e b) que, ainda que o objeto pudesse existir, antes que se formasse a própria sociedade, com as suas propriedades materiais, estas propriedades, contudo, poderiam servir apenas como suporte de um valor de uso e, por conseguinte, o objeto somente poderia ser usado ao entrar em relação com o homem social. Neste sentido, o objeto somente é valioso para um sujeito.

Para que um objeto tenha um valor de uso, exige-se simplesmente que satisfaça uma necessidade humana, independentemente do fato de ser natural (ar, terra virgem, pradarias naturais etc.) ou produto do trabalho humano. Quando estes produtos se destinam não só a ser usados, mas antes de tudo a ser trocados, transformam-se em mercadorias e, então, adquirem um duplo valor: de uso e de troca. Este último é o valor adquirido — em determinadas relações sociais baseadas na propriedade privada dos meios de produção — pelo produto do trabalho humano ao ser comparado com outros produtos. O valor de troca da mercadoria é indiferente ao seu valor de uso; ou seja, é independente de sua capacidade de satisfazer uma necessidade humana determinada. Mas, se é indiferente ao valor de uso, somente um objeto útil pode ter um valor de troca. (Somente podemos trocar — ou comparar — um objeto útil por outro também útil — que tem um valor de uso —; isto é, a qualidade de satisfazer uma necessidade humana concreta; mas o valor de troca faz abstração de ambos os valores de uso — das qualidades dos produtos — para estabelecer entre eles uma relação quantitativa).

139

OS VALORES

Enquanto o valor de uso põe o objeto numa relação clara e direta com o homem (com a necessidade humana que vem satisfazer), o valor de troca aparece superficialmente como uma propriedade das coisas, sem relação alguma com ele. Mas o valor de troca, como o valor de uso, não é uma propriedade do objeto em si, mas do objeto como produto do trabalho humano. O que acontece é que, numa sociedade na qual se produz para o mercado e se comparam os produtos fazendo abstração das suas propriedades úteis, bem como do trabalho concreto que encarnam, sua significação humana, social, se oculta e o valor de troca se apresenta sem relação com o homem, como uma propriedade da coisa. Assim, a mercadoria assume o aspecto de uma coisa estranha, alheia ao homem, quando é a expressão ou materialização de uma relação social, humana. O produto do trabalho humano se transforma em fetiche e esta transformação de um produto do trabalho humano em alguma coisa alheia ao homem, estranha e enigmática, no momento em que assume a forma de mercadoria, é chamada por Marx de "fetichismo da mercadoria".

Mas o que nos interessa sublinhar aqui é que: a) o valor de troca — como o de uso — é propriedade do objeto somente com relação ao homem, como sua propriedade humana e social, embora esta propriedade valiosa não se apresente no objeto (na mercadoria) com a clareza e transparência próprias do valor de uso; b) que o valor de troca — como o de uso — não existe, portanto, em si, mas em relação com as propriedades naturais, físicas, do objeto-suporte, e também em relação com o sujeito — o homem social — sem o qual tal objeto não existiria, nem potencial nem efetivamente, como objeto de valor.

## 3. DEFINIÇÃO DO VALOR

De toda a exposição precedente, podemos deduzir uma série de traços essenciais que sintetizamos, posteriormente, numa definição.

ÉTICA

1) Não existem valores em si, como entidades ideais ou irreais, mas objetos reais (ou bens) que possuem valor.

2) Dado que os valores não constituem um mundo de objetos que exista independentemente do mundo dos objetos reais, somente existem na realidade natural e humana como propriedades valiosas dos objetos da mesma realidade.

3) Por conseguinte, os valores exigem — como condição necessária — a existência de certas propriedades reais — naturais ou físicas — que constituem o suporte necessário das propriedades que consideramos valiosas.

4) As propriedades reais que sustentam o valor, e sem as quais este não existiria, são valiosas somente em potência. Para passar a ato e transformar-se em propriedades valiosas efetivas, é indispensável que o objeto esteja em relação com o homem social, com seus interesses e com suas necessidades. Desta maneira, o que vale somente em potência adquire um valor efetivo.

Sendo assim, concluímos que *o valor não é propriedade dos objetos em si, mas propriedade adquirida graças à sua relação com o homem como ser social. Mas, por sua vez, os objetos podem ter valor somente quando dotados realmente de certas propriedades objetivas.*

## 4. OBJETIVISMO E SUBJETIVISMO AXIOLÓGICOS

A concepção da natureza do valor, que esboçamos, permite-nos enfrentar duas posições unilaterais — o subjetivismo e o objetivismo axiológicos — e tentar superar as suas dificuldades.

Se as coisas não são valiosas em si, por que valem? Valem porque eu — como sujeito empírico, individual — as desejo, e, nesse caso, seria o meu desejo, minha necessidade ou meu interesse o que confere às coisas o seu valor? Se assim fosse, o valor seria

## OS VALORES

puramente subjetivo. Tal é a tese do subjetivismo axiológico, que também poderíamos considerar como psicologismo axiológico, porque reduz o valor de uma coisa a um estado psíquico subjetivo, a uma vivência pessoal. De acordo com esta posição, o valor é subjetivo porque para existir necessita da existência de determinadas reações psíquicas do sujeito individual, com as quais se identifica. Não desejamos o objeto porque vale — isto é, porque satisfaz nossa necessidade —, mas vale porque o desejamos ou necessitamos. Em poucas palavras, o que desejo ou necessito, ou, também, o que me agrada e de que gosto, é o que vale; por sua vez, o que prefiro, de acordo com estas vivências pessoais, é o melhor.

O subjetivismo, portanto, transfere o valor do objeto para o sujeito e o faz depender do modo como a presença do objeto me afeta. Este objeto, por exemplo, é belo porque me toca de certa maneira, suscitando em mim uma reação de prazer desinteressada. Quer dizer, a beleza do objeto não é posta em relação com certas propriedades suas, com certa estrutura ou formação da sua matéria, mas é feito depender da emoção ou do sentimento que desperte no sujeito. Tal é a tese fundamental que com diferentes matizes, ou fixando a atenção num valor mais do que em outro, é sustentada pelos partidários do subjetivismo axiológico em nossa época (R. B. Perry, I. A. Richards, Charles Stevenson e Alfred Ayer, entre outros).

Vejamos agora em que tem razão e em que não tem razão esta posição subjetivista.

Tem razão quando sustenta que não existem objetos de valor em si, independentemente de qualquer relação com um sujeito, e, mais exatamente, com um sujeito valorizante. Já antes defendemos este argumento, no qual não mais insistimos.

O subjetivismo, porém, erra quando recusa por completo as propriedades do objeto — quer as naturais, quer as criadas pelo homem — que podem determinar a atitude valorizadora do sujeito. De outro modo, como poderia explicar-se que diferentes objetos suscitem diferentes atitudes valorizadoras num mesmo sujeito, embora não se queira dizer que a relação sujeito-objeto tenha um caráter

ÉTICA

estritamente individual? É evidente que a existência de propriedades objetivas distintas contribui para despertar reações diversas no mesmo sujeito. De outro lado, a reação do sujeito não é exclusivamente pessoal. O indivíduo pertence a uma época e, como ser social, se insere sempre na rede de relações de determinada sociedade; encontra-se igualmente imerso numa dada cultura, da qual se nutre espiritualmente, e a sua apreciação das coisas ou dos seus juízos de valor se conformam com regras, critérios e valores que não inventa ou descobre pessoalmente e que têm, portanto, uma significação social. Por isto, a maneira como o sujeito é impressionado não pode ser reduzida a uma reação puramente individual, subjetiva, como seria a de uma vivência espontânea. Ainda que a reação do indivíduo inclua, certamente, um processo psíquico — isto é, a série de vivências provocadas pela presença do objeto —, a atribuição do valor a este, por parte do sujeito, não é um ato exclusivamente individual nem psíquico. É por isso que o subjetivismo falha quando tenta reduzir o valor a uma mera vivência, ou estado psíquico subjetivo. Devemos, porém, reconhecer a exatidão da tese — uma vez livre da sua interpretação subjetivista — da qual parte o subjetivismo axiológico, a saber: não há objeto (valioso) sem sujeito (ou seja, não há valores em si, mas somente em relação com um sujeito).

É esta, precisamente, a tese que o objetivismo axiológico rejeita, afirmando, pelo contrário, que há objetos valiosos em si (isto é, independentemente do sujeito).

O objetivismo axiológico tem antecedentes tão longínquos como a doutrina metafísica de Platão sobre as ideias. O belo e o bom existem idealmente como entidades supraempíricas, intemporais, imutáveis e absolutas, subsistentes em si e por si, independentemente também da relação que o homem possa manter com elas, ao conhecê-las ou intuí-las. Em nosso tempo, o objetivismo axiológico está representado sobretudo pelos filósofos idealistas alemães Max Scheler e Nicolai Hartmann. Deixando de lado os diferentes matizes — não desprezíveis — entre os seus principais representantes, podemos caracterizar esta posição pelos seguintes traços fundamentais.

## OS VALORES

1) Os valores constituem um reino particular, subsistente por si próprio. São absolutos, imutáveis e incondicionados.

2) Os valores estão numa relação especial com as coisas reais valiosas que chamamos bens. Nos bens, encarna-se determinado valor: nas coisas úteis, a utilidade; nas coisas belas, a beleza; e nos atos bons, a bondade.

3) Os valores são independentes dos bens nos quais se encarnam. Isto é, para existir, não precisam de se encarnar nas coisas reais.

4) Os bens dependem do valor que encarnam. São valiosos somente na medida em que suportam ou concretizam um valor.

5) Os valores são imutáveis; não mudam com o tempo ou de uma sociedade para outra. Os bens nos quais os valores se realizam mudam de uma época para outra; são objetos reais e, como tais, condicionados, variáveis e relativos.

6) Os valores não têm uma existência real: seu modo de existir é — à maneira das ideias platônicas — ideal.

Todos os traços essenciais anteriores podem sintetizar-se como se segue: separação radical entre o valor e a realidade ou independência dos valores com respeito aos bens em que se encarnam. Tal é a primeira tese fundamental do objetivismo axiológico.

A segunda tese fundamental desta concepção axiológica é a independência dos valores com respeito a todo sujeito; podemos decompô-la nas seguintes características essenciais:

a) Os valores existem em si e por si, independentemente de qualquer relação com o homem como sujeito que possa conhecê-los, apreendê-los ou avaliar os bens em que se encarnam. São, pois, valores *em si* e não *para* o homem.

ÉTICA

b) Como entidades absolutas e independentes, não precisam de ser postos em relação com os homens, como também não precisam de ser relacionados com as coisas (encarnar-se em bens).

c) O homem pode manter diversas relações com os valores: conhecendo-os — isto é, percebendo-os ou captando-os —; produzindo os bens em que se encarnam (obras de arte, objetos úteis, atos bons, atos jurídicos etc.). Mas os valores existem em si, independentemente das relações que os seres humanos possam manter com eles.

d) Podem historicamente variar as formas de relação dos homens com os valores (as formas de concebê-los ou de realizá-los); podem até ser cegos para percebê-los numa determinada época. Contudo, nem a ignorância de um valor nem as mudanças históricas no seu conhecimento ou na sua realização afetam minimamente a existência dos valores, já que estes existem de um modo intemporal, absoluto e incondicionado.

As duas teses fundamentais do objetivismo axiológico, cujos traços fundamentais enumeramos, podem ser resumidas respectivamente assim: separação radical entre valor e bem (coisa valiosa) e entre valor e existência humana. Façamos agora umas breves observações críticas, completando o que expusemos anteriormente.

Ainda que o objetivismo, atribuindo ao valor um caráter absoluto, intemporal e incondicionado, separe-o dos bens ou coisas valiosas, não pode deixar de reconhecer que o bem não poderia existir como tal (isto é, como uma coisa que vale) sem o respectivo valor. A existência do valor não pressupõe necessariamente a de um bem; este, pelo contrário, pressupõe necessariamente o valor que nele se encarna. Ou seja, o que existe de valioso numa coisa tem a sua fonte no valor que existe independente dela. Mas esta existência de um valor não encarnado, ou que não precisa concretizar-se em alguma coisa real, suscita problemas que, se não resolvidos, levam a consequências absurdas. Por exemplo, que sentido teria a solidariedade, a lealdade ou a amizade como valores se não existissem os sujeitos humanos que podem ser solidários, leais ou amigos?

OS VALORES

Que solidariedade poderia existir — ainda que idealmente — se não existissem os sujeitos que devem praticá-la e os seus atos solidários? Algo análogo poderíamos dizer da separação radical entre a utilidade e as coisas úteis, a justiça e os homens justos etc. Todos os valores que conhecemos têm — ou tiveram — sentido em relação ao homem, e somente o tiveram nesta relação. Não conhecemos nada valioso que não o seja — ou tenha sido — para o homem. O fato de não podermos sequer imaginar um valor sem esta relação, ou de não podermos concebê-lo independentemente dela, não é uma prova de que não tem sentido falar de um valor existente em si e por si, que não exija necessariamente ser posto em relação com o homem, como fonte e fundamento deles?

Por outro lado, como pode entender-se um valor não realizado, autossuficiente, absoluto, se não se aceitam todas as implicações metafísicas decorrentes de um objetivismo de tipo platônico? O não realizado ou o não encarnado só pode existir, decerto, de uma maneira ideal, mas o ideal, por sua vez, só existe como criação ou invenção do homem. Por isto, não há valores indiferentes à sua realização, visto que o homem os cria produzindo bens que os encarnem, ou para apreciar as coisas reais em conformidade com eles.

## 5. A OBJETIVIDADE DOS VALORES

Nem o objetivismo nem o subjetivismo consegue explicar satisfatoriamente a maneira de ser dos valores. Estes não se reduzem às vivências do sujeito que avalia, nem existem em si, como um mundo de objetos independentes cujo valor se determina exclusivamente por suas propriedades naturais objetivas. Os valores existem para um sujeito, entendido não no sentido de mero indivíduo, mas de ser social; exigem também um suporte material, sensível, sem o qual não têm sentido.

É o homem — como ser histórico-social e com a sua atividade prática — que cria os valores e os bens nos quais se encarnam, independentemente dos quais só existem como projetos ou objetos

ÉTICA

ideais. Os valores são, pois, criações humanas, e só existem e se realizam *no* homem e *pelo* homem.

As coisas não criadas pelo homem (os seres da natureza) só adquirem um valor entrando numa relação especial com ele, integrando-se no seu mundo como coisas humanas ou humanizadas. Suas propriedades naturais, objetivas, só se tornam valiosas quando servem para fins ou necessidades dos homens e quando adquirem, portanto, o modo de ser peculiar de um objeto natural humano.

Os valores, então, possuem uma objetividade especial que se distingue da objetividade meramente natural ou física dos objetos que existem ou podem existir independentemente do homem, com anterioridade à — ou à margem da — sociedade. A objetividade dos valores não é, portanto, nem a das ideias platônicas (seres ideais), nem a dos objetos físicos (seres reais, sensíveis). É uma objetividade especial — humana, social —, que não se pode reduzir ao ato psíquico de um sujeito individual nem tampouco às propriedades naturais de um objeto real. Trata-se de uma objetividade que transcende o limite de um indivíduo ou de um grupo social determinado, mas que não ultrapassa o âmbito do homem como ser histórico-social. Os valores, em suma, não existem em si e por si independentemente dos objetos reais — cujas propriedades objetivas se apresentam então como propriedades valiosas (isto é, humanas, sociais) —, nem tampouco independentemente da relação com o sujeito (o homem social). Existem assim objetivamente, isto é, com uma objetividade social. Os valores, por conseguinte, existem unicamente em *um* mundo social; isto é, *pelo* homem e *para* o homem.

## 6. VALORES MORAIS E NÃO MORAIS

Até agora nos ocupamos, sobretudo, dos valores que se encarnam nas coisas reais e exigem propriamente um substrato material, sensível. Os objetos valiosos podem ser naturais, isto é, como

## OS VALORES

aqueles que existem originariamente à margem ou independentemente do trabalho humano (o ar, a água ou uma planta silvestre),
ou artificiais, produzidos ou criados pelo homem (como as coisas
úteis ou as obras de arte). Mas, destes dois tipos de objetos, não
se pode dizer que sejam bons de um ponto de vista moral; os
valores que encarnam ou realizam são, em casos distintos, os da
utilidade ou da beleza. Às vezes se costuma falar da "bondade"
destes objetos e, por esta razão, empregam-se expressões como as
seguintes: "este é um bom relógio", "a água que agora estamos
bebendo é boa", "X escreveu um bom poema" etc. Mas o uso de
"bom" em semelhantes expressões não possui nenhum significado
moral. Um "bom" relógio é um relógio que realiza positivamente
o valor correspondente: o da utilidade; ou seja, que cumpre satisfatoriamente a necessidade humana concreta à qual serve. Um
"bom" relógio é um objeto "útil". E algo análogo podemos dizer
da água quando a qualificamos como "boa"; com isso, queremos
dizer que satisfaz positivamente, do ponto de vista de nossa saúde,
a necessidade orgânica que deve satisfazer. E um "bom" poema
é aquele que, por sua estrutura, por sua linguagem, realiza satisfatoriamente, como objeto estético ou obra de arte, a necessidade
estética humana à qual serve.

Em todos estes casos, o vocábulo "bom" sublinha o fato de
que o objeto em questão realizou positivamente o valor que era
chamado a encarnar, servindo adequadamente ao fim ou à necessidade humana respectiva. Em todos estes casos, também, a
palavra "bom" tem um significado axiológico positivo — com
relação ao valor "utilidade" ou ao valor "beleza" —, mas não tem
significado moral algum.

A relação entre o objeto e a necessidade humana correspondente
é uma relação intrínseca, peculiar, na qual o primeiro adquire seu
estatuto como objeto valioso, integrando-se de acordo com ela,
como um objeto humano específico. Esta relação intrínseca com
determinada necessidade humana, e não com outra, determina
a qualificação axiológica do *bem* correspondente, assim como
o tipo de valor que deve ser atribuído ao objeto ou ato humano

ÉTICA

em questão. Por isso, o uso do termo "bom" não pode levar a confundir o "bom" em sentido geral, relativo a qualquer valor ("bom" livro, "boa" estrutura, "bom" código, "bom" relógio etc.) e "bom" em sentido estrito, com um significado moral. Podemos falar da "bondade" de uma faca enquanto cumpre positivamente a função de cortar para a qual foi fabricada. Mas a faca — e a função relativa — pode estar a serviço de diferentes fins; pode ser utilizada, por exemplo, para realizar um ato mau sob o ângulo moral, como é o assassinato de uma pessoa. Desde o ponto de vista de sua utilidade ou funcionalidade, a faca não deixará de ser "boa" por ter servido para realizar um ato repreensível. Pelo contrário, continua sendo "boa" e tanto mais quanto mais eficientemente tiver servido ao assassino, mas esta "bondade" instrumental ou funcional está alheia a qualquer qualificação moral, apesar de ter servido de meio ou instrumento para realizar um ato moralmente mau. A qualificação moral recai aqui no ato de assassinar, para o qual a faca serviu. Não é a faca — eticamente neutra, como o são usualmente os instrumentos, as máquinas ou a técnica em geral — que pode ser qualificada de um ponto de vista moral, mas o seu uso; isto é, os atos humanos de utilização a serviço de determinados fins, interesses ou necessidades.

Vê-se, então, que os objetos úteis, ainda que se trate de objetos produzidos pelo homem, não encarnam valores morais, embora possam encontrar-se numa relação instrumental com estes valores (como vimos no exemplo anterior da faca). Por isso, esses objetos devem ser excluídos do reino dos objetos valiosos que podem ser qualificados moralmente. Quando o termo "bondade" se aplica a eles ("boa" faca) deve ser entendido no sentido axiológico apropriado, não propriamente moral.

Os valores existem unicamente em atos ou produtos humanos. Tão somente o que tem um significado humano pode ser avaliado moralmente, mas, por sua vez, tão somente os atos ou produtos que os homens podem reconhecer como seus, isto é, os realizados consciente e livremente, e pelos quais se lhes pode atribuir uma responsabilidade moral. Neste sentido, podemos qualificar mo-

## OS VALORES

ralmente o comportamento dos indivíduos ou de grupos sociais, as intenções de seus atos e seus resultados e consequências, as atividades das instituições sociais etc. Ora, um mesmo produto humano pode assumir vários valores, embora um deles seja o determinante. Assim, por exemplo, uma obra de arte pode ter não só um valor estético, mas também político ou moral. É inteiramente legítimo abstrair um valor desta constelação de valores, mas com a condição de não reduzir um valor ao outro.

Posso julgar uma obra de arte por seu valor religioso ou político, mas sempre com a condição de nunca pretender deduzir desses valores o seu valor propriamente estético. Quem condena uma obra de arte sob o ponto de vista moral nada diz sobre o seu valor estético; simplesmente está afirmando que, nesta obra, não se realiza o valor moral que ele julga que nela deveria realizar-se. Por conseguinte, um mesmo ato ou produto humano pode ser avaliado a partir de diversos ângulos, podendo encarnar ou realizar diferentes valores. Mas, ainda que os valores se juntem num mesmo objeto, não devem ser confundidos. Isso se aplica de uma maneira especial no caso dos valores morais e não morais. Ao estabelecer a distinção entre os primeiros e os segundos, é preciso lembrar que os valores morais se encarnam somente em atos ou produtos humanos e, entre estes, naqueles realizados livremente, isto é, de um modo consciente e voluntário.

CAPÍTULO VII  A avaliação moral

## 1. CARÁTER CONCRETO DA AVALIAÇÃO MORAL

Por avaliação, entendemos a atribuição do valor respectivo a atos ou produtos humanos. A avaliação moral compreende os três elementos seguintes: a) o valor atribuível; b) o objeto avaliado (atos ou normas morais) e c) o sujeito que avalia.

Não nos ocuparemos de cada um destes elementos separadamente, pois já foram ou serão estudados nos capítulos respectivos. Limitar-nos-emos, agora, a uma caracterização geral da avaliação moral, para passar imediatamente ao exame do valor moral fundamental: a bondade.

Se a avaliação é o ato de atribuir valor a um ato ou produto humano por um sujeito humano, isso implica necessariamente que se levem em conta as condições concretas nas quais se avalia e o caráter concreto dos elementos que intervém na avaliação.

Em primeiro lugar, é preciso lembrar que o valor se atribui a um objeto social, constituído ou criado pelo homem no decurso de sua atividade histórico-social. Portanto, a avaliação, por ter atribuição de um valor assim constituído, possui também um caráter concreto, histórico-social. Dado que não existem em si, mas *pelo* e *para* o homem, os valores se concretizam de acordo com as formas assumidas pela existência do homem como ser histórico-social.

Em segundo lugar, é preciso considerar que os objetos avaliados são atos propriamente humanos e que, portanto, os seres inanimados ou os atos animais — como já sublinhamos — não podem ser objeto de avaliação moral. Mas nem todos os atos humanos se encontram sujeitos a tal avaliação — a uma aprovação ou re-

## A AVALIAÇÃO MORAL

provação no sentido moral — mas somente aqueles que, por seus resultados e consequências, afetam a outros. Assim, por exemplo, o fato de apanhar uma pedra que encontro num terreno deserto não pode ser avaliado moralmente, porque não afeta os interesses dos outros (se se trata, é claro, de um lugar desabitado); entretanto, recolher uma pedra na rua, afastando assim um perigo para um transeunte, tem certamente um significado moral. Sendo assim, posso atribuir valor moral a um ato se — e somente se — tem ele consequências que afetam a outros indivíduos, a um grupo social ou à sociedade inteira.

Já que temos de considerar esta relação entre o ato de um indivíduo e os demais, o objeto da avaliação inscreve-se necessariamente num contexto histórico-social, de acordo com o qual a mencionada relação adquire ou não um sentido moral. Vejamos, por exemplo, o que acontece a este respeito com uma atividade humana como o trabalho. Numa sociedade baseada na exploração do homem pelo homem — e, mais particularmente, na sociedade baseada na produção da mais-valia — a atividade do trabalho é puramente econômica e não tem significação moral. Para o proprietário dos meios de produção, que se apossa, por sua vez, dos produtos criados pelo operário, são indiferentes as consequências do trabalho para o mesmo, isto é, para o trabalhador como homem concreto, ou para os demais homens em sua existência especificamente humana. O trabalho escapa, assim, a qualquer avaliação moral; é um ato puramente econômico e, como tal, lucrativo. Para o operário que não se reconhece no seu trabalho, considerando-o apenas como um meio de subsistência, carece igualmente de significação moral; só um estímulo material, meramente econômico, pode impeli-lo a trabalhar. Nestas condições sociais concretas, não se poderia reprovar moralmente a maneira como executa a sua atividade. Coisa diferente acontece numa sociedade em que o trabalho deixa de ser uma mercadoria e recobra a sua significação social, como atividade criadora que serve à sociedade inteira. Nestas condições, evitá-lo ou executá-lo somente por um estímulo material transforma-se num ato repreensível do ponto de vista moral. Vemos, pois, que os

ÉTICA

atos humanos não podem ser avaliados isoladamente, mas dentro de um contexto histórico-social no seio do qual ganha sentido atribuir-lhes um determinado valor.

Finalmente, a avaliação é sempre atribuição de um valor por parte de um sujeito. Este se coloca, assim, diante do ato do outro, aprovando-o ou reprovando-o. Desta maneira, julga-o não em função do modo como o afeta pessoalmente, mas como afeta a outros ou a uma comunidade inteira. Mas o sujeito que expressa desta maneira a sua atitude em face de certos atos o faz enquanto ser social e não enquanto sujeito puramente individual que dê livre curso a suas vivências ou emoções pessoais. Faz parte de uma sociedade, ou de um setor social determinado, ao mesmo tempo em que é filho do seu tempo e, portanto, encontra-se inserido num reino do valor (de princípios, valores e normas) que não inventa nem descobre pessoalmente; sua avaliação, por conseguinte, não é o ato exclusivo de uma consciência empírica, individual. Mas também não é ato de um eu abstrato ou de uma consciência avaliadora em geral, e sim o da consciência de um indivíduo que, por pertencer a um ser histórico e social, encontra-se arraigada no seu tempo e na sua comunidade.

Portanto, pelo valor atribuído, pelo objeto avaliado e pelo sujeito que avalia, a avaliação tem sempre um caráter concreto; ou seja, é a atribuição de um valor concreto numa situação determinada.

## 2. O BOM COMO VALOR

O ato moral pretende ser uma realização do "bom". Um ato moral positivo é um ato moralmente valioso, e é tal exatamente enquanto o consideramos "bom"; isto é, encarnado ou plasmado o valor da bondade. Mas o que é o bom?

Ao responder a esta pergunta, a maioria dos tratadistas de moral pretendeu encontrar o bom em geral, absoluto, intrínseco e incondicionado; o bom em todo lugar e em todo tempo, em todas as circunstâncias, seja qual for o ato moral de que se trate

## A AVALIAÇÃO MORAL

ou a situação concreta em que se efetue. Partindo da verificação de que os homens, comportando-se moralmente, aspiram ao bem, isto é, a realizar atos moralmente bons, tenta-se dar uma resposta universalmente válida à pergunta sobre o bom.

Eliminando o termo "bom" no sentido não moral ("bom" relógio, "boa" colheita, "bom" poema), este termo passa a indicar exclusivamente certos atos humanos que consideramos positivos ou valiosos do ponto de vista moral. Reservamos, por conseguinte, o termo "mau" para qualificar os atos morais de sinal oposto.

O bom e o mau se encontram numa relação recíproca e constituem um par de conceitos axiológicos inseparáveis e opostos. Definir o bom implica, pois, em definir o mau. Toda concepção do bom acarreta necessariamente, de um modo explícito ou implícito, uma concepção do mau. Mas não se trata de uma concepção puramente lógica, e sim histórica e real: de uma época para outra, ou de uma sociedade para outra, mudam as ideias de bom e de mau. Nos povos primitivos o bom é, antes de tudo, a valentia, enquanto o mau é a covardia. Com a divisão da sociedade em classes, perde o seu significado universal humano; já nem todos os homens são ou podem ser bons, mas somente uma fração ou minoria: os homens livres; os outros — os escravos — não podem ser nem bons nem maus, pela simples razão de que não são considerados propriamente seres humanos dotados de razão, mas coisas ou instrumentos. Assim acontece, por exemplo, na Grécia antiga. Na Idade Média, é bom o que deriva da vontade de Deus ou concorda com ela, e mau ou diabólico o que a contradiz.

Nos tempos modernos, o bom é o que concorda com a natureza humana concebida de uma maneira universal e abstrata; por isto, também as ideias de bom e de mau têm um caráter universal, de acordo com essa verdadeira natureza do homem enquanto ser racional ou espiritual, dada de uma vez para sempre. Mas atrás desta universalidade da ideia do bom (que se evidencia claramente na ética de Kant, na qual o bom é tal absolutamente, sem restrição ou condição alguma), escondem-se aspirações e interesses humanos concretos que são, sobretudo, os da classe social dominante.

## ÉTICA

Nenhuma classe social aceita como bom o que entra em contradição com os seus interesses sociais. Por isto, o que é bom para uma classe, numa mesma sociedade, não o é para outra. Isso não quer dizer, porém, que o bom perca qualquer conteúdo objetivo, pois quando uma classe social — na sua fase ascensional — tem interesses próprios que se fundem com os do progresso histórico e social, sua ideia do bom — em contradição com a de uma classe já decadente, que se agarra à sua particularidade — contribui para uma concepção mais universal do bom, embora esta universalidade se apresente ainda um tanto abstratamente, como acontece com "boa vontade" de Kant. O bom, neste sentido, resulta então mais proveitoso para uma moral universal humana — para a qual, como já vimos, tende o progresso moral — do que o bom no sentido estreito e limitado da moral anterior, a escravista ou a feudal-aristocrática.

Vê-se, portanto, que as ideias de bom e de mau mudam historicamente de acordo com as diferentes funções da moral efetiva de cada época, e essas mudanças se refletem sob a forma de novos conceitos nas doutrinas éticas. Levando em conta a aspiração comum dos homens de alcançarem o bom, por considerá-lo o valor moral fundamental, embora sempre de acordo com as suas aspirações concretas em cada época e em cada sociedade, vejamos — no plano da teoria ética — algumas das principais respostas sobre a questão da natureza do bom. Entre estas concepções principais, encontramos as que definem o bom como felicidade, prazer, boa vontade ou utilidade.

É necessário advertir que estas concepções não esgotam o repertório das definições dadas no pensamento ético, já que o bom foi caracterizado também como a verdade, o poder, a riqueza, Deus etc. Do exame das concepções citadas em primeiro lugar, assim como as relações entre elas (dado que a felicidade se faz depender também do prazer e do útil), extrairemos afinal algumas conclusões próprias, tendentes a considerar o bom — sobre a base da contribuição de tais respostas — com um conteúdo mais concreto e em consonância com nosso tempo.

A AVALIAÇÃO MORAL

## 3. O BOM COMO FELICIDADE (EUDEMONISMO)

A tese de que a felicidade é o único bom, ou o sumo bem, foi sustentada repetidas vezes ao longo da história do pensamento ético. Foi Aristóteles quem primeiro sustentou que é o mais alto dos bens e que todos os homens aspiram à felicidade (*eudaimonia*, em grego). Mas, de acordo com as condições sociais do seu tempo, das quais — como já dissemos — compartilha o desprezo pelo trabalho físico, Aristóteles considera que a felicidade do homem está no exercício da razão, faculdade humana específica. Pois bem, ainda que a felicidade consista no cultivo da contemplação ou atividade teórica, própria da razão, ela exige, por sua vez, uma série de condições necessárias, entre as quais figuram duas muito importantes: segurança econômica (isto é, posse de certa quantidade de bens materiais) e liberdade pessoal. Sem elas, os homens não podem ser felizes e, por isto, não podem sê-lo os escravos. Assim, portanto, para Aristóteles — refletindo claramente a realidade social da sua época — a felicidade está ao alcance somente de uma parte privilegiada da sociedade, da qual estavam excluídos não somente os escravos, mas também as mulheres.

Partindo da impossibilidade de alcançar a verdadeira felicidade aqui na terra, a ética cristã transfere a sua obtenção para um mundo ultraterreno. A felicidade só pode ser obtida no céu, como compensação da infelicidade terrena. Deste modo, uma felicidade ideal e ilusória vem substituir a felicidade terrena e real.

O pensamento ético moderno, particularmente o dos filósofos iluministas e materialistas franceses do século XVIII, sustenta o direito dos homens de serem felizes neste mundo, mas concebe a felicidade num plano abstrato, ideal, fora das condições concretas da vida social que favorecem ou constituem obstáculos para a sua consecução. Estes pensadores situavam o problema da felicidade no mundo terreno, mas, concebendo o homem de maneira abstrata, esqueciam o que Aristóteles tinha assinalado apesar dos limites classistas da sua concepção, isto é: que o estado de felicidade exige certas condições concretas — determinada situação econômica e liberdade pessoal — sem as quais seria impossível.

ÉTICA

Este modo aristotélico de abordar o problema da felicidade não só não perdeu força em nossos dias, mas até se reforçou. De fato, vemos hoje com maior clareza que a felicidade jamais pode separar-se de certas condições sociais que a aproximam ou a afastam de ambos os setores da sociedade. Os homens não podem ser verdadeiramente felizes na miséria, na exploração, na falta de liberdades políticas, na discriminação racial etc., mas, por outro lado, cair-se-ia numa posição simplista se se pensasse que a criação das condições sociais favoráveis ao desaparecimento dos males que mergulham na maior infelicidade tantos seres humanos seria suficiente para dar a todos e a cada um dos indivíduos a sua felicidade pessoal. Os indivíduos como tais podem encontrar graves obstáculos na obtenção de sua felicidade, que não podem desaparecer nem sequer nas condições sociais mais favoráveis. Tais são, por exemplo, os obstáculos à sua felicidade que surgem — como fracassos — no amor, no exercício de uma profissão ou no cumprimento da nossa vocação, ou também como golpes inevitáveis infligidos pelas doenças ou pela morte. Mas as condições sociais não deixam de influir inclusive na felicidade pessoal, pois delas depende, em grande parte, o fato de que contemos ou não com os meios para evitarmos cair totalmente na desgraça e podermos escapar dela.

O problema da felicidade tampouco pode ser colocado sem se levar em conta o seu conteúdo concreto, isto é, o tipo de felicidade que se busca e no qual os homens, numa situação dada, veem a realização de suas mais caras aspirações pessoais. Aqui também é preciso considerar os nexos entre a felicidade e as relações sociais que contribuem para forjar dela uma imagem que os indivíduos assimilam. Assim, por exemplo, numa sociedade na qual domina a propriedade privada e na qual o homem vale, antes de tudo, não pelo que *é*, mas pelo que *possui*, a felicidade se resume na posse de bens materiais e, particularmente, na aquisição daquilo que tem o poder de adquirir todos os objetos e de emprestar a seu possuidor um verdadeiro ser, ou seja: o dinheiro. Numa sociedade assim constituída, a felicidade se resume, portanto, na satisfação do "espírito de posse", na propriedade do dinheiro, e nela o homem rico, em sentido material, será feliz, ao passo que o pobre, o que

A AVALIAÇÃO MORAL

não tem posses, será infeliz. Aqui, o sistema econômico-social dá um conteúdo concreto ao conceito da felicidade — como satisfação das tendências egoístas ou do "espírito de posse" do indivíduo —; por sua vez, a busca dessa felicidade contribui, também, para fortalecer e desenvolver o sistema. Assim, vemos como uma sociedade determinada forja o seu próprio conceito de felicidade, e como este conceito corresponde, por sua vez, às necessidades das forças sociais empenhadas na manutenção da sua estrutura social.

Em conclusão: a tese de que a felicidade é o único *bom* resulta demasiado geral se não se concretiza o seu conteúdo. Este conteúdo varia de acordo com as relações sociais que o determinam e a cujos interesses serve. E o que vemos quando se fixa a felicidade na contemplação, como na sociedade escravista grega, ou na posse do dinheiro, como na sociedade burguesa moderna. Resulta assim que a felicidade não pode ser concebida como algo abstrato, alheio a determinadas condições sociais, e que estas condições não favorecem ou obstaculizam a felicidade em geral, mas uma felicidade concreta. Portanto, não se pode considerar — como adequada à natureza humana em geral — a felicidade que hoje se reduz às tendências egoístas do indivíduo ou ao seu "espírito de posse". Numa sociedade na qual não vigore o princípio da propriedade privada nem a onipotência do dinheiro, e na qual o destino pessoal não se possa conceber separado da comunidade, os homens terão de buscar outro tipo de felicidade.

## 4. O BOM COMO PRAZER (HEDONISMO)

Antes de examinar as teses básicas do hedonismo ético (de *hedoné*; em grego, prazer), é preciso distinguir dois sentidos do termo prazer, que às vezes se confundem: 1) como sentimento ou estado afetivo agradável que acompanha diferentes experiências (encontro casual com um velho amigo, contemplação de um quadro, solução de um problema matemático etc.) e cujo oposto é "desprazer", ou estado afetivo desagradável que acompanha certas experiências

# ÉTICA

(encontro com uma pessoa que se detesta, leitura de um péssimo romance, torção de um tornozelo etc.); 2) como sensação agradável produzida por certos estímulos (cócegas, um bom copo de vinho etc.) e cujo oposto é a dor ou sensação localizável em alguma parte do corpo (dor nas costas, por exemplo).

Quando os hedonistas afirmam que o bom é o prazer e o mau o seu contrário, referem-se aos dois sentidos citados em primeiro lugar. Admitida esta distinção, pode-se compreender que Epicuro, ao sustentar que cada um deve procurar o máximo prazer, não se refere aos prazeres sensíveis, imediatos, fugazes, como os que são proporcionados pela comida, a bebida ou o sexo, e cuja satisfação reiterada ou imoderada acaba por provocar males (dores, desarranjos, náuseas etc.), mas a prazeres mais duradouros e superiores, como os intelectuais e os estéticos.

Vejamos agora as teses fundamentais do hedonismo, bem como as dificuldades que apresentam.

1ª *Todo prazer ou gozo é intrinsecamente bom.*

Esta tese se funda no fato psicológico de que os homens desejam o prazer como fim, fato que pode ser aceito se se interpreta no sentido de que os homens preferem o prazer ao desprazer ou dor. Mas, de acordo com a nossa crítica do subjetivismo axiológico, uma coisa não pode ser boa somente porque é desejada. Inclusive, embora se aceite que o prazer é intrinsecamente bom, por ser desejável ou preferível à dor, a bondade moral de um ato agradável não pode ser isolada das suas consequências. Lembremos a este respeito "o prazer da vingança"; quem leva a efeito uma calculada e pérfida vingança pode experimentar um prazer total, mas impregnado moralmente das consequências e da natureza negativa do ato.

O hedonista poderá retrucar a isso que o prazer experimentado pelo vingador é intrinsecamente bom, ou que é um "bom" prazer. Mas aqui deparamos com um significado extramoral de "bom" que já tínhamos eliminado. O certo é que somente assim — e não no seu sentido intrínseco — o prazer adquire uma qualificação moral. Por conseguinte, para que tenha uma significação ética, devo julgá-lo não intrinsecamente (como prazer em si), mas extrinsecamente (prazer em relação com a natureza ou com as consequências do ato). Mas, então, um bom prazer não é necessariamente bom num sentido moral; ou seja, a tese que estamos examinando e segundo a qual todo prazer, considerado em si mesmo, independentemente da natureza do ato ou de suas consequências, é bom (isto é, intrinsecamente) é uma tese falsa.

2ª *Somente o prazer é intrinsecamente bom.*

Com esta tese se contribui de novo para apagar a linha divisória entre o bom e o mau em sentido moral, porque o prazer acompanha as experiências mais variadas, incluindo aquelas que — como a contemplação de um quadro — não têm, pelo menos essencialmente, um significado moral. De outro lado, uma boa ação — em sentido moral — também produz satisfação em quem a executa; mas, de acordo com a doutrina hedonista, o seu valor moral não se basearia na sua bondade intrínseca ou inerente ao ato ou às suas consequências, mas no prazer que produz. Mas já vimos que uma ação moralmente negativa também produz prazer: sente-o, por exemplo, o assaltante que agride de repente um transeunte desprevenido, ao passo que o desprotegido noctívago experimenta desprazer ou dor. Para o hedonista, a bondade intrínseca estaria no primeiro ato e a maldade no segundo. A bondade e a maldade em sentido moral teriam, pois, um valor puramente instrumental; isto é, tanto uma coisa como a outra estariam a serviço do único que é intrinsecamente bom: o prazer. Mas, com isto, colocamo-nos fora do verdadeiro domínio moral.

3ª *A bondade de um ato ou experiência depende do (ou é proporcional à quantidade de) prazer que contém.*

À diferença das duas teses anteriores, que são comuns a todos os hedonistas éticos, nesta terceira se opõem os hedonistas quantitativos

ÉTICA

(como Epicuro e Bentham, para os quais as diferenças qualitativas de prazer não implicam diferença alguma quanto ao valor ou à bondade), e os hedonistas qualitativos (como John Stuart Mill, para os quais as diferenças qualitativas produzem diferenças de valor). Ou seja: para os hedonistas quantitativos, a bondade depende da quantidade de prazer, ao passo que para os hedonistas qualitativos as diferenças qualitativas de prazer produzem diferença de valor.

Com respeito às teses de ambos os grupos, podem-se fazer as objeções seguintes:

a) Contra os hedonistas quantitativos: muitas pessoas experimentam maior quantidade de prazer escutando uma canção vulgar, de melodia fácil de aprender, do que ouvindo uma sinfonia de Stravinski; de tal fato deveria seguir-se a absurda conclusão de que aquela é melhor do que a segunda, porque dá maior prazer. De outro lado, é preciso duvidar da possibilidade de medir e comparar os prazeres, a não ser na base de avaliações subjetivas; mas, se é assim, como se pode calcular o valor intrínseco em termos quantitativos, ou seja, a sua proporcionalidade com respeito à quantidade de prazer?

b) Contra os hedonistas qualitativos: pode-se estabelecer certamente — como já dissemos — uma diferença entre o prazer como disposição afetiva que acompanha certa experiência e o prazer como sensação agradável provocada por certos estímulos, mas não é tão claro que se possa estabelecer uma diferença qualitativa — não só de intensidade — entre os estados de prazer que acompanham diferentes experiências (morais, estéticas, políticas etc.), ou, com relação a uma mesma experiência, até o ponto de que possam registrar-se nesses estados hedonísticos elementos suficientemente precisos para determinar diferenças de valor.

Por último, o hedonismo ético em geral está sujeito à mesma crítica que pode ser feita a todo subjetivismo axiológico, porque reduz um valor — "o bom", neste caso — a reações psíquicas ou vivências subjetivas. E também se lhe pode objetar que comete a

A AVALIAÇÃO MORAL

falácia lógica que consiste em deduzir um juízo de valor ("somente o prazer é bom") a partir de um juízo de fato acerca do comportamento psicológico dos homens ("todos os homens desejam o prazer como fim"). O juízo de fato funciona como premissa; o de valor, como conclusão. Pois bem: como geralmente se admite desde Hume, é ilegítimo do ponto de vista lógico passar de semelhante premissa para tal conclusão.

## 5. O BOM COMO "BOA VONTADE" (FORMALISMO KANTIANO)

Kant pondera que o bom deve ser algo incondicionado, sem restrição alguma; isto é, não depende de circunstâncias ou condições que escapem ao nosso controle e tampouco das consequências de nossos atos. Mas existe algo bom neste sentido absoluto, irrestrito ou incondicionado? Vejamos as duas concepções do bom analisadas antes.

A felicidade está sujeita a certas condições, e se essas não se verificam — como já notava Aristóteles — não se pode ser feliz. O bom como felicidade implica uma bondade condicionada. Outras coisas ou qualidades humanas, como a moderação, o autocontrole ou a reflexão serena, são boas mas não em qualquer situação e circunstância. Um criminoso pode autocontrolar-se para cometer mais perfeitamente o seu crime, isto é, para acentuar a maldade da sua ação. O valor, a lealdade e outras qualidades dos homens são boas, mas não de uma maneira incondicional, porque podem estar a serviço de fins moralmente reprováveis (o assassino pode vangloriar-se de certo valor sem o qual não poderia comportar-se como tal, e a lealdade mútua forma parte do código de honra dos criminosos). E, no que diz respeito à concepção do bom como prazer, já sublinhamos que este pode acompanhar atos ou experiências de sinal moral oposto.

Então, o que pode ser bom de uma maneira absoluta, sem restrição alguma, em toda circunstância e em todo momento, e sejam quais forem os resultados ou as consequências da nossa ação?

ÉTICA

Eis aqui a resposta de Kant:

> Nem no mundo nem também, em geral, fora do mundo é possível conceber alguma coisa que possa considerar-se boa sem restrições, a não ser unicamente uma *boa vontade* (*Fundamentação da metafísica dos costumes*, cap. 1).

E um pouco mais adiante:

> A boa vontade não é boa pelo que possa fazer ou realizar, não é boa por sua aptidão para alcançar um fim que nos propuséramos; é boa só pelo querer, isto é, é boa em si mesma. Considerada por si só, é, sem comparação, muitíssimo mais valiosa do que tudo o que poderíamos obter por meio dela.

Mas esta boa vontade não deve ser confundida com um mero desejo, que se esgotasse em si, sem lançar mão de todos os meios de que dispõe, ou com uma simples intenção que não a transcenda, isto é, que não tente colocá-la em prática. Pelo contrário, trata-se de uma determinação de fazer algo, embora certamente não se consiga o que se queria ou ainda que as consequências de nossa ação não correspondam ao nosso propósito. Por isto, também diz Kant, na mesma obra, visando a que fique bem claro o que entende por "boa vontade":

"Ainda quando se desse o caso em que, por uma particular ingratidão da sorte ou pela mesquinhez de uma natureza madrasta, faltasse por completo a esta vontade a possibilidade de realizar o seu propósito; inclusive se, apesar dos seus maiores esforços nada pudesse conseguir e só ficasse a boa vontade — não, evidentemente, como um mero desejo, mas como a união de todos os meios que estão ao nosso alcance —, seria esta boa vontade como uma joia que brilha por si mesma, como algo que tem em si mesmo o seu pleno valor. A utilidade ou a inutilidade não pode acrescentar ou tirar nada a esse valor."

Assim, portanto, a boa vontade não se vê atingida — não deixa de ser boa — pelo fato de que as circunstâncias ou condi-

A AVALIAÇÃO MORAL

ções impeçam que se realizem os seus propósitos, mas também não pode ser reduzida à boa intenção que se resume num simples desejo. Também não basta atuar *de acordo com o dever*. Assim, por exemplo, é nosso dever cumprir o prometido. Mas este dever pode ser cumprido por diversas razões: pelas vantagens que possamos obter; pelo temor às consequências de seu não cumprimento; por uma nossa inclinação a agir assim etc. Em todos estes casos, se cumpriu o prometido; isto é, *se agiu de acordo com o dever*, mas *não pelo dever*. Em nenhum desses casos, a juízo de Kant, resplandece o único que é bom moralmente sem condição ou restrição alguma: a boa vontade, ou seja, a vontade que age não só de acordo *com* o dever, mas *pelo* dever, determinada única e exclusivamente pela razão.

Mas, que vontade é esta e onde podemos encontrá-la? Esta boa vontade, independente das circunstâncias e das inclinações e interesses humanos concretos, e determinada exclusivamente pela razão, não é a vontade dos homens reais, determinados histórica e socialmente, e inseridos na rede das exigências, interesses e aspirações da sua existência efetiva. O bom, assim concebido — como "boa vontade" —, se inscreve num mundo ideal, a-histórico e intemporal, que se converte para os homens reais num novo "mais além".

Contra esta concepção formalista e apriorística do bom, podem-se formular as objeções seguintes:

1ª) Por seu caráter abstrato, formal e universal, esta moral da boa vontade é impotente e inútil no mundo concreto dos homens reais para regular efetivamente as suas relações mútuas.

2ª) Se a "boa vontade" não é um mero desejo, é evidente que não se pode julgar somente do ponto de vista do sujeito que a possui, mas também do ponto de vista daquele que se vê afetado por ela. Portanto, desde o momento em que outro sujeito humano está implicado — e não como puro objeto de minha boa vontade, mas como pessoa — devo pô-la em relação com ele e enfrentar os problemas que esta relação impõe.

# ÉTICA

3ª) Se em cada ato moral não posso prescindir de quem é atingido por ele, não posso ignorar então as consequências que o afetam prática e efetivamente, ainda que não afetem a minha boa vontade.

4ª) Se o outro — como pessoa — deve ser tomado em consideração, por que temos de preferir uma vontade boa, mas impotente, ou que sendo pura pode até causar-lhe males, a uma vontade não tão "boa" ou tão "pura" que, apesar disto, traz maior bem para o outro?

5ª) Se a "boa vontade" não basta para evitar ao outro as más consequências da sua ação, pode o sujeito não levar isso em consideração, ou seja, aquilo que teria evitado essas consequências negativas; por exemplo, o conhecimento de determinadas circunstâncias? Ou também uma "boa vontade" que, por ignorância das circunstâncias que podia e devia conhecer, tem consequências negativas para o outro, pode ser considerada verdadeiramente boa?

6ª) e última. Negando qualquer valor moral àquilo que se cumpre por um impulso ou inclinação, e admitindo como bom somente aquilo que se cumpre por dever, surge uma série de dificuldades. Quem é melhor moralmente: quem não rouba pela convicção de que esse é o seu dever ou aquele que se abstém, não por esta convicção, mas depois de uma dura luta para vencer as suas tentações e inclinações? Por que o ladrão que deve percorrer um duro e, por vezes, longo caminho para abster-se de roubar haveria de ter menor valor moral do que aquele que se abstém sem precisar travar esta dura batalha, já que está plenamente convencido de que esse é o seu dever? Mas, de outro lado, se considerarmos que o ladrão, neste caso, é melhor moralmente, enfrentaríamos então o paradoxo de que o homem mais conformado ou mais perfeito do ponto de vista moral teria menor valor, ao agir, do que o menos conformado moralmente. Mas o paradoxo se apresenta somente por causa desta rígida oposição kantiana entre o agir por dever e qualquer outro tipo de agir que não se baseie neste motivo, ainda que se trate de operar *de acordo com o dever*.

A AVALIAÇÃO MORAL

Em suma, a concepção kantiana da "boa vontade", por seu caráter ideal, abstrato e universal, oferece-nos um conceito do bom totalmente inexequível neste mundo real e, portanto, inoperante para a regulamentação das relações entre os homens concretos.

## 6. O BOM COMO ÚTIL (UTILITARISMO)

A concepção do bom como útil tem seus principais expoentes em Jeremy Bentham (1748-1832) e John Stuart Mill (1806-1873); por esta razão, ao expor e criticar o utilitarismo neste ponto, teremos presentes particularmente as suas ideias.

Para esclarecer a relação que os militaristas estabelecem entre o bom e o útil, é necessário compreender suas respostas a duas perguntas fundamentais, quais sejam:

a) Útil para quem?
b) Em que consiste o útil?

A primeira pergunta se justifica para dissipar uma falsa opinião sobre o utilitarismo, interpretado no sentido egoísta, bastante divulgada e de acordo com a qual o bom seria somente o útil ou proveitoso *para mim*; isto é, o que contribui para o bem-estar de um indivíduo, prescindindo de que seja vantajoso também para outras pessoas, ou para a sociedade inteira. Numa concepção semelhante, seria inconcebível o sacrifício de um a favor do outro ou da coletividade. O utilitarismo assim concebido seria uma forma de *egoísmo ético*, coisa que não sustentam os grandes pensadores utilitaristas antes citados.

Eliminada esta significação do "útil" (como o útil para mim, independentemente de que o seja ou não para os outros), seria possível interpretar o utilitarismo no sentido oposto: como uma doutrina que concebe o bom como o útil para os outros, independentemente de que coincida ou não com nosso próprio bem-estar pessoal. De acordo com esta posição, o bem seria o útil para os

ÉTICA

outros, ainda que esta utilidade entrasse em contradição com meus interesses pessoais. O utilitarismo seria assim — em diametral oposição ao egoísmo ético — um *altruísmo ético*.

Pois bem; o utilitarismo pretende ser mais exatamente a superação de ambas as posições extremas e unilaterais. O egoísmo ético exclui os demais: o bom é somente o que serve a um interesse pessoal. O altruísmo ético exclui este interesse pessoal e vê o bom somente naquilo que visa a um interesse geral (o dos outros). O utilitarismo sustenta, pelo contrário, que o bom é o útil ou vantajoso "para o maior número de homens", cujo interesse inclui também o meu pessoal.

Mas, como conciliar os diversos interesses — o dos demais e o meu — quando entram em conflito? Um conflito semelhante pode apresentar-se, por exemplo, quando um país pequeno é agredido por uma potência estrangeira e se trava então uma guerra justa, defensiva e patriótica. O interesse pessoal exige, de um lado, que se conserve a própria vida ou que não se renuncie às suas comodidades, mas o interesse geral reclama, por sua vez, a renúncia a estas comodidades e o risco até da vida no campo de batalha. O utilitarismo aceitará neste caso o sacrifício do interesse pessoal, da felicidade própria ou até da própria vida a favor dos demais ou em benefício da comunidade inteira. Mas este sacrifício não será considerado bom ou útil em si, mas na medida em que contribua para aumentar ou estender a quantidade de bem para o maior número. Inclusive sacrificar a vida, neste caso, será útil ou proveitoso (isto é, bom) porque, do contrário, ocorreriam males maiores (ou seja, as consequências seriam piores) do que se se realizasse qualquer outro ato em seu lugar.

Vê-se então que o bom (o útil) depende das consequências. Um ato será bom se tem boas consequências, independentemente do motivo que levou a fazê-lo ou da intenção que se pretendeu concretizar. Ou seja: independentemente do fato de que o agente moral se tenha proposto ou não que um seu ato seja vantajoso para si, para os demais ou para toda a comunidade, o ato — se é benéfico nas suas consequências — será útil e, por conseguinte, bom. Mas

A AVALIAÇÃO MORAL

como só podemos conhecer as consequências depois de realizar o ato moral, exige-se sempre uma avaliação ou um cálculo prévio dos efeitos ou consequências prováveis, que Bentham inclusive tentou quantificar.

O utilitarismo concebe, portanto, o bom como o útil, mas não num sentido egoísta ou altruísta, e sim no sentido geral de bom para o maior número de homens. Responde, assim, à primeira pergunta: Útil para quem? Vejamos agora a segunda.

A segunda pergunta se refere ao conteúdo do útil: O que é considerado mais proveitoso para o maior número? As respostas variam: para Bentham, unicamente o prazer é o bom ou útil; o utilitarismo combina-se aqui com o hedonismo. Para Stuart Mill, o útil ou bom é a felicidade. E, como por ela não se entende exclusivamente a felicidade pessoal, mas a do maior número possível de homens, a sua doutrina vem a ser uma forma de eudemonismo social. Mas o que se considera bom ou útil pode ser também o conhecimento, o poder, a riqueza etc., e, neste caso, teremos tipos diferentes de utilitarismo segundo a maneira diferente de conceber o conteúdo do útil para o maior número. Se os bens intrínsecos que os nossos atos podem causar não se reduzem a um só, mas a uma pluralidade dos mesmos, teremos então um *utilitarismo pluralista*, de acordo com o qual o bom não é uma só coisa — ou o prazer ou a felicidade — mas várias coisas que podem, ao mesmo tempo, considerar-se como boas. G. E. Moore, por exemplo, sustenta uma concepção pluralista semelhante.

Ao utilitarismo se pode fazer uma série de objeções. As mais importantes visam o seu princípio distributivo: "a maior felicidade para o maior número de homens". Este princípio esbarra em graves conflitos na sua aplicação. Por exemplo: se o ato *A* produz mais felicidade para um número X de pessoas, e o ato *B* traz menos felicidade a um número Y maior, qual dos dois escolher? O que dá maior felicidade a um número menor ou o que dá menor felicidade a um número maior? Se recorremos ao princípio utilitarista da "maior felicidade para o maior número", veremos que não nos livra da dificuldade, porque somos forçados a decompor o princípio em dois critérios unilaterais que entram em conflito,

ÉTICA

e aplicar por força um ou outro (o da "maior felicidade" ou o do "maior número"), sem poder combinar os dois ao mesmo tempo, como quer o utilitarismo.

Mas, de outro lado, as dificuldades crescem se se considera que, numa sociedade dividida em classes antagônicas, o "maior número possível" tropeça em limites insuperáveis impostos pela própria estrutura social. Assim, por exemplo, se o conteúdo do útil se identifica com a felicidade, o poder ou a riqueza, veremos que a distribuição destes bens que se julgam valiosos não pode estender-se além dos limites impostos pela própria estrutura econômico-social da sociedade (tipo de relações de propriedade, correlação de classes, organização estatal etc.). Finalmente, por não considerar as condições histórico-sociais nas quais deve ser aplicado o seu princípio, o utilitarismo esquece que, nas sociedades baseadas na exploração do homem pelo homem, a felicidade do maior número de homens não pode ser separada da infelicidade que a torna possível. Se, como exemplo, temos presente a sociedade escravista grega e, particularmente, a *polis* ateniense, veremos que a felicidade do maior número (de homens livres) tinha por base a infelicidade de um número ainda maior (de escravos). O mesmo se deve dizer de uma sociedade colonial na qual a felicidade do maior número (a minoria dos colonizadores) se constrói sobre a base da infelicidade da imensa maioria (dos colonizados); ou no caso de um Estado industrial, regido pela lei da produção da mais-valia, no qual, com o progresso da indústria e da técnica e com o incremento de bens de consumo, a infelicidade do homem manipulado e coisificado não faz senão estender-se, embora às vezes nem sequer tenha consciência — a tal ponto chega a sua alienação — de sua própria infelicidade.

## 7. CONCLUSÕES A RESPEITO DA NATUREZA DO BOM

As doutrinas anteriores têm o defeito de conceber o bom de maneira abstrata, em correspondência, por sua vez, com uma maneira de conceber o homem. Os hedonistas e os eudemonistas consideram que os homens estão dotados de uma natureza universal e imutável, que nos faz procurar o prazer ou a felicidade, e exatamente nestes bens fazem consistir o bom. O formalismo kantiano apela para um homem ideal, abstrato, situado fora da história, cuja boa vontade absoluta e incondicionada seria o único verdadeiro bom. Os utilitaristas põem o bom em relação com o interesse dos homens e, ao mesmo tempo, procuram encontrá-lo em certa relação entre o particular e o geral. Com isto, observaram que o bom acarreta a necessidade de superar os interesses limitados e egoístas do indivíduo e de tomar em consideração os interesses dos demais. Mas esta relação, implicada no princípio de "o maior bem para o maior número", apresenta também um caráter abstrato, por ignorar as condições histórico-sociais concretas.

A relação entre o indivíduo e a comunidade — sublinhada pelo utilitarismo — varia com o tempo e com as diferentes sociedades. O geral, nela, não assume um caráter quantitativo abstrato — o "maior número possível" —, mas a comunidade de interesses, objetivos e aspirações de um grupo social ou de uma sociedade inteira.

A esfera do bom, portanto, deve ser procurada:

a) numa relação peculiar entre o interesse pessoal e o interesse geral;

b) na forma concreta que esta relação assume de acordo com a estrutura social determinada.

Isso implica em que não nos aferremos a um conteúdo determinado do bom, único para todas as sociedades e todos os tempos. Este conteúdo varia historicamente; certamente, pode ser a felicidade, a criação e o trabalho, a luta pela emancipação nacional ou social etc. Mas o conteúdo concreto só é moralmente positivo numa apropriada relação do indivíduo e da comunidade. Assim, se o bom é a felicidade, esta deve entender-se como aquela que, longe de excluir a dos demais, necessariamente a pressupõe. A felicidade de certos indivíduos ou de um grupo social, que somente se pode alcançar à custa da infelicidade dos outros — de sua dor, de sua miséria, de sua exploração ou opressão — é hoje profundamente imoral. Se o conteúdo do bom é a criação, esta, embora tenha um valor em si mesma, será também imoral se faz crescer as desgraças dos outros. Finalmente, se a luta, o heroísmo e o sacrifício fazem parte do comportamento moral positivo, isso só ocorre na medida em que servem a um interesse comum: a emancipação de um povo ou de toda a humanidade.

Vemos, portanto, que o bom está numa peculiar relação entre os interesses pessoais e coletivos. Partindo do fato de que o indivíduo é um ser social e de que a sociedade não é um aglomerado de átomos sociais, indivíduo e sociedade implicam-se necessariamente, do que decorre a sua relação necessária na qual não podemos isolar ou hipostasiar nenhum dos dois termos. Mas a necessidade desta relação não significa que, historicamente, tenham estado sempre numa vinculação adequada: exatamente naquela que constitui a verdadeira esfera do bom.

A afirmação do indivíduo não é algo dado desde as primeiras formas de organização social, mas algo que o homem conseguiu somente na sociedade moderna. A individualidade não é um dom gratuito, mas uma conquista. Mas, na sociedade moderna, baseada na propriedade privada, a afirmação do indivíduo se traduz numa afirmação egoísta da personalidade, à custa dos demais. Por isso, o egoísmo ético não é somente uma doutrina, mas uma forma real de comportamento efetivo dos homens, na qual os interesses particulares e os gerais se separam.

O oposto deste individualismo é uma comunidade abstrata, burocrática ou desumanizada, na qual o pessoal é absorvido pelo geral ou por uma suposta universalidade atrás da qual nada mais há do que a expressão de interesses particulares muito concretos.

Em nossa época, o bom só pode ocorrer realmente na superação da cisão entre o indivíduo e a comunidade, ou na harmonização dos interesses pessoais com os verdadeiramente comuns ou universais.

Situado o bom nesta esfera, podemos falar de diversos graus de adequação do individual e do geral, bem como da realização do bom à medida que se supera o individualismo egoísta.

## A AVALIAÇÃO MORAL

1) Inicialmente, o bom acarreta uma primeira e limitada superação do círculo estreito dos meus interesses exclusivamente pessoais. É, então, não só o bom para mim, mas para um círculo imediato de pessoas com cujos interesses se harmoniza o meu próprio (a família, o grupo de colegas de trabalho ou de estudo). Ao conjugar estes interesses pessoais com os dos outros, com os quais me sinto mais direta e imediatamente relacionado, ultrapassa-se o egoísmo individualista. Contudo, a bondade não se garante automaticamente por esta conjugação — ainda limitada — do individual e do geral. Realmente, pode acontecer que a superação do meu egoísmo individual assuma a forma de uma ampliação no sentido de transformar-se no egoísmo de um círculo fechado ou de um grupo restrito. O princípio do egoísmo, neste caso, não faz mais do que estender os seus limites, deixando subsistir, assim, em outro plano, o conflito entre o particular e o universal. É o que acontece, por exemplo, quando os governantes de uma potência imperialista, em nome de seus interesses egoístas nacionais, opõem tais interesses aos de outros povos. O egoísmo coletivo e nacional, neste caso, nada mais faz do que ampliar os limites do individualismo egoísta.

2) O bom pode verificar-se em outro tipo de relação entre o indivíduo e a comunidade: não na defesa dos interesses comuns criados por uma vida comum, mas no significado social da atividade do indivíduo, do trabalho ou do estudo. Este significado se evidencia quando se trabalha ou estuda não mais por motivos egoístas, ou estritamente materiais, mas com a consciência de que se presta — ou se prestará no futuro — um serviço à comunidade. Mais uma vez, então, destaca-se aqui o caráter social da moral, e do bom em particular; pois, numa sociedade em que o trabalho se transforma numa mercadoria e na qual o estudo — particularmente nos setores mais relacionados com a técnica e a indústria — adapta-se às exigências da produção comercial, tende-se a fazer de qualquer atividade profissional um meio para satisfazer interesses pessoais egoístas, despojando-a assim de sua significação social e moral.

ÉTICA

3) O bom se verifica como uma contribuição do indivíduo — pela sua incorporação ativa — a uma causa comum: a transformação das condições sociais nas quais está baseada a infelicidade da maioria.

A realização do bom, nos três planos acima citados, acarreta necessariamente uma peculiar relação entre o individual e o geral, que está condicionada, por sua vez, por determinada estrutura social. O egoísmo e suas opostas manifestações — solidariedade, cooperação e ajuda mútua — são encorajadas ou obstaculizadas de acordo com as condições concretas nas quais vivem os homens. Por isso, o problema do bom como conjunção dos interesses pessoais e dos interesses gerais é inseparável do problema das bases e das condições sociais que tornam possível a sua realização.

CAPÍTULO VIII A obrigatoriedade moral

O comportamento moral é um comportamento obrigatório e devido; isto é, o agente é obrigado a comportar-se de acordo com uma regra ou norma de ação e a excluir ou evitar os atos proibidos por ela. Por conseguinte, a obrigatoriedade moral impõe deveres ao sujeito. Toda norma funda um dever.

Anteriormente assinalamos que, à diferença de outras formas de comportamento normativo — a jurídica, por exemplo, ou a do trato social —, a vontade do agente moral é, em si, uma vontade livre. De outro lado, também sublinhamos como, precisamente porque o sujeito deve escolher com liberdade entre várias alternativas, as normas morais exigem ser respeitadas por causa de uma convicção interior e não — como no direito e no trato social — por uma simples conformidade exterior, impessoal ou forçada.

Tudo isto supõe que a obrigatoriedade moral inclui a liberdade de escolha e de ação do sujeito e que este deve aceitar como fundamentada e justificada a mesma obrigatoriedade.

Estas considerações prévias nos permitem enfrentar o exame de duas questões fundamentais, que constituirão o assunto do presente capítulo.

1ª) Quais são os traços essenciais da obrigatoriedade moral que permitem distingui-la de outras formas de obrigação ou de imposição?

2ª) Qual é o conteúdo da obrigação moral ou, em outras palavras: o que é que somos obrigados a fazer ou temos o dever de fazer?

Nas páginas seguintes, abordaremos, portanto, o exame destas duas questões éticas fundamentais.

## A OBRIGATORIEDADE MORAL

## 1. NECESSIDADE, COAÇÃO E OBRIGATORIEDADE MORAL

Como já assinalamos, o comportamento moral se nos apresenta como um comportamento livre e obrigatório. Não há propriamente comportamento moral sem certa liberdade, mas esta, por sua vez, como se demonstrou oportunamente, supõe e se concilia com a necessidade, ao invés de excluí-la. E posto que não há comportamento moral sem liberdade — embora não se trate de uma liberdade absoluta, irrestrita ou incondicionada — a obrigatoriedade não se pode entender no sentido de uma rígida necessidade causal que não deixaria certa margem de liberdade. Se eu fosse causalmente determinado a fazer $x$ até o ponto de não poder fazer outra coisa a não ser aquilo que fiz, sem que me fosse possível nenhuma opção no sentido de outra ação; isto é, se agindo não tivesse possibilidade de intervir — como uma causa especial — na cadeia causal em que se inserem meus atos, o meu comportamento, justamente porque não poderia ser diferente, não teria um verdadeiro sentido moral. Tal tipo de determinação causal ou necessidade nada tem a ver com a obrigatoriedade moral.

Se alguém, comentando o comportamento de Y em outro tempo e noutra sociedade — por exemplo, na sociedade grega antiga — dissesse que "Y se viu forçado a agir assim de acordo com as ideias dominantes e a sociedade de sua época" (a tratar, por exemplo, um escravo como uma coisa e não como uma pessoa), é evidente que a expressão "viu-se obrigado a" não teria uma significação moral, e poderia ser substituída pela seguinte, mais exata: "foi determinado a agir assim". Mas este tipo de obrigação moral não é obrigatoriedade moral. E não só não o é, mas a torna impossível. Precisamente este ver-se-ia obrigado (ou mais exatamente: *determinado* num sentido que não deixa opção) a agir como fez, não permite afirmar que Y agisse ou não por uma obrigação moral. Aqui a necessidade não só não se identifica com a obrigação moral, mas a exclui ou a torna impossível.

Algo semelhante encontramos quando alguém se vê forçado a agir de maneira diferente de como teria agido, se não tivessem

ÉTICA

surgido circunstâncias ou condições imprevistas que não lhe permitiram decidir e agir como deveria. Tal é, por exemplo, o caso de X que se viu obrigado a adiar, devido ao mau tempo, uma viagem e que, por esta circunstância imprevista, não pôde cumprir a promessa de estar ao lado do pai gravemente enfermo. Não pôde cumprir a promessa que estava moralmente obrigado a cumprir, porque uma circunstância externa e imprevista o obrigou a cancelar a viagem. Mas, desta vez, o sujeito ficou livre da obrigação moral de cumprir a promessa, dado que as circunstâncias externas, no caso, exerceram uma influência tão decisiva — como uma coação externa — que não lhe deixaram possibilidade alguma de agir de acordo com a sua obrigação moral.

Impondo ao agente uma forma de comportamento não querida ou não escolhida livremente, a coação externa entra em conflito com a obrigação moral e acaba por substituí-la. Já vimos algo semelhante num capítulo anterior, com respeito aos casos de coação externa extrema (ameaça grave ou imposição brutal física) que provém de outro sujeito e que impede ao agente moral cumprir com a sua obrigação.

Finalmente, a obrigatoriedade moral perde também a sua razão de ser, quando o agente opera sob uma coação interna, ou seja, sob a ação de um impulso, desejo ou paixão irresistível que forçam ou anulam por completo a sua vontade.

Desta maneira, vê-se que a obrigatoriedade moral não pode confundir-se com a simples necessidade causal e tampouco com a coação externa ou interna. Em rigor, estas formas de "obrigação" tornam impossível a verdadeira obrigação moral.

## 2. OBRIGAÇÃO MORAL E LIBERDADE

Ficou claro que a obrigação moral supõe necessariamente uma livre escolha. Quando esta não pode verificar-se — como acontece nos casos de rígida determinação causal externa ou interna — não é admissível exigir do agente uma obrigação moral, já que não pode

## A OBRIGATORIEDADE MORAL

cumpri-la. Mas basta a possibilidade de escolher livremente para que se dê tal obrigação. Nem toda liberdade de escolha possui uma significação moral e traz consigo, por si só, uma obrigatoriedade moral. Num dia de descanso, minha opção entre ir ao cinema ou ficar em casa lendo um romance evidencia minha liberdade de escolha e de atuação num sentido ou no outro, mas esta escolha não se relaciona com uma obrigação moral. Certamente, nada me pode ser imputado moralmente pelo fato de ter decidido por uma ou outra alternativa. Mas, se vacilo entre ir ao cinema e visitar um amigo que prometi ver na mesma hora, esta escolha é condição indispensável para o cumprimento da obrigação moral assumida. Eu era obrigado a cumprir a promessa porque *podia* cumpri-la, dado que tinha a possibilidade de escolher entre uma e outra alternativa.

A obrigação moral apresenta-se assim como a determinação do meu comportamento; isto é, orientando-o numa certa direção. Mas sou obrigado moralmente só na medida em que sou livre para seguir ou não este caminho; ou seja, na medida em que posso recusar o outro caminho. Neste sentido, a obrigação moral pressupõe necessariamente minha liberdade de escolha, mas supõe, ao mesmo tempo, uma limitação de minha liberdade. Comportando-me moralmente, eu era obrigado por minha promessa, pelo dever de cumpri-la, e, neste sentido, devia decidir ou de uma maneira ou de outra.

Dissemos antes que a obrigação moral supõe uma livre escolha (entre duas ou mais possibilidades: *a*, *b*, e *c*...). Agora acrescentamos que, pelo fato de ser obrigado moralmente, não posso escolher qualquer possibilidade, mas somente *a* (por exemplo) e não *b* nem *c*. Não é paradoxal? Só aparentemente, porque, limitando minha livre escolha, sou eu quem escolhe limitá-la e com isso afirmo a liberdade indispensável para que se possa imputar-me uma obrigação moral. Se esta limitação fosse imposta de fora (como quando se está sob uma coação externa) não existiria tal obrigação moral. Mas sou eu quem livremente escolho, ainda que por dever — isto é, como sujeito moral —, num sentido e não no outro. Posso es-

ÉTICA

colher não cumprir a promessa, mas neste caso se evidencia que não cumpri com a obrigação moral que livremente tinha assumido e que, usando de minha liberdade, podia também ter cumprido.

A obrigação moral, portanto, deve ser assumida livre e internamente pelo sujeito e não imposta de fora. Se acontece o último caso, estaremos diante de uma obrigação jurídica ou diante de outra pertencente ao trato social. Desta maneira, por conseguinte, somente quando um sujeito conhece uma norma, a interioriza e dispõe da possibilidade de cumpri-la, optando livremente entre várias alternativas, pode-se afirmar que está moralmente obrigado. Portanto, o fator pessoal aqui não pode ser ignorado. Sem ele — à diferença daquilo que sucede na esfera do direito e do trato social — não é possível falar com propriedade de obrigação moral.

## 3. CARÁTER SOCIAL DA OBRIGAÇÃO MORAL

O fator pessoal é essencial, como acabamos de mostrar, na obrigação moral. Mas este fator não pode ser separado das relações sociais que se agrupam em cada indivíduo e, portanto, esta obrigação não se pode explicar como algo estritamente individual, pois também possui um caráter social.

Em primeiro lugar, porque somente pode haver obrigação para um indivíduo quando as suas decisões e os seus atos afetam os outros ou a sociedade inteira. Precisamente porque o meu comportamento tem repercussão em terceiros, sou obrigado a realizar determinados atos e a evitar outros. No entanto, se escolho entre dois atos — ir ao cinema ou ler um romance — que não dizem respeito diretamente a outros, a escolha não tem alcance moral.

Em segundo lugar, a obrigatoriedade moral tem um caráter social, porque se a norma deve ser aceita intimamente pelo indivíduo e este deve agir de acordo com sua livre escolha ou sua consciência do dever, a decisão pessoal não opera num vácuo social. O obrigatório e o não obrigatório não são algo que ele inventa, mas que encontra já estabelecido numa sociedade determinada. De outra parte, as fronteiras daquilo que é obrigado a fazer ou a não fazer, do devido ou não devido, não são modificadas pelo indivíduo, mas mudam de uma sociedade para outra; logo, o indivíduo decide e age no âmbito de uma obrigatoriedade socialmente dada.

Em terceiro lugar, como veremos mais detalhadamente na seção seguinte, ainda que o indivíduo decida e aja de acordo com a "voz da sua consciência" ou com seu "foro interior", através desta voz e nesse foro não deixam de falar, de estar presentes, os homens de uma sociedade e de um tempo determinado. O indivíduo certamente opera de acordo com o ditame de sua consciência moral, mas esta, por sua vez, dita somente aquilo que concorda com os princípios, valores e normas de uma moral efetiva e vigente. Assim, portanto, nas suas decisões e no uso que faz da sua liberdade de escolha e de ação, o indivíduo não pode deixar de expressar as relações sociais no quadro das quais assume pessoalmente uma obrigação moral.

Por conseguinte, não se pode deixar de sublinhar toda a importância e especificidade do fator pessoal, a interiorização das normas e do dever nelas baseado, assim como o papel que desempenha a convicção íntima da obrigatoriedade, contanto que nunca se perca de vista, por sua vez, o seu caráter social.

## 4. A CONSCIÊNCIA MORAL

O problema da obrigatoriedade moral se relaciona estreitamente com o da natureza, da função e do fundamento da consciência moral e, por sua vez, com o da autonomia ou da heteronomia da própria moral.

O termo "consciência" pode ser usado em dois sentidos: um geral, o de consciência propriamente dita, e outro específico, o de consciência moral. O primeiro é o que encontramos em expressões como estas: "Pedro perdeu a consciência", "João não tinha consciência dos graves perigos que o ameaçavam." O mesmo sentido tem também a expressão "*tomar* consciência de nossos

ÉTICA

atos", que equivale a dizer "ser *conscientes* daquilo que estamos fazendo". Em todos estes casos, o conhecimento ou o reconhecimento de algo e o ter consciência ou o ser consciente significam compreender algo que está acontecendo, ou também registrar sua existência e situar-se a certa distância do real. Mas a consciência não somente registra ou compreende o que está diante dela de uma maneira efetiva, mas também pode antecipar idealmente na forma de projetos, fins ou planos o que irá acontecer. E, neste sentido, dizemos que "João não tinha consciência dos graves perigos que o ameaçavam"; isto é, não antecipava ou não previa idealmente o que podia acontecer-lhe real e efetivamente.

O segundo sentido do termo "consciência" é o específico de "consciência moral", que se encontra também em expressões como estas: "a minha consciência me diz", "a voz da consciência", "o apelo da consciência" etc.

A consciência moral somente pode existir sobre a base da consciência no primeiro sentido e como uma forma específica desta. Por isto, também acarreta uma compreensão de nossos atos, mas sob um ângulo específico, moral; mas, ao mesmo tempo, implica numa avaliação e num julgamento de nosso comportamento de acordo com as normas que ela conhece e reconhece como obrigatórias.

Por esta razão, o conceito de consciência está estreitamente relacionado com o de obrigatoriedade. Mas as normas obrigatórias se mantêm sempre num plano geral e, por conseguinte, não fazem referência ao modo de agir em cada situação concreta. É a consciência moral que, neste caso, informando-se da situação e com a ajuda das normas estabelecidas, que interioriza como suas, toma as decisões que considera adequadas e internamente julga os seus próprios atos. Ao passo que, por essência, compete à moral interiorizar, aderir ou rejeitar intimamente as normas — o que, como já dissemos mais de uma vez, não é o caso de outras formas normativas de comportamento —, a consciência moral assume a função de uma instância ineludível, ou de um juiz diante do qual todo ato moral deve apresentar os seus títulos. Pois o homem não age, em rigor, como um ser moral se se limita a acatar externa e formalmente uma norma; isto é, quando a sua consciência cala e não ratifica em seu "foro interno" as normas que vigoram na comunidade.

Esta importância da consciência moral, às vezes, é elevada ao plano do absoluto até torná-la uma força espiritual humana incondicionada e puramente subjetiva. A consciência seria um juiz interno e supremo, independente das circunstâncias objetivas e das condições históricas e sociais. Na sua atividade, seria evidenciada a liberdade absoluta do homem. Mas, como já sublinhamos, a liberdade humana não é tão absoluta que exclua o seu condicionamento. A consciência pode ser livre, sem que por isto — enquanto consciência de homens concretos — deixe de ser determinada histórica e socialmente.

O indivíduo não possui a consciência moral desde o seu nascimento, e nem tampouco se manifesta ela no homem independentemente de seu desenvolvimento histórico e de sua atividade prática social. Também não é, como pensava Kant, uma lei que está dentro de nós, não conquistada histórica e socialmente e independente das consciências dos sujeitos reais; nem é uma voz interna não influenciada pelo que vem de fora, nem também uma voz exterior que escutamos como se fosse nossa ou a voz de Deus dentro de nós mesmos. Num caso, a *autonomia* é absoluta; isto é, como sustenta Kant, a vontade constitui uma lei por si própria, independentemente de qualquer propriedade dos objetos do querer; no outro, a consciência tem o seu fundamento inteiramente fora de si, isto é, em Deus e daí a sua *heteronomia*; ou seja, o ato moral é determinado por algo alheio à consciência moral do agente. A heteronomia é aqui absoluta, como também o é nos casos em que o sujeito se submete, contra a sua vontade, a normas jurídicas, estatais, políticas etc., transformando sua adesão a elas — que para ter uma significação moral deve ser interna e subjetiva — numa adesão formal e externa.

Mas este conflito entre consciência autônoma e consciência heterônoma, posto assim em termos absolutos, corresponde a uma falsa concepção da sua liberdade; pois nem a consciência é absolu-

ÉTICA

tamente livre e incondicionada, como supõem os partidários da sua autonomia absoluta, e tampouco sua determinação externa implica a necessidade de que seja uma mera caixa de ressonância de uma voz que lhe fala de fora (seja ela a natureza, Deus ou o Estado).

Só uma consciência pura, de um ser ideal, não de homens concretos, poderia gozar de uma autonomia absoluta. Mas a consciência — como a moral em geral — pertence a homens reais que se desenvolvem historicamente. Também a consciência moral é um produto histórico; algo que o homem cria e desenvolve no decurso de sua atividade prática e social. Como as sociedades não podem prescindir de certa moral, e, por isto, elaboram a moral que necessitam, os indivíduos — como seres sociais — não podem deixar de possuir esta faculdade de avaliar e julgar tanto o seu próprio comportamento quanto o dos outros, do ponto de vista da moral que impera na sociedade em que vive. E esta faculdade de avaliação e de julgamento do comportamento não pode, por isto, deixar de evoluir de acordo com as exigências do desenvolvimento social. A consciência moral do burguês, na França do século XVIII, já não podia ser a do nobre decadente da corte de Luís XVI. Da mesma maneira, a consciência moral do crioulo, nos inícios da independência do México, já não podia ser a de seus pais, quando ainda se mantinham firmes os pilares políticos e ideológicos do regime colonial. Se em certa época a consciência pôde transigir com a exploração do homem pelo homem, hoje este tratamento dos seres humanos como objetos ou coisas revela-se profundamente imoral.

Vê-se, portanto, que a consciência moral dos indivíduos, como produto histórico-social, está sujeita a um processo de desenvolvimento e de mudança. Por sua vez, como consciência de indivíduos reais que são tais somente em sociedade, é a faculdade de julgar e avaliar o comportamento que tem consequências não só para si mesmo, mas para os demais. Somente em sociedade o indivíduo toma consciência daquilo que é permitido ou proibido, do obrigatório e do não obrigatório num sentido moral. O tipo de relações

187

## A OBRIGATORIEDADE MORAL

morais vigentes determina, em certa medida, o horizonte em que se move a consciência moral do indivíduo.

Mas antes que o homem pudesse chegar a adquirir uma consciência moral já desenvolvida, como uma espécie de voz interior que lhe diz o que é bem e o que é mal, o que deve fazer e o que deve evitar, precisou passar por um longo período no qual esta voz ou apelo interior quase não era perceptível. O indivíduo quase não escutava a si mesmo, e se limitava a cumprir passivamente as normas estabelecidas pelo costume e pela tradição. Não escutava a sua própria voz (a da consciência), mas a voz de seus ancestrais ou de seus deuses.

A consciência moral começa a emergir propriamente, e a definir-se como um recinto interior, quando o homem cumpre normas que regulamentam os seus atos não mais submetendo-se passivamente à tradição e ao costume ou pelo temor dos deuses, ou simplesmente para conformar-se com a opinião dos outros, mas porque compreende o dever de cumpri-las. Outro índice da existência de uma consciência moral desse tipo são os sentimentos de culpa, vergonha e remorso que acompanham o reconhecimento de que nosso comportamento não foi como devia ser. Estes sentimentos revelam também, juntamente com uma insatisfação particular, a compreensão de que se devia operar de outra maneira quando se podia fazê-lo.

Portanto, a consciência moral, na forma em que a conhecemos já em tempos históricos (isto é, transformada numa voz interior ou juiz interior de nossos atos), é o produto de um longo processo de desenvolvimento da humanidade. Desde as suas origens, pois, tem um caráter social e não biológico. E conserva atualmente e sempre conservará este caráter social, porque na interioridade de sua consciência o sujeito não escuta apenas a sua própria voz, mas também, através dela, a da sociedade que lhe proporciona os princípios e as normas morais conforme os quais julga e avalia.

De acordo com o tipo das relações sociais dominantes, cada época imprime a sua própria marca na consciência moral, visto

ÉTICA

que mudam os princípios e as normas morais e muda também o tipo de relações entre o indivíduo e a comunidade.

Existe uma íntima relação entre a consciência e a obrigatoriedade moral. A consciência é sempre compreensão de nossa obrigação moral e avaliação de nosso comportamento de acordo com as normas livre e intimamente aceitas. Ainda que variem os tipos de consciência moral, bem como os seus juízos e apreciações, a consciência traz sempre consigo o reconhecimento do caráter normativo e obrigatório do comportamento que chamamos de moral. Mas é, como já assinalamos, reconhecimento de uma obrigatoriedade que não é imposta de fora, mas que se impõe a si mesma, ainda que esta interioridade não seja absoluta por causa do seu caráter social. Por esta razão, a consciência e a obrigatoriedade moral não são autônomas ou heterônomas em sentido absoluto, porque o aspecto subjetivo, íntimo, de sua atividade não pode ser separado do meio social. A consciência moral efetiva é sempre a consciência de um homem concreto individual, mas, por isto mesmo, de um homem que é essencialmente social.

## 5. TEORIAS DA OBRIGAÇÃO MORAL

Depois de determinar o caráter da obrigatoriedade moral, sua diferença com relação a outras formas de obrigação ou de imposição, assim como as suas relações com a consciência moral, temos de abordar o problema do próprio conteúdo dessa obrigatoriedade. Ou, dito em outros termos, é preciso responder à questão de *como* devemos agir, ou que tipo de atos somos moralmente obrigados a realizar. Para tal fim, referir-nos-emos às teorias mais importantes sobre a obrigação moral.

Os éticos contemporâneos costumam dividir estas teorias em dois gêneros: deontológicas e teleológicas. Uma teoria da obrigação moral recebe o nome de *deontológica* (do grego *déon*, dever) quando não se faz depender a obrigatoriedade de uma ação exclusivamente das consequências da própria ação ou da norma com a qual se conforma. E chama-se *teleológica* (de *télos*, em grego, fim) quando a obrigatoriedade de uma ação deriva unicamente de suas consequências.

Tanto num caso quanto no outro, a teoria pretende determinar o que é obrigatório fazer. Ambos os tipos de teoria pretendem responder à questão de como determinar o que devemos fazer de modo que esta determinação possa orientar-nos numa situação particular. Suponhamos que um doente grave, confiando na minha amizade, pergunte-me sobre o seu real estado, dado que, segundo parece, os médicos e os familiares lhe ocultam a verdade: o que devo fazer neste caso? Enganá-lo ou dizer-lhe a verdade? De acordo com a doutrina deontológica da obrigação moral, devo dizer-lhe a verdade, sejam quais forem as consequências: mas, se me atenho à teoria teleológica, devo enganá-lo tendo em vista as consequências negativas que podem resultar, para o doente, do conhecimento do seu verdadeiro estado. Estes dois exemplos, bastante simples, nos servem para nos aproximar de ambas as teorias, mas, talvez por seu caráter elementar, inclinem facilmente a balança a favor de uma delas. Mas o problema da explicação do conteúdo da obrigação moral não é tão simples, do que decorre a necessidade de passar imediatamente a um exame mais demorado destas doutrinas.

As várias teorias deontológicas têm em comum o fato de não derivarem a obrigatoriedade do ato moral das suas consequências; todavia, segundo procurem estas no caráter específico e particular do ato, sem recorrer a uma norma geral, ou na norma geral com a qual se conformam os respectivos atos particulares, poder-se-á falar em teorias deontológicas do ato da norma. As teorias teleológicas, por seu turno, colocam toda a obrigação moral em relação com as consequências: para mim (egoísmo ético), ou para o maior número (militarismo); mas, conforme este último ponha o acento da obrigatoriedade no ato ou na norma que pode ser aplicada (mais exatamente, acentuando as

ÉTICA

consequências úteis ou do ato ou da norma), pode-se falar de utilitarismo do ato ou da norma.

De acordo com isso, podemos esboçar o quadro seguinte

Teorias
da
obrigação
moral
{
  A) deontológicas {
    a) do ato
    b) da norma
  }
  B) teleológicas {
    a) egoísmo ético
    b) utilitarismo {
      1) do ato
      2) da norma
    }
  }
}

## 6. TEORIAS DEONTOLÓGICAS DO ATO

As teorias deontológicas do ato coincidem quando sustentam que o caráter específico de cada situação, ou de cada ato, impede que possamos apelar para uma norma geral a fim de decidir o que devemos fazer. Por esta razão, é preciso "intuir" como operar num caso determinado, ou decidir sem recorrer a uma norma, dado que esta — por sua generalidade — não nos pode indicar o que devemos fazer em cada caso concreto.

Sartre, a respeito do ato, sustenta uma posição que se pode considerar deontológica. De fato, partindo de suas teses filosóficas fundamentais de que a liberdade é a única fonte do valor e de que cada um de nós é absolutamente livre, rejeita qualquer princípio, valor ou lei e não admite outro guia a não ser a própria consciência. Nenhuma regra moral geral nos pode mostrar, em sua opinião, o que devemos fazer. O próprio Sartre dá um exemplo (na sua obra *O existencialismo é um humanismo*), da impossibilidade de se acolher uma regra para decidir ou aconselhar o que alguém deve fazer. Para um seu discípulo que, nos anos da Segunda Guerra Mundial, lhe pergunta aflito o que deve fazer — ou ir para Inglaterra juntar-se às Forças Livres Francesas ou ficar no território

# A OBRIGATORIEDADE MORAL

francês ocupado pelos nazistas para não abandonar a sua mãe e não expô-la ao desespero ou talvez à morte — não há regra geral que possa ajudá-lo a escolher.

Mas, por outro lado, não se pode deixar de escolher ou, como diz Sartre, de comprometer-se. Diante de duas possibilidades de ação, é preciso necessariamente escolher. Mas como escolher se não se dispõe de regras gerais ou de sinais que nos indiquem o caminho a seguir? A resposta de Sartre é a seguinte: se a liberdade é o supremo valor, o que importa é o grau de liberdade com que escolho e realizo um ato. Não importa, portanto, o que possa escolher ou fazer, mas o fato de comprometer-se livremente. Não há, portanto, regra geral que nos diga o que devemos fazer. Em cada ato concreto, o que importa é o grau de liberdade com que se age. Não existe outro caminho a seguir; e este caminho cada um deve traçá-lo por si mesmo.

Deixando de lado os pressupostos filosóficos sartrianos desta posição em face do problema do conteúdo da obrigatoriedade moral, o que nos interessa sublinhar é a sua característica como "deontologismo do ato", na medida em que rejeita que se possa apelar para princípios ou normas a fim de decidir, num caso concreto, o que se deva fazer. É preciso considerar que assim se reconhece — à diferença de outras concepções especulativas ou metafísicas — o caráter particular, concreto e inclusive único de uma situação determinada, na qual devo escolher e agir. Isso é importante, mas não significa que diferentes situações particulares sejam tão singulares que não apresentem elementos comuns ou essenciais e, por conseguinte, não se lhes posso aplicar uma mesma norma. De outro lado, se não apela para uma norma geral e todas as decisões e ações se justificam pelo seu grau de liberdade, não se poderia arguir, em rigor, que uma escolha ou uma ação é preferível a outra. Finalmente, a experiência demonstra que, na prática, é impossível um deontologismo puro e que, quando se pretende decidir sem recorrer explicitamente a uma norma, efetivamente se apela para uma norma mais ou menos implícita, porém geral. O próprio Sartre formula implicitamente uma regra geral, aplicável a

ÉTICA

todos os casos concretos — "escolhe livremente", ou "decide com plena liberdade" —, embora, em rigor, não fique claro por que alguém se compromete ou por que se compromete quando escolhe livremente entre várias alternativas.

## 7. TEORIAS DEONTOLÓGICAS DA NORMA (A TEORIA KANTIANA DA OBRIGAÇÃO MORAL)

As teorias deontológicas da norma sustentam que o dever em cada caso particular deve ser determinado por normas que são válidas independentemente das consequências de sua aplicação. Entre os representantes contemporâneos desta concepção da obrigatoriedade moral figuram Richard Price, Thomas Reid e W. D. Ross, mas a sua forma mais ilustrativa é a teoria da obrigatoriedade moral de Kant, tal como foi exposta na sua *Crítica da razão prática*.

Por conseguinte, examinemos esta doutrina kantiana entendida como deontologia da norma. Mas, em primeiro lugar, lembremos a sua concepção do bom, que já expusemos, e com a qual a sua teoria da obrigação moral se relaciona intimamente. Da citada concepção do bom, tenhamos presentes estas teses fundamentais:

a) o único bom moralmente, sem restrições, é a boa vontade;
b) a boa vontade é a vontade de agir por dever; e
c) a ação moralmente boa, como ação querida por uma boa vontade, é aquela que se realiza não somente de acordo com o dever, mas pelo dever.

Uma ação pode cumprir-se conforme o dever, mas não por dever, e sim por inclinação ou interesse; neste caso, não será moralmente boa. Mas quando é possível dizer que atuamos realmente por dever e não obedecendo a uma inclinação ou a um interesse, por temor do castigo ou calculando as consequências vantajosas ou prejudiciais de nossos atos? Quando agimos como seres racionais. Assim sendo, como a razão é a faculdade do universal, dizer que

A OBRIGATORIEDADE MORAL

a boa vontade age por dever significa que age apenas de um modo universal, ou seja, de acordo com uma máxima universalizável (válida não só para mim, mas para os demais: máxima que, por conseguinte, não admite exceções em nosso favor). A exigência da razão é uma exigência de universalidade, e esta exigência com a qual apresenta a sua lei — lei moral *"a priori"*, válida para todos os seres racionais — à vontade do homem, que é, ao mesmo tempo, racional e sensível, assume a forma de um mandamento ou de um *imperativo*. Todos os imperativos expressam o que *deve* fazer uma vontade subjetiva imperfeita que, pertencendo a um ser ao mesmo tempo racional e sensível, não está infalivelmente determinada por uma lei racional objetiva. Os imperativos indicam, portanto, um *dever* à vontade imperfeita (humana, neste caso).

Kant divide os imperativos em *categóricos* e *hipotéticos*. Um imperativo é categórico quando declara que uma ação é objetivamente necessária sem que a sua realização esteja subordinada a um fim ou a uma condição; por isto, é uma norma que vale sem exceção. Segundo Kant, todas as normas morais (como "não matar", "não roubar", "não mentir", "não quebrar uma promessa" etc.) são deste tipo. Um imperativo é hipotético quando postula uma ação praticamente necessária se a vontade se propõe determinado fim; por conseguinte, subordina a sua realização aos fins previstos como condições. As regras práticas, da habilidade, são deste tipo; por exemplo, "se queres informar-te sobre este assunto, lê esse livro". A validade desta regra depende de uma condição: querer informar-se. A ação deve ser realizada somente enquanto se pretende alcançar este fim, e, portanto, é a sua condição ou meio de realização. O imperativo categórico proíbe os atos que não podem ser universalizados e, portanto, não admite exceção alguma em favor de ninguém.

A fórmula suprema do mandamento da razão é aquela na qual a universalidade é absoluta; ela prescreve o seguinte: "Age de maneira que possas querer que o motivo que te levou a agir seja uma lei universal." Esta fórmula permite deduzir todas as máximas de onde provêm nossas ações morais; mas não o seu conteúdo, e sim

# ÉTICA

a sua forma universal. Por isto, é o princípio *formal* de todos os deveres, ou a expressão da própria lei moral.

Agir por dever é operar puramente conforme a lei moral que se expressa nos imperativos universalizáveis, e a vontade que age desta maneira, movida pelo sentimento do dever, independentemente de condições e circunstâncias, interesses ou inclinações, é uma vontade "boa". O dever não é outra coisa senão exigência de cumprimento da lei moral, em face da qual as paixões, os apetites e inclinações silenciam. O dever se cumpre pelo próprio dever, pelo sentimento do dever de obedecer aos imperativos universalizáveis.

A teoria kantiana da obrigação moral e, particularmente, a sua rigorosa exigência da universalidade nas normas morais, foi frequentemente objeto de sérias objeções. Já no seu tempo, em dois epigramas intitulados *Escrúpulo de consciência* e *Decisão*, Schiller zombava de uma doutrina segundo a qual quem ajuda a seus amigos, seguindo o impulso do seu coração, não age moralmente, porque se deve desprezar este impulso, e então fazer, embora com repugnância, o que o dever ordena. Por conseguinte, de dois atos visando ao mesmo fim, ajudar os amigos, e dos quais um se realiza obedecendo a um impulso ou inclinação, enquanto o outro se efetua por dever, o primeiro seria moralmente mau e o segundo bom.

Mas as dificuldades crescem se comparamos dois atos distintos por seus motivos e resultados: um ato realizado por dever que causa um mal a outros e um ato realizado seguindo um impulso que, pelo contrário, produz um bem. Que devemos preferir? Se seguimos o rigor kantiano, teremos de decidir a favor do ato realizado por dever, ainda que acarrete um mal a outros, e não a favor daquele que causa um bem, já que a vontade boa é independente não só de toda motivação que não seja o sentimento do dever, como também das consequências dos atos.

Novas dificuldades surgem a respeito da exigência de universalidade das máximas ou normas derivadas da fórmula suprema do imperativo categórico, antes citada, e segundo a qual nada se deve fazer que não se queira ver transformado em lei universal.

A OBRIGATORIEDADE MORAL

Segue que, se nos perguntamos o que devemos fazer numa situação determinada, a resposta nos será dada pelo imperativo categórico respectivo. Veremos então que o que devemos fazer é algo que pode ser universalizado e que, pelo contrário, devemos evitar o que não pode ser universalizado ou que constitui uma exceção de uma norma universal.

O próprio Kant propõe uma série de exemplos. Vejamos alguns deles, bem como as razões em que se baseia para rejeitar as exceções à máxima respectiva e as objeções que podemos fazer.

*Argumento da promessa* — A faz uma promessa a B, que está disposto a não cumprir se assim lhe convém, de acordo com uma máxima que poderia ser a seguinte: "Se me convém, farei esta promessa, com a intenção de não cumpri-la quando julgar oportuno." Mas A não pode logicamente querer que esta máxima se torne universal, porque, se se aceitasse universalmente que se pode fazer promessas que todos podem não cumprir e tal norma se observasse universalmente, não haveria mais ninguém que fizesse promessas e, logo, não haveria absolutamente mais promessas. Conclui-se que nunca se pode deixar de cumprir as promessas e que é meu dever cumpri-las sempre. Esta a argumentação de Kant.

Pois bem; mas a norma moral segundo a qual devemos cumprir nossas promessas não pode admitir exceções? Suponhamos que A prometeu a B vê-lo em horário determinado para tratar de assunto importante, e que, inesperadamente, precisa acudir a um amigo que sofreu um acidente. A não pode cumprir a promessa e, portanto, não pode manter a universalidade da máxima "cumpre o que prometes"; contudo, nem por isto o não cumprimento da promessa poderia ser reprovado moralmente neste caso, mas exatamente o contrário.

Qual é aqui a falha do argumento de Kant? O fato de não tomar em consideração um conflito de deveres e a necessidade de estabelecer uma ordem de prioridade entre eles. A deve cumprir o dever *a*, mas também o dever *b*. Se cumpre o primeiro, não pode cumprir o segundo. Deve necessariamente escolher entre os dois;

# ÉTICA

mas qual deve ser o critério para superar este conflito? Kant não pode indicá-lo, porque tudo aquilo que se faz por dever (cumprir a promessa ou ajudar um amigo) está no mesmo plano, por se sujeitar ao mesmo princípio formal, e, logo, é igualmente bom. Seria necessário então considerar o conteúdo do dever — coisa que Kant se proíbe —, com o que poderíamos estabelecer como, em circunstâncias determinadas e em caso de conflito, um dever — o de ajudar um amigo — é mais imperioso do que o outro (manter uma promessa).

*Argumento da mentira* — A máxima ou norma moral "não mentir" não pode sofrer exceções, porque não se poderia universalizar, de uma maneira coerente, a mentira. Alguém pode ficar calado; mas, se diz alguma coisa, deve dizer a verdade. Ou seja, Kant condena qualquer mentira, sem exceção. Mas existem mentiras e mentiras: a) mentiras que prejudicam um colega, para fazer-se atribuir um mérito a que não se tem direito, para subtrair-se a uma responsabilidade pessoal etc.; b) mentiras para evitar sofrimentos a um doente, para não revelar segredos profissionais, para não prejudicar um colega etc. É evidente que as primeiras merecem nossa reprovação moral em nome de uma regra geral, e que as segundas não podem ser reprovadas, embora constituam exceções à mesma regra. É, pois, necessário fazer distinções, tendo presentes condições e circunstâncias, assim como as consequências de nossos atos e, novamente, em face de um conflito de deveres, não podemos deixar de considerar o seu conteúdo para decidir a favor do mais imperioso e vital.

*Argumento da custódia de bens* — Alguém entrega a outro a custódia de seus bens. Seria justo que este ficasse com eles? A questão deve ser resolvida com a ajuda do imperativo categórico, mediante a consideração de saber se o ato de ficar com os bens que foram confiados pode ser universalizado. Kant dirá que não, porque, se assim fosse, ninguém confiaria os seus bens a outro. Já Hegel fazia uma objeção a este argumento exclamando: E que nos importa que não possam ser confiados estes bens? Mas alguém talvez replique que então se tornaria impossível a propriedade privada. Ao que um terceiro, por sua vez, poderia responder: E que importa a propriedade? Resulta assim — podemos acrescentar — que a universalidade da norma "não te apropries dos bens que te são confiados" assentaria sobre uma base precária, do ponto de vista histórico, ou seja, a instituição social da propriedade privada, que nem sempre existiu e que, no que toca a uma série de bens — particularmente os meios de produção —, já se admite em vários países o direito de expropriá-la por utilidade pública e noutros já foi abolida.

Os exemplos antes citados, dados pelo próprio Kant, mostram que a rígida e absoluta exigência de universalidade postulada pela sua teoria da obrigação moral pode ser mantida exclusivamente num mundo humano que faz abstração dos conflitos entre deveres, do conteúdo concreto das máximas e deveres, assim como das condições concretas nas quais se deve agir moralmente e das consequências dos nossos atos. Por conseguinte, trata-se de uma teoria da obrigação moral inoperante e inexequível para o homem real.

## 8. TEORIAS TELEOLÓGICAS (EGOÍSMO E UTILITARISMO)

Estas teorias têm em comum o relacionar a nossa obrigação moral (o que devemos fazer) com as consequências de nossa ação; isto é, com a vantagem ou benefício que podem trazer, quer para nós mesmos quer para os demais. Se, antes de tudo, se toma em consideração o bem pessoal, teremos então a teoria da obrigação moral do *egoísmo ético* ("deves fazer o que te traz o maior bem, independentemente das consequências — boas ou más — que derivem para os outros"). Se, antes de tudo, se considera o bem dos outros, sem implicar porém necessariamente na renúncia ao próprio bem, teremos a teoria da obrigação moral sob as diversas formas de *utilitarismo* ("faz aquilo que beneficia, fundamentalmente, os outros, ou o maior número de homens").

## ÉTICA

A tese fundamental do egoísmo ético se pode formular como segue: cada um deve agir de acordo com o seu interesse pessoal, promovendo, portanto, aquilo que é bom ou vantajoso para si. O egoísmo ético tem seu fundamento numa doutrina psicológica da natureza humana, ou da motivação dos atos humanos, segundo a qual o homem é psiquicamente constituído de tal modo que o indivíduo sempre tende a satisfazer o seu interesse pessoal. Ou seja, o homem é por natureza um ser egoísta. No passado esta doutrina foi defendida por Thomas Hobbes (1588-1679) e, no nosso tempo, com variados matizes, por Moritz Schlick e outros.

A teoria do egoísmo psicológico encontra uma confirmação apenas precária na experiência, porque esta nos ensina que os indivíduos fazem coisas para os outros que estão bem longe de satisfazer os seus próprios interesses, sobretudo se estes se interpretam num sentido estreitamente egoísta (por exemplo, nos casos em que se defende uma causa comum sacrificando até a própria vida). Como se poderia afirmar, então, que se deve procurar em benefício pessoal — para satisfação do "ego" ou porque nos proporciona o maior prazer — aquilo que é prejudicial para a própria pessoa? E, se é discutível que a natureza seja essencialmente egoísta, a tese do egoísmo ético, segundo o qual todos os homens *devem ser* egoístas, vê debilitado o seu fundamento. Assim, pois, como teoria da obrigação moral, o egoísmo ético não poderia basear-se num egoísmo psicológico bastante duvidoso. Ou seja, o que devemos fazer não poderia basear-se naquilo que por nossa constituição psíquica nos vemos impelidos a fazer (impulsos que nem sempre são egoístas). Mas se o egoísmo ético não se baseia num suposto egoísmo psicológico, resultaria que devemos fazer o que não nos sentimos impelidos a fazer. Em suma, o egoísmo — quer se baseie no egoísmo psicológico, quer não se baseie nele — fracassa na sua intenção de explicar os atos a favor do outro que não podem ser considerados como satisfação de interesse ou tendências egoístas.

Se a teoria da obrigação moral no sentido de que devemos fazer o que sacia nosso egoísmo ou puramente o interesse pessoal é inaceitável, dever-se-á examinar a teoria da obrigação que sustenta que devemos, antes de tudo, fazer o que traz vantagem para os outros e, portanto, em nosso comportamento devemos visar, acima de tudo, as consequências que nossos atos podem acarretar para os outros membros da comunidade. Esta teoria da obrigação moral — dependente estreitamente da respectiva concepção do bom, que já tratamos no capítulo anterior — é sustentada pelo *utilitarismo*.

Neste caso também — como nas teorias deontológicas — é preciso distinguir dois tipos de utilitarismo, conforme a obrigatoriedade moral se relacione principalmente com o ato (nosso dever, então, é realizar o ato que produz o máximo bem não somente para mim como para os outros) ou com a norma (nosso dever é agir de acordo com a norma cuja aplicação produza o maior bem não só para mim, mas também para os outros). Existe, portanto, um utilitarismo do ato e um utilitarismo da norma, mas, em ambos os casos, é preciso considerar, sobretudo, as consequências — proveitosas ou não — de nossos atos ou da aplicação de uma norma para o maior número de pessoas.

## 9. UTILITARISMO DO ATO E UTILITARISMO DA NORMA

De acordo com esta doutrina, cujos principais representantes são Jeremy Bentham e John Stuart Mill, devemos fazer aquilo que traz melhores resultados para o maior número, o que, em princípio, não parece sujeito a objeções. Portanto, em cada situação concreta, devemos determinar qual é o efeito ou consequência de um ato possível e decidir-nos pela realização daquilo que pode trazer maior bem para o maior número, lembrando que para Bentham o prazer é o único bem,

Mas o cálculo dos efeitos ou consequências não é uma tarefa fácil, ainda que se faça por unidades numéricas, como pretendia Bentham no seu famoso "cálculo hedonista", no qual as unidades de bem eram unidades de prazer. De outro lado, a quantificação do prazer está longe de resolver o verdadeiro problema que interessa à consciência moral.

ÉTICA

Suponhamos, por exemplo, que se podem calcular os efeitos de dois atos *a* e *b* e que chegamos à conclusão de que produzem o mesmo bem (100 unidades). Mas *a* implica uma injustiça e *b* não. Apesar disto, considerando que ambos os atos trazem o mesmo resultado numérico, o utilitarista dirá que ambos são igualmente bons do ponto de vista moral.

Este argumento, empregado por Butler e Ross contra o utilitarismo do ato, atinge de fato somente a sua versão quantitativa, que deixa de lado — por não ser possível calculá-la — uma consequência tão importante como a injustiça que acarreta. Pois bem; o referido argumento demonstra, na verdade, a impossibilidade prática de calcular diretamente os efeitos ou consequências dos atos morais e, por isto, o fato de que não se pode deixar de apelar para a norma. Sendo a norma uma generalização de experiências anteriores, com as quais a nova situação apresenta alguma analogia, podem-se prever — não calcular diretamente — as consequências de um ato possível. Com este fim, devem-se tomar em consideração os resultados anteriores da aplicação da norma numa situação análoga precedente, assim como os fatores peculiares da nova situação.

Isso significa que, ao determinar os efeitos de um ato possível e ao estabelecer assim o que se deve fazer, não se pode prescindir da norma que se julga mais adequada.

As limitações e dificuldades do utilitarismo do ato levaram outros utilitaristas a aceitar a importância da norma. Segundo estes, devemos agir de acordo com a norma cuja aplicação garanta o maior bem para o maior número, no sentido de setor da sociedade, de uma comunidade particular ou da sociedade inteira. Assim, pois, à pergunta sobre como devemos agir numa situação concreta, estes utilitaristas respondem sem vacilações: escolhendo a norma cuja aplicação tenha melhores consequências para o maior número.

Mas aqui surgem graves dificuldades, em parte já assinaladas, quando se trata de combinar os dois aspectos do princípio utilitarista geral: o "máximo bem" e o "maior número". Suponhamos que nos encontramos diante da necessidade de escolher entre duas

## A OBRIGATORIEDADE MORAL

normas *a* e *b* aplicáveis a um mesmo caso particular; a aplicação de *a* traria um bem maior do que a de *b*, mas, no entanto, o número de pessoas que ficariam beneficiadas com a aplicação de *a* seria inferior ao da norma *b*. Teríamos então que a norma *a*, na sua aplicação, produziria um maior bem para um menor número de pessoas, ao passo que a aplicação de *b* causaria um bem menor para um maior número. Como decidir neste caso? É preciso optar entre estas duas alternativas: maior bem para menor número de pessoas ou menor bem para um maior número.

Ilustremos isso com um exemplo. Num país bloqueado, certos alimentos, como o leite, escasseiam. Para impedir que uma minoria possa monopolizar os seus estoques, foi preciso racionar o leite. Mas o racionamento deve obedecer ao princípio utilitarista do "maior bem para o maior número". Como proceder neste caso? Será justo distribuir o leite equitativamente entre todos os membros da população, ou seja, a mesma ração para todos? Assim, aparentemente, teríamos o máximo bem possível para o maior número; mas, neste caso, cada habitante do país bloqueado receberia uma quantidade de leite tão pequena que, praticamente, não poderia satisfazer as exigências mínimas com a agravante de que os mais fracos e mais necessitados dele — as crianças e os doentes, bem como os trabalhadores mais ativos — se veriam prejudicados na sua saúde ou na sua capacidade de trabalho por causa desta distribuição igualitária. Ocorreria assim que um bem igual para todos, consideradas as necessidades de uma parte da população, se transformaria de fato num bem mínimo ou num bem desigual para essa parte. Portanto, seria preciso procurar — ao estabelecer o racionamento — o maior bem para um número menor: isto é, distribuindo uma ração maior entre as crianças, os doentes, os anciãos e a população trabalhadora mais ativa.

Ora, isso não significa lançar por terra o princípio utilitarista? Evidentemente que sim, mas desta maneira nada mais se faz do que concordar com aquilo que o nosso exemplo demonstra com fundamento, a saber: o princípio do "maior bem para o maior número" não se pode aplicar em abstrato, sem tomar em consideração

ÉTICA

uma série de aspectos concretos. Mas, desde que são tomados em consideração, o princípio readquire a sua validade, pois, continuando com o exemplo anterior, poderá ver-se que a aplicação da norma respectiva, longe de opor-se ao princípio, contribuirá para afirmá-lo. De fato, embora a aplicação da norma em questão — numa situação concreta — não traga o maior bem para o maior número, servirá todavia para enfrentar essa situação e, assim, para ajudar a obter — neste caso (o relacionamento) e em outros — um maior bem para o maior número de pessoas.

Às vezes, apresentam-se outros argumentos contra o utilitarismo da norma, como o ilustrado no exemplo seguinte. Um juiz deve julgar um criminoso que todas as provas parecem incriminar. Certamente, a condenação trará maior bem para o maior número (a comunidade social) do que a absolvição. Mas o juiz, e somente ele, sabe que existe uma prova da sua inocência que, por outra parte, o criminoso não poderá apresentar em seu favor. Que deve fazer de um ponto de vista moral? Condená-lo e livrar assim a sociedade de possíveis delitos do culpado, embora sabendo que é inocente, coisa que ninguém poderá provar? Ou deve absolvê-lo, ainda que de um ponto de vista legal pudesse condená-lo, e, com esta absolvição, abrir a porta para possíveis e ameaçadores delitos?

O juiz podia ater-se à norma geral (a) segundo a qual "jamais e em nenhum caso se deve condenar um inocente", mas a sua aplicação teria menores consequências positivas (menor bem para o maior número) do que se aplicasse esta outra norma, mais de acordo com o princípio utilitarista: "não absolvas um inocente, se assim prejudicas a sociedade".

Pois bem, a objeção contra o utilitarismo da norma não se pode considerar válida porque, atuando de acordo com ele, não se estaria necessariamente obrigado a decidir em favor da segunda norma (b). De fato, condenar um inocente produz maior prejuízo para a comunidade (perda de fé na justiça, na honorabilidade dos juízes) do que o mal — não real, mas possível — que o criminoso poderia causar no futuro. Vê-se, portanto, que longe de trazer um bem — embora assim pudesse parecer a uma consideração superficial

— trará com o tempo maiores prejuízos para um maior número de pessoas, contrariando assim o princípio utilitarista fundamental.

Uma outra e última objeção pode ser feita ao utilitarismo da norma. Deve-se escolher — diz-nos este — a norma cuja aplicação traga melhores consequências para o maior número. Mas se quer dizer, com isso, que a norma escolhida não admite exceções? Sendo assim, resultaria absoluta demais e, ao não levar em consideração as circunstâncias concretas da sua aplicação, cairia no mesmo rigorismo que censurávamos em Kant, quando, na sua deontologia da norma, postulava uma universalidade absoluta, sem exceção. Para evitar esta censura, o utilitarismo da norma teria de indicar as circunstâncias em que a norma seria válida, ou as suas exceções. Guiando-se sempre pelas consequências possíveis da sua aplicação, teria de dar à norma uma formulação como a seguinte: "Faz $x$ nas circunstâncias de tipo $y$", ou também: "Faz $x$ nos casos $a$, $b$, $c$..." Regras de ação semelhantes a estas seriam, por exemplo, as seguintes: "Quando um doente grave te pergunta sobre o seu estado real, não lhe digas a verdade." No caso, assinala-se a circunstância concreta em que se aplica uma norma. Mas o problema surge, sobretudo, quando se trata de uma norma cuja universalidade não se pode manter, como já vimos a propósito da teoria kantiana da obrigação, em cujo caso seria preciso indicar, junto com a norma, as respectivas exceções. Seja, por exemplo, a norma "não mintas". Seria preciso dizer: "Não mintas, salvo: a) quando um doente grave te pergunte sobre o seu estado real; b) quando um alcoólatra te peça a localização do bar mais próximo; c) quando alguém te exija uma informação que um profissional não deve dar" etc. Somente assim se poderia salvar o princípio do utilitarismo da norma, mas isto não deixa de apresentar uma dificuldade insuperável. De fato, é impossível indicar todas as exceções "sem exceção", entre outras razões porque não é praticamente possível imaginar todas as situações às quais se teria que aplicar a norma em questão. Diante deste fato, o utilitarismo só poderia aferrar-se à sua regra suprema: "Age de acordo com a norma cuja aplicação traga melhores consequências." Mas esta regra seria suprema somente por seu caráter formal.

ÉTICA

Vemos assim que, para responder às objeções antes indicadas, o utilitarismo se vê forçado a passar do geral ao particular e deste àquele numa espécie de círculo vicioso. Certamente, para escapar do rigorismo da universalidade absoluta, deve assinalar as circunstâncias da aplicação da norma ou as suas exceções; mas, como nem todas estas se podem indicar, resta unicamente uma norma a salvo de circunstâncias imprevistas ou exceções: exatamente aquela que não tem conteúdo concreto e que, por ser uma norma vazia, é aplicável em todos os casos. O utilitarismo da norma acabaria coincidindo com a teoria deontológica — kantiana — da obrigação moral.

## 10. CONCLUSÕES

1ª) O defeito comum das teorias da obrigação moral antes examinadas consiste no fato de partirem de uma concepção abstrata do homem. Por isto, sua concepção da obrigatoriedade moral também é abstrata, alheia à sociedade e à história.

2ª) A obrigação moral deve ser concebida como própria de um homem concreto que, na sua prática moral real, vai modificando o conteúdo de suas obrigações morais de acordo com as mudanças que se verificam no modo como a moral cumpre a sua específica função social.

3ª) A obrigatoriedade moral exige, em maior ou menor grau, uma adesão íntima, voluntária e livre dos indivíduos às normas que regulam as suas relações numa determinada comunidade. Por isto, o conceito de obrigatoriedade moral só tem sentido no contexto da vida social, no seio de uma comunidade.

4ª) O sistema de normas e, com isto, o conteúdo da obrigação moral muda, historicamente, de uma sociedade para outra e, inclusive, no seio de uma mesma comunidade. O permitido hoje foi proibido ontem. O que atualmente se proíbe, talvez seja permitido amanhã. Contudo, seja qual for a época ou a sociedade de que se trate, os homens sempre admitiram uma obrigatoriedade moral. Sempre existiu um sistema de normas que define os limites do obrigatório e do não obrigatório.

5ª) Não é somente o conteúdo da obrigação moral que se modifica histórica e socialmente — e, com ele, as normas que prescrevem determinada forma de comportamento —, mas se modifica também o modo de interiorizar ou de assumir as normas em forma de deveres.

6ª) Nenhuma teoria — e ainda menos aquela que não conceba a obrigatoriedade moral em função de necessidades sociais — pode indicar o que o homem deve fazer em todos os tempos e em todas as sociedades. E, quando uma teoria faz semelhante tentativa, encontramo-nos diante do formalismo ou universalismo abstrato, no qual caem não somente as doutrinas deontológicas (como a de Kant), mas também as teleológicas (como a do utilitarismo da norma).

CAPÍTULO IX  A realização da moral

Toda moral compreende um conjunto de princípios, valores e normas de comportamento. Mas, enquanto tende a regular as relações efetivas entre os indivíduos, ou entre estes e a sociedade, deve concretizar-se em atos concretos, nos quais os princípios, valores ou normas ganham vida. Existe na moral uma exigência de realização que se deduz de sua particular função social.

Mas, ao falar da sua realização, não nos referimos agora ao processo — já examinado anteriormente — no qual o agente passa da intenção ao ato, e com o qual a moral se apresenta em cada indivíduo com uma realidade efetiva. Tampouco nos referimos, neste momento, ao processo histórico pelo qual as diversas morais se realizam no tempo, sucedendo-se umas às outras, numa marcha desigual e contraditória, mas simultaneamente ascensional, que constitui o progresso moral.

Por realização entendemos agora a encarnação dos princípios, valores e normas numa dada sociedade, não só como tarefa individual, mas coletiva, ou seja, não só como moralização individual, mas como processo social no qual as diferentes relações, organizações e instituições sociais desempenham um papel decisivo.

## 1. OS PRINCÍPIOS MORAIS BÁSICOS

Em cada época, a realização da moral é inseparável de certos princípios básicos ou regras básicas de comportamento que a sociedade em seu conjunto, ou uma de suas partes, apresenta a toda a comunidade social ou a um grupo de seus membros. Não

## A REALIZAÇÃO DA MORAL

se trata de princípios morais formulados teoricamente — embora possam enriquecer-se com as teorias éticas — mas de princípios que se elaboram na atividade prática social e regem efetivamente o comportamento dos homens. Por exemplo, independentemente do grau de elaboração teórica, o princípio do individualismo é fundamental na moral efetiva da sociedade moderna. Isso ocorre porque o fato de vigorar um princípio básico como este — e não outro diferente, como o do coletivismo — não depende tanto de razões puramente teóricas, quanto práticas, sociais, dado que a moral satisfaz a necessidade social de regulamentar as relações entre os homens numa dada comunidade e esta regulamentação se faz de acordo com os interesses concretos de uma parte social ou da sociedade inteira. Por conseguinte, estes princípios revestem um duplo caráter: de um lado, respondem a uma determinada necessidade social e, do outro, por serem fundamentais, constituem o fundamento das normas que regulamentam o comportamento, numa determinada sociedade, em certa direção.

Ainda que os princípios morais básicos nasçam da relação com determinadas necessidades sociais, podem também ser objeto de uma elaboração teórica, que visa a justificar a sua necessidade ou a fundamentar a sua validade. Tal é, por exemplo, o trabalho dos ideólogos que procuram apresentar o individualismo egoísta como um princípio moral conforme com a natureza humana. Desta maneira, o princípio moral básico fica desligado das necessidades sociais motivadoras e das condições sociais concretas correlativas, ao mesmo tempo em que se oculta o seu caráter histórico e transitório. Com isto, a abordagem teórica deste princípio, que rege de fato as relações entre os homens, cumpre uma função ideológica de justificação, porque assim se nega a possibilidade de sua substituição por outro — como o coletivista — uma vez abolidas as condições sociais que necessariamente geraram o individualismo egoísta.

Em épocas de crise social — como a nossa — também entram em crise certos princípios morais até então básicos. Evidencia-se claramente, assim, a sua função social; não obstante, os ideólogos

ÉTICA

se apressam a apresentar a crise de determinados princípios morais como uma crise dos princípios em geral ou como uma crise da moral. Mas a crise de determinados princípios morais se soluciona quando estes são substituídos por outros adequados às novas exigências sociais. Contudo, enquanto não se criam as condições sociais necessárias para a realização dos princípios que substituirão os velhos, pode surgir — durante algum tempo — uma situação de confusão e incerteza. Tal é a situação em que se encontram muitos membros da sociedade em nossa época.

É evidente que as relações entre pais e filhos, entre os dois sexos, entre os jovens ou entre os povos, não podem ser abordadas, num terreno moral, à luz dos princípios que vigoraram durante séculos na moral burguesa e, inclusive, na moral feudal. Com maior razão, estes princípios não podem servir hoje para examinar os problemas morais da exploração do homem pelo homem, do colonialismo, do racismo, das relações entre a moral e o direito, a moral e a religião ou a moral e a política etc. Amplos setores da humanidade não podem mais aceitar velhos princípios morais que, com um manto moral, encobrem a miséria, a exploração e a opressão.

A realização da moral como concretização de certos princípios coloca, assim, a necessidade de relacioná-los com as condições sociais às quais se referem, com as aspirações e interesses que os inspiram e com o tipo concreto de relações humanas que pretendem regulamentar. Somente assim, poderemos compreender o seu verdadeiro papel na realização da moral.

## 2. A MORALIZAÇÃO DO INDIVÍDUO

O ato moral implica — como já vimos — consciência e liberdade. Mas só pode ser livre e consciente a atividade dos indivíduos concretos. Por isso, em sentido próprio, têm caráter moral somente os atos dos indivíduos enquanto seres conscientes, livres e responsáveis, ou também, os atos coletivos, enquanto forem planejados em conjunto e realizados conscientemente em comum por diferentes indivíduos. Assim, portanto, o verdadeiro agente moral é o indivíduo, mas o indivíduo como ser social.

Disto decorre que a realização da moral é uma tarefa individual, mas, por sua vez, dada a natureza social do indivíduo, não é um assunto meramente individual. Entre outras razões porque os princípios — junto com as normas — que determinam o seu comportamento moral correspondem a necessidades e interesses sociais. Por outro lado, a atividade moral do indivíduo se realiza no quadro de várias condições objetivas, das quais fazem parte os próprios princípios, valores e normas, assim como a superestrutura ideológica, constituída pelas instituições culturais e educativas e pelos meios de comunicação de massa. Mas, na realização da moral, é necessário considerar outras condições objetivas muito importantes, que definem o âmbito das decisões pessoais e que o indivíduo não pode eludir: relações sociais e instituições correlativas. Deixemos de lado, por enquanto, o modo como as diversas formas de vida social (com as suas respectivas instituições) influem na realização da moral e fixemos a nossa atenção no modo como o indivíduo, enquanto tal, participa na realização da moral.

O modo como o indivíduo age moralmente, ou o seu comportamento moral numa dada situação, não é algo totalmente espontâneo e imprevisto, mas está inscrito como uma possibilidade no seu caráter. Isto é, seu modo de decidir e de agir não é casual, mas corresponde a uma maneira de reagir — até certo ponto constante e estável — diante das coisas e dos outros homens. Isso significa também que, embora não possamos dissociar o comportamento do indivíduo da sua condição de membro da sociedade e tampouco de certas formas genéricas ou sociais de comportamento individual, devemos atribuir-lhe formas particulares e originais — e, ao mesmo tempo, relativamente estáveis — de comportar-se, às quais corresponde o seu comportamento moral. Estas formas características mutuamente ligadas entre si, que formam uma totalidade indissolúvel, constituem o *caráter* de uma pessoa.

No caráter de um indivíduo se manifesta a sua atitude pessoal com respeito à realidade e, ao mesmo tempo, um modo habitual

## ÉTICA

e constante de reagir diante dela em situações análogas. Dele fazem parte os traços que derivam da sua constituição orgânica (estrutura emocional, sistema nervoso etc.); contudo, o caráter se forma, sobretudo, sob a influência do meio social e no decorrer da participação do indivíduo na vida social (na escola, no meio da família, nos lugares de trabalho, como membro de várias organizações ou instituições sociais etc.).

O caráter não é, pois, algo constitucional ou invariável, mas algo adquirido, modificável e dinâmico. Em seus traços, destaca-se algo que é muito importante do ponto de vista moral: a relação do indivíduo com os outros. Como a moral tende a regular o comportamento dos homens e, do outro lado, realiza-se sempre nos atos individuais que se referem — pelas suas consequências — aos outros, o caráter reveste uma grande importância tanto para a moralização dos indivíduos quanto para a moralização da comunidade.

O egoísmo, por exemplo, não é somente um princípio moral dominante nas sociedades modernas, mas um princípio que o indivíduo pode fazer seu até transformá-lo em traço do seu caráter. E um caráter egoísta já acarreta potencialmente uma série de atos diversos orientados para satisfazer seu interesse pessoal, como, por exemplo, recuar o cumprimento de deveres para com a família, com determinado grupo social de que faz parte ou com a sociedade inteira etc. A modéstia pode apresentar-se, também, como traço do caráter de uma pessoa; por isso, se alguém se comporta modestamente depois de um importante êxito profissional, não diremos que a sua reação tenha sido casual, imprevista ou inesperada para aqueles que já conheciam o seu caráter. Na verdade, não fez senão atualizar uma possibilidade de comportamento que nele estava inscrita. Como o caráter não é algo constitucional ou casual, o indivíduo pode adquirir uma série de qualidades morais sob o influxo da educação e da própria vida social. Essas qualidades morais, adquiridas pelo indivíduo, nele presentes como uma disposição caracterológica que se atualiza ou realiza numa situação concreta, tradicionalmente foram designadas com o nome de *virtudes*.

## 3. AS VIRTUDES MORAIS

A virtude (do latim, *virtus*, palavra que, por sua vez, deriva de *vir*, homem, varão) é, num sentido geral, capacidade ou potência particular do homem e, em sentido específico, capacidade ou potência moral. A virtude supõe uma disposição estável ou uniforme de comportar-se moralmente de maneira positiva; isto é, de querer o bem. O seu oposto é o *vício*, enquanto disposição também uniforme e continuada de querer o mal.

Como disposição de agir num sentido moralmente válido, a virtude se relaciona de perto com o valor moral; envolve, por isso, certa compreensão do valor em que se fundam as normas morais que guiam e orientam a realização do ato moral; mas, ao mesmo tempo, supõe a decisão — ou força de vontade necessária — para superar os obstáculos que se interponham à sua realização.

Mas um ato moral por si só, isolado e esporádico, não basta para considerar um indivíduo como virtuoso, da mesma maneira que uma reação isolada e esporádica não é suficiente para atribuir-lhe um determinado traço de caráter. Como dizia Aristóteles, da mesma maneira como "uma andorinha não faz verão", um ato moral isolado (heroico, por exemplo) — por valioso que seja — não é suficiente para falar na virtude de um indivíduo. Dizemos que alguém é disciplinado, generoso ou sincero quando observamos que pratica as respectivas virtudes vezes sucessivas: por isso, Aristóteles dizia também que a "virtude é um hábito", ou seja, um tipo de comportamento que se repete ou uma disposição adquirida e uniforme de agir de um modo determinado.

A realização da moral, por parte de um indivíduo, é, por conseguinte, o exercício constante e estável daquilo que está inscrito no seu caráter como uma disposição ou capacidade de fazer o bem; ou seja, como uma virtude. O indivíduo contribui assim (isto é, com as suas virtudes) para a realização da moral, não mediante atos extraordinários ou privilegiados (que são próprios do herói ou da personalidade excepcional), mas com atos cotidianos e repetidos que decorrem de uma disposição permanente e estável. Do ponto

# ÉTICA

de vista moral, o indivíduo deve sempre estar em forma, preparado ou disposto; e isso é o que se queria dizer, tradicionalmente, quando se falava numa pessoa virtuosa, como disposta sempre a preferir o bem e a realizá-lo. A moralização do indivíduo — e a sua contribuição para a moralização da comunidade — alcança-se precisamente através da aquisição dessas disposições ou capacidades de querer o bem e de atuar moralmente num sentido válido.

Desde a Antiguidade grega até os tempos modernos, o conceito de virtude como hábito de fazer o bem não mudou muito, ainda que os tratadistas não tenham chegado a um acordo quanto ao número das virtudes morais. Para Aristóteles, as virtudes práticas morais ou éticas, que distingue das teóricas ou dianoéticas, são a prudência, a justiça, a fortaleza, a temperança, a liberdade, a amizade etc. Segundo ele, a virtude, por sua vez, é o termo médio entre dois extremos ou vícios. A lista das virtudes se amplia posteriormente, incluindo outras como a paciência, o bom conselho, a presença de espírito etc., mas se conservam também as da Antiguidade — como acontece nos pensadores cristãos — ainda que com um conteúdo diferente.

Com o tempo, o termo "virtude" caiu em desuso e o qualificativo de virtuoso, aplicado a um indivíduo, cada vez menos impressiona. Se com ele se fala de uma mulher, pensa-se sobretudo, na realidade, naquelas qualidades que a mantêm num estado de inferioridade com respeito ao homem. As virtudes às vezes se apresentam — como já observava Hegel em seu tempo — como "algo abstrato e indeterminado", que pode receber qualquer conteúdo, como, por exemplo, no caso da virtude da "prudência", útil tanto para fazer o bem quanto para fazer o mal. De outro lado, num mundo social em transformação e luta, continua-se falando de "virtudes" — como a humildade, a resignação ou a caridade — que não têm qualquer atrativo para aqueles que precisam afirmar-se diante da humilhação, da exploração ou da opressão. São outras qualidades morais — ou virtudes — que podem inspirá-los: a solidariedade, a ajuda mútua, o companheirismo, a cooperação, a disciplina consciente etc. Não se quer dizer que todas as velhas virtudes tenham perdido a sua significação no mundo moral; não a perderam, por exemplo, a honestidade, a sinceridade, a amizade, a simplicidade, a lealdade, a modéstia etc.; mas não em abstrato ou fora de um contexto social determinado. De fato, é difícil esperar a amizade entre colonizador e colonizado, ou a honestidade no traficante de armas ou a veracidade de quem vive de mentiras etc.

Como o caráter do indivíduo está sob o influxo do meio social em que vive e age, seus traços de caráter — e, com eles, as suas virtudes morais — não se podem dar ou adquirir fora deste meio social. A existência de virtudes — como a sinceridade, a honestidade, a justiça, a amizade, a modéstia, a solidariedade, a camaradagem etc. — exige condições sociais favoráveis sem as quais, em geral, não podem florescer nos indivíduos. E a mesma coisa se deve dizer dos vícios correlativos: insinceridade, injustiça, deslealdade, soberba, preguiça etc.

Desse modo a moralização do indivíduo e a sua participação consciente na moralização da comunidade assumem a forma de aquisição e cultivo de certas virtudes morais, mas esta aquisição e esse cultivo se verificam num contexto social concreto e, portanto, são favorecidos ou freados pela existência de determinadas condições, relações e instituições sociais.

## 4. A REALIZAÇÃO MORAL COMO EMPREENDIMENTO COLETIVO

Dado que a realização da moral não é assunto exclusivo dos indivíduos, é necessário examinar as instâncias sociais que influem no seu comportamento moral e contribuem para a realização da moral como empreendimento coletivo. Esta análise, por sua vez, se torna necessária por duas razões: a primeira é que o indivíduo, inserido numa rede de relações sociais (econômicas, políticas e ideológicas), integrado em determinadas estruturas, organizações ou instituições sociais, ou determinado por condições objetivas diversas (econômico-sociais, políticas e espirituais), não pode deixar de comportar-se moralmente sem sentir o peso, o limite ou a

# ÉTICA

influência desses fatores sociais. A segunda é que não somente o indivíduo enquanto tal, que age de uma maneira livre, consciente e responsável, se comporta moralmente, mas também os organismos e instituições sociais (família, classes, grupos profissionais, Estado, tribunais, partidos políticos etc.) mostram no seu comportamento um conteúdo moral, ou fomentando e criando obstáculos a certo comportamento moral dos indivíduos, ou contribuindo objetivamente para que prevaleçam certos princípios, valores ou normas morais na comunidade.

Temos, pois, três tipos de instâncias ou fatores sociais que contribuem de maneira diversa para a realização da moral:

a) Relações econômicas, ou vida econômica da sociedade.
b) Estrutura ou organização social e política da sociedade.
c) Estrutura ideológica, ou vida espiritual da sociedade.

A seguir, analisaremos separadamente e em suas grandes linhas cada um destes fatores da realização da moral.

## 5. A VIDA ECONÔMICA E A REALIZAÇÃO DA MORAL

A vida econômica da sociedade compreende, em primeiro lugar, a produção material de bens destinados a satisfazer as necessidades humanas vitais: alimentar-se, vestir-se, morar etc. O desenvolvimento da produção — desde a pobre e limitada produção dos tempos primitivos até a altamente mecanizada e automatizada dos nossos tempos — delimita, em cada sociedade e em cada época, o nível alcançado pelo homem no domínio sobre a natureza. Mas os indivíduos não produzem isoladamente, e sim associados ou organizados de certo modo para poder dominar, com o seu trabalho, as forças naturais e fazê-las servir a si. Para produzir, contraem certas relações que se referem tanto ao modo de participar na própria produção (divisão social do trabalho), como à forma de propriedade (privada ou social) ou à maneira de distribuir a riqueza social. Este conjunto de relações dos homens constitui a base econômica da sociedade e recebe, desde Marx, o nome de relações de produção.

Por conseguinte, o econômico compreende tanto a própria produção material como as relações sociais que os homens nela contraem. Os dois aspectos constituem uma totalidade ou modo de produção determinado que muda historicamente: comunidade primitiva, modo asiático de produção, escravidão, feudalismo, capitalismo e socialismo.

A vida econômica da sociedade é tão humana como qualquer outra forma de vida, pois o homem aparece necessariamente nos dois aspectos antes assinalados: a) na produção material, 1) na medida em que, como trabalhador, é uma força produtiva, porque exerce sua capacidade ou força de trabalho (muscular e intelectual); 2) na medida em que a produção — como criação de objetos úteis que satisfazem necessidades humanas vitais — só tem sentido em relação a ele; b) nas relações de produção, enquanto estas são, em definitivo, relações sociais, humanas.

Por esta presença do homem, a economia não pode deixar de estar em relação com a moral. Os problemas morais que a vida econômica propõe são duplos, porque surgem precisamente na dupla inserção — antes assinalada — do homem na produção: como força produtiva e como sujeito das relações de produção.

Como força produtiva, o homem é um ser que trabalha: isto é, realiza uma atividade transformadora sobre uma matéria ou um objeto. O trabalho é uma atividade prática consciente e como tal tem um aspecto objetivo, prático, porque é a transformação de uma matéria com o concurso das mãos e dos músculos; e um aspecto subjetivo, espiritual, dado que supõe necessariamente a intervenção de uma consciência que traça fins e projetos, destinados a materializar-se nos produtos de trabalho. Mas o homem não só trabalha com as mãos, e sim com instrumentos e máquinas que vêm a ser seu prolongamento e aliviam o seu esforço, ao mesmo tempo em que aumentam consideravelmente a sua produtividade.

As forças produtivas compreendem, pois, o homem que trabalha e os instrumentos ou meios de que se serve no seu trabalho. Com

# ÉTICA

respeito às forças produtivas, apresentam-se dois graves problemas morais que não podem ser descuidados: 1) como o homem é afetado pelo seu trabalho? (eleva-o como ser humano ou degrada-o?); 2) como o uso dos meios ou instrumentos de produção afeta o trabalhador na sua verdadeira natureza (as máquinas e a técnica em geral)? Do ponto de vista moral, as relações de produção — isto é, as formas de propriedade e de distribuição — levantam uma série de questões morais que interessam particularmente à justiça social (posse e espoliação; distribuição da riqueza produzida segundo a propriedade de que se dispõe, a capacidade intelectual e manual desenvolvida ou a necessidade que se tem).

Os problemas morais da vida econômica surgem necessariamente quando se transforma o seu sujeito — como produtor, consumidor e suporte da produção — num simples "homem econômico", isto é, numa simples peça de um mecanismo ou de um sistema econômico, deixando de lado por completo as consequências que para ele — como ser humano concreto — traz o seu modo de integrar-se no próprio sistema. Somente reduzindo o humano ao econômico ou fazendo o homem depender da economia — como pretendiam os economistas clássicos ingleses — a vida econômica deixa de ter implicações morais. Mas esta exclusão dos problemas morais do âmbito da vida econômica não é possível pela simples razão de que, na realidade, não existe tal "homem econômico"; este é somente uma abstração, porque não pode ser isolado do homem concreto, real. Por conseguinte, o modo como o operário trabalha, o uso da máquina e a técnica e o tipo de relações sociais em que se efetuam a produção e o consumo não podem deixar de ter consequências para ele como homem real.

*Significação moral do trabalho humano* — O trabalho implica uma transformação prática da natureza externa e, como seu resultado, surge um mundo de produtos que somente existe pelo e para o homem. No trabalho, este desenvolve a sua capacidade criadora fazendo surgir um mundo de objetos nos quais, concretizando seus fins e seus projetos, imprime seu vestígio ou marca como ser humano. Por isso, no trabalho, ao mesmo tempo em que humaniza a natureza externa, o homem humaniza a si mesmo, isto é, desenvolve e eleva as suas forças criadoras latentes. O trabalho responde, pois, a uma necessidade especificamente humana e, por isso, a rigor, somente o homem trabalha para substituir *humanamente* mediante a criação de um mundo de objetos úteis. Por ser uma atividade criadora, é algo valioso, mas o seu valor assenta, antes de tudo, no seu poder de humanização. Daí também o seu valor moral: o homem deve trabalhar para ser verdadeiramente homem. Quem não trabalha, vivendo antes à custa do trabalho dos outros, possui uma humanidade que não lhe pertence, isto é, que ele pessoalmente não contribuiu para conquistar e enriquecer. Uma sociedade vale moralmente o que nela vale o trabalho como atividade propriamente humana.

Este valor do trabalho era desconhecido na Antiguidade. Na Grécia clássica, por exemplo, o valioso era o ócio de uma minoria de homens livres que, graças à sua liberação do trabalho físico, podia entregar-se à teoria ou contemplação. Nos tempos modernos, canta-se o trabalho como fonte de riqueza e se louva a laboriosidade e suas virtudes respectivas (abstinência, frugalidade etc.). As consequências negativas para o trabalhador — miséria, exploração, enfermidades etc. — são consideradas naturais ou inevitáveis. O trabalhador interessa enquanto "homem econômico", ou produtor de lucros.

Nessas condições, que são características de uma economia na qual a produção não está a serviço do homem ou da sociedade inteira, o operário não pode ver no seu trabalho uma atividade realmente sua, já que ela o empobrece material e espiritualmente; seus produtos deixam de ser uma expressão ou objetivação de suas forças criadoras e se lhe apresentam como objetos estranhos ou hostis, com os quais não pode estabelecer uma relação propriamente humana. Tal é o fenômeno social do trabalho alienado. A utilização de instrumentos de produção mais perfeitos — na fase da indústria mecanizada — e, com ela, a divisão cada vez mais parcelada das operações do trabalho, que culmina no trabalho em série, não fazem senão alienar cada vez mais o operário. O trabalho se transforma numa atividade monótona, impessoal, mecânica, cuja finalidade lhe é alheia e que realiza como uma penosa atividade necessária para subsistir.

O trabalho perde assim o seu conteúdo vital e criador, propriamente humano, e com isso se atenua também a sua significação moral. Mas essa perversão da essência e do valor humano e moral do trabalho não pode desaparecer enquanto subsistir o núcleo da sua alienação: a contradição entre a sua finalidade interna (produzir para o homem) e a sua finalidade externa (produzir para o capital). O trabalho pode recuperar o seu verdadeiro valor somente quando a sua origem não mais estiver na imperiosa necessidade de subsistir ou exclusivamente num estímulo material — por mais elevado que seja — que o transforma numa atividade puramente utilitária, mas quando a sua fonte estiver no estímulo moral que o ponha a serviço da comunidade inteira.

*Moral e Consumo* — Nas sociedades altamente industrializadas e naquelas menos desenvolvidas, que se regem também pela lei da mais-valia, a alienação não só afeta o trabalhador, mas, sob outras formas, estende-se a amplos setores sociais. Trata-se da alienação do consumidor. As relações entre produção e consumo se subordinam também às exigências da obtenção dos maiores lucros, e, por este motivo, não se produz para satisfazer as necessidades normais do consumidor, mas para atender a necessidades nele criadas artificialmente, com a finalidade de ampliar a colocação dos artigos fabricados. O "homem econômico" não é somente o produtor, mas o consumidor sujeito a uma nova e particular forma de alienação.

O consumidor tem necessidades que não são propriamente suas e os produtos que adquire não são realmente queridos por ele. Sob a influência de uma publicidade insistente e organizada, e seduzido pelas refinadas e veladas técnicas de persuasão, o consumidor se defronta com um produto que lhe agrada e fascina e acaba por comprar aquilo que se impõe à sua vontade, independentemente de precisar ou não. Desse modo, as necessidades do homem concreto

A REALIZAÇÃO DA MORAL

são manipuladas para que consuma não o que satisfaz as suas reais necessidades, mas as dos outros. Como na produção, também no consumo o homem real já não pertence a si mesmo, mas àqueles que o manipulam ou persuadem de um modo sutil.

Essa manipulação, que atinge a maior parte da população, ao controlar a sua aquisição dos produtos mais variados — desde os gêneros alimentícios até as obras de arte —, traduz-se nos indivíduos numa perda da sua capacidade de decisão pessoal e no aproveitamento da sua falta de decisão, ignorância ou fraqueza para fins alheios ou estranhos, que lhe são apresentados como se fossem seus. Assim o consumidor é considerado como uma fortaleza — mais ou menos firme — cuja resistência deve ser vencida sob a investida da publicidade e das técnicas da persuasão oculta. Exerce-se assim uma coação externa, que se interioriza como uma necessidade pessoal. Nessa sutil submissão, não declarada, do consumidor aos manipuladores de consciências, minam-se as condições indispensáveis para que o sujeito escolha e decida livre e conscientemente. Desse modo, esta manipulação do consumidor é profundamente imoral, e por duas razões fundamentais: 1ª) porque o homem, como consumidor, é rebaixado à condição de coisa ou objeto que se pode manipular, passando por cima de sua consciência e de sua vontade; 2ª) porque, impedindo que escolha e decida livre e conscientemente, minam-se as próprias bases do ato moral e, deste modo, restringe-se o próprio domínio da moral.

*Avaliação Moral da Vida Econômica* — Enquanto cada indivíduo estiver inserido, de uma maneira ou de outra, na vida econômica (quer como produtor, quer como consumidor), a realização da moral não pode deixar de ser afetada consideravelmente, num sentido ou no outro, pelas relações econômicas dominantes. Contudo, a vida econômica não influi somente dessa maneira na realização da moral, e tem por isso uma significação moral, mas também influi reclamando uma moral à sua altura. Assim, por exemplo, numa sociedade na qual o trabalho é antes de tudo meio para subsistir e não uma necessidade humana vital, na qual domina o culto do

ÉTICA

dinheiro e na qual um sujeito *é* pelo que *possui* privadamente, criam-se as condições favoráveis para que qualquer um aspire a satisfazer os seus interesses mais pessoais, à custa dos demais. Fortalecem-se os impulsos individualistas ou egoístas, não porque correspondam a uma suposta natureza universal do homem, mas porque assim exige um sistema econômico no qual a segurança pessoal encontra-se tão-somente na propriedade privada. A economia tem, portanto, a sua moral apropriada — a do egoísmo — e esta impregna a sociedade por todos os seus poros.

Uma nova vida econômica, sem alienação do produtor nem do consumidor, porque a produção e o consumo estão de fato a serviço do homem, torna-se assim condição necessária — ainda que não suficiente — para uma moral superior, na qual o bem de cada um se combine com o bem da comunidade.

## 6. A ESTRUTURA SOCIAL E POLÍTICA E A VIDA MORAL

O indivíduo, enquanto ser social, faz parte de diversos grupos sociais. O primeiro ao qual pertence e cuja influência sente, sobretudo na primeira fase da sua vida (infância e adolescência), é a família. Mas, desde o momento em que se integra, de um modo ou de outro, na estrutura econômica da sociedade, torna-se membro de um grupo humano mais amplo — a classe social — e dentro dela, por sua ocupação específica, fica adstrito a uma comunidade de trabalho, ofício ou profissão. O indivíduo também é cidadão de um Estado ou organização política e jurídica à qual está sujeita a população de um território, sobre o qual o Estado exerce o seu poder por intermédio do Governo. O Estado não se confunde com a Nação, a qual é uma comunidade humana constituída historicamente e edificada sobre a base da comunidade de território, de vida econômica, de fisionomia espiritual e de tradição e cultura nacionais. Um Estado pode ser multinacional, isto é, abranger várias nações. Por isso, o indivíduo é cidadão de um Estado, e, ao mesmo tempo, tem uma pátria. Finalmente, os Estados e as Nações

## A REALIZAÇÃO DA MORAL

formam parte de uma comunidade internacional. Por conseguinte, os indivíduos não só se sentem membros de uma comunidade humana determinada, mas de uma comunidade internacional, de cujos problemas (colocados pelas relações entre os Estados ou entre as diferentes Nações ou entre os povos) não podem escapar.

Essa multidão de grupos sociais, aos quais o indivíduo está ligado por vínculos diversos, influencia de maneira diferente a realização do indivíduo, criando condições específicas para o seu comportamento moral. Mas, ao mesmo tempo, a sua particular atuação como comunidades humanas tem uma significação moral na medida em que contribuem — de uma maneira ou de outra — para a realização de certa moral, ou para limitar e impedir o desenvolvimento de outra.

Detenhamo-nos agora na consideração das características da função desempenhada por algumas das comunidades humanas, antes enumeradas, no campo moral.

*A Família* — Por ser a forma mais elementar e mais primitiva de comunidade humana, a família foi chamada de célula social. Nela se realiza o princípio da propagação da espécie e se desenrola, em grande parte, o processo de educação do indivíduo nos seus primeiros anos, assim como a formação da sua personalidade. Por tudo isso, assume grande importância do ponto de vista moral.

Em sentido estrito, é a comunidade formada por pais e filhos. Compreende, pois, fundamentalmente, as relações entre os esposos e entre os pais e os filhos. Na família, articulam-se laços naturais ou biológicos (de sangue) e relações sociais que prevalecem e influem sobretudo na forma e na função da comunidade familiar. Sua base é o amor como sentimento que se eleva sobre a atração mútua de caráter sexual, alicerçando assim em bases mais sólidas a união dos cônjuges.

Como instituição social, a família evoluiu historicamente passando por diferentes fases, nas quais se modificaram lentamente a posição do homem e da mulher, bem como as relações entre pais e filhos. Depois de conhecer-se, nos tempos pré-históricos, o

# ÉTICA

matrimônio de grupo, no qual nenhum membro da comunidade era excluído das relações sexuais mútuas, isto é, onde não existiam condições restritivas para o matrimônio e existiam tanto a poliandria (mulher com vários maridos) quanto a poligamia (homem com várias mulheres), passa-se — com a transformação da comunidade primitiva em sociedade dividida em classes — para a monogamia (matrimônio por casais) e para o patriarcado (determinação da linha de descendência não só pela mãe, mas também pelo pai). Com a família patriarcal, a mulher fica submetida socialmente ao homem e sujeita a uma dependência material em relação a ele.

A monogamia é a forma de união conjugal que domina, desde então, na nossa sociedade. Com a sua aparição, criaram-se as condições para o matrimônio baseado no amor e no consentimento livre dos cônjuges. Contudo, durante longos séculos, a sujeição social e material da mulher transformou, na prática, a monogamia numa poligamia unilateral (só para o homem) que corroía o próprio alicerce do matrimônio: a fidelidade, resultado do amor. Os preconceitos de casta ou de classe no passado e o culto do dinheiro na nossa época, unidos à tradicional sujeição da mulher, foram obstáculos graves ao matrimônio de amor e, por isto, introduziram a imoralidade na família. Por conseguinte, o seu fortalecimento moral está na dependência da emancipação da mulher. É preciso registrar, neste ponto, que desde há meio século — e em estreita relação com o processo de liberação social dos povos e das próprias exigências da produção — se verifica um processo de emancipação social e material, cada vez maior, da mulher. Essa emancipação da mulher é acompanhada, às vezes, pelas queixas daqueles que têm saudades dos tempos passados, nos quais o homem a considerava sobretudo como objeto de exploração e, em casos privilegiados, de enfeite. Mas, à medida que na nossa época a mulher participa cada vez mais ativamente na vida econômica, social e cultural, enfraquece-se a dependência social e material à qual estava sujeita e as suas relações com os homens adquirem um caráter mais puro e livre, isto é, mais humano.

Algo semelhante se passa nos nossos dias com a mudança que se opera nas relações entre pais e filhos e, em geral, entre os jovens de

# A REALIZAÇÃO DA MORAL

ambos os sexos. A rebeldia dos filhos contra as relações autoritárias do passado acarreta uma rebelião contra princípios morais que já não se adequam à forma e à função da família de nosso tempo. O fato não representa a dissolução da família, e nem tampouco da moral, como também não representam tal dissolução as relações mais livres entre os jovens de ambos os sexos. Trata-se, na verdade, de uma gradual libertação da mulher da sua dependência social e material, assim como do desaparecimento da educação patriarcal e autoritária dos filhos. O que se enfraquece cada vez mais, com a suposta dissolução da família tradicional, é a justificação moral de vastos setores sociais com respeito à substituição do amor pelo dinheiro como fonte de união conjugal, à pregação da monogamia e à prática da poligamia e à manipulação da mulher e dos jovens como objetos carentes de iniciativas e liberdade pessoal.

Hoje, a família somente pode cumprir com a sua alta função, tanto no que diz respeito aos seus membros, quanto no que diz respeito à moralização da sociedade, se constitui uma comunidade baseada não na autoridade do sangue ou do dinheiro, mas no amor e na fidelidade dos cônjuges e na solidariedade, confiança, ajuda e respeito mútuos de pais e filhos. Mas, por sua vez, como verdadeira célula social, somente cumprirá a sua função se não se separar do meio social e não reduzir o seu bem particular ao estreito círculo familiar, desvinculando-se dos outros. A família conservará um alto valor moral para si e para a sociedade se for uma comunidade livre, não egoísta, amorosa e racional.

*As Classes Sociais* — Os indivíduos têm interesses e aspirações comuns como membros dos grupos, humanos que chamamos classes sociais e que se distinguem, sobretudo, pelo lugar que ocupam na produção (particularmente com respeito à propriedade privada e à distribuição da riqueza social). A inclusão de um indivíduo numa classe social é um fato objetivo, determinado fundamentalmente pela estrutura econômica da sociedade, e é independente, portanto, do grau de consciência que o indivíduo tenha da sua condição de membro da classe, dos interesses ou da missão histórico-social.

# ÉTICA

Por esta razão, para não confundir os dois planos, distingue-se a existência objetiva da classe social e a consciência que os seus membros têm da sua verdadeira natureza e missão.

Os interesses, necessidades e aspirações comuns aos membros de uma classe social determinada encontram a sua expressão num conjunto de ideias (ou ideologia) da qual fazem parte as suas ideias morais. Uma virtude moral como a lealdade adquire diferente conteúdo de acordo com a estrutura social vigente: uma coisa é, por exemplo, a lealdade absoluta característica da comunidade primitiva (sociedade ainda não dividida em classes) e outra é a lealdade — ou conjunto de lealdades — numa sociedade dividida em classes e, além disto, hierarquizada, como a feudal: lealdade do servo ao seu senhor, de um senhor feudal a outro mais poderoso e deste ao rei.

As ideias morais mudam de uma época para a outra, quando determinadas classes são substituídas por outras em sua hegemonia econômica e política. Com isto, torna-se evidente a natureza particular da moral nas sociedades classistas, em face da pretensão de uma moral universalmente válida. Mas reconhecer esta particularidade não significa que todas as morais concretas devam ser situadas no mesmo plano, dado que cada uma contribui em grau diferente — como já vimos analisando a sua historicidade — para o progresso moral.

Mas o fato de que uma classe social se relaciona com uma moral determinada e que, portanto, não se lhe pode exigir outra, que realmente não expresse os seus interesses sociais nem a sua situação dentro do progresso histórico-social, não invalida estas duas conclusões fundamentais:

1ª) Que o indivíduo — embora condicionado pelo quadro moral da classe à qual pertence — não deixa de ter um comportamento individual, livre e consciente, pelo qual é pessoalmente responsável.

2ª) Que, embora a classe não seja moralmente responsável por seu comportamento não escolhido livremente — pois esta escolha é

A REALIZAÇÃO DA MORAL

exclusiva de quem a faz conscientemente, isto é, dos indivíduos reais — a sua atuação não deixa de ter uma significação moral, devido à influência que exerce no comportamento dos indivíduos e porque o seu particular comportamento de classe obstaculiza ou favorece a realização da moral numa determinada sociedade.

O *Estado* — Como instituição social que exerce um poder efetivo sobre os membros da sociedade, tem uma grande influência na realização da moral.

O Estado exerce esse poder, visando a garantir a ordem e a unidade da sociedade, através de um sistema jurídico e dos respectivos dispositivos coercitivos. Mas as suas funções não se reduzem a isso: cumprem também as funções específicas de um órgão de direção e de organização de aspectos fundamentais da vida da comunidade (educação, finanças, obras públicas, assistência social etc.). De outro lado, o poder estatal não se apoia exclusivamente no direito ou na força, mas deseja contar, em grau maior ou menor, com o consenso voluntário dos súditos ou com o seu reconhecimento por parte da sociedade inteira. Daí a sua pretensão de universalidade — apesar de ser sobretudo a expressão de forças sociais particulares — a fim de poder contar com o apoio moral da maior parte dos membros da comunidade social.

A natureza de cada Estado determina a sua adesão aos valores e princípios morais que, através das suas instituições, está interessado em manter e difundir. Mas nenhum Estado, inclusive o mais despótico e autoritário, renuncia a vestir com um manto moral a sua ordem jurídica, política e social. Por isso, de acordo com a natureza do Estado em questão, serão elevados a princípio moral a lealdade ao ditador, o respeito à propriedade privada ou a intervenção (disfarçada em proteção) em países alheios. Até mesmo um Estado abertamente racista, como a União Sul-Africana, converterá num princípio moral da comunidade o desprezo e a humilhação de uma raça supostamente inferior: a raça negra.

Mas o estado pode entrar em contradição com a moral que admite e que, em princípio, é aceita por um amplo setor da socie-

ÉTICA

dade, se esta moral chegar a entrar em contradição com as suas finalidades políticas. Deste modo, renuncia, até certo ponto, em nome da eficácia, a vestir a sua política com roupagem moral, já que esta se revela como um obstáculo, do ponto de vista estatal. Esta separação não deixa de ter consequências morais, porque leva a relegar a moral à vida particular.

A ruptura entre moral e Estado é característica de toda comunidade social em cuja direção e organização o cidadão não participa efetivamente — isto é, de um modo verdadeiramente democrático, embora o faça de um modo formal e externo. Trata-se de uma ruptura para a qual contribui todo Estado — seja qual for a sua natureza — que não garanta realmente uma democracia real, ampla e viva.

Conclui-se assim que, seja favorecendo uma moral que lhe garante um apoio mais profundo e sincero do que o meramente externo ou formal, seja fomentando a privatização da mesma, o Estado exerce sempre uma influência importante — num sentido ou no outro — na realização da moral.

## 7. A VIDA ESPIRITUAL DA SOCIEDADE E A REALIZAÇÃO DA MORAL

A produção material e as relações que os homens nela contraem, assim como a organização social e estatal correspondente à correlação das diversas forças sociais, não esgotam de maneira alguma os fatores que intervém ou influem na realização da moral. Em toda sociedade existe, além disso, um conjunto de ideias dominantes de diversa ordem e uma série de instituições que se encarregam de canalizá-las e difundi-las numa certa direção. A elas pertencem as ideias políticas, estéticas, jurídicas, morais etc., assim como as respectivas organizações e instituições culturais e educativas. Dentro deste mundo ideológico ou espiritual, é necessário situar também a influência que, em nossos dias, exercem nas consciências os poderosos meios de comunicação de massa (imprensa, cinema, rádio e televisão).

## A REALIZAÇÃO DA MORAL

Estes diversos elementos ideológicos contribuem, de diferente maneira, para a realização da moral. Na arte e na literatura de uma época, encarnam-se certas ideias ou atitudes éticas; o teatro, em particular, exerce, num sentido ou no outro, uma influência moral. As instituições educativas, em seus diferentes níveis, postulam e procuram justificar, com maior ou menor ênfase, o conteúdo de uma moral. Inculcam deliberadamente determinada moral, não só através da exposição crítica ou defesa de certas ideias morais, porém, mais especificamente, através da educação moral e cívica que se obtém pela exaltação de heróis e mediante exemplos de atitudes passadas e presentes, tanto no plano nacional como no universal. Nesse sentido, o sistema educativo de um país desempenha um elevado papel na realização da moral, particularmente na infância e na juventude. O indivíduo forma-se gradualmente de acordo com uma moral já estabelecida que lhe é proposta e justificada. Diante dessa moral, os indivíduos reagem de maneira diferente, ou deixando que ela os impregne totalmente, ou enriquecendo-a e desenvolvendo-a sob o impacto do seu meio social, ou ainda submetendo-a à crítica pela confrontação com outros princípios diversos da moral em vigor ou com as experiências que a sua própria vida pessoal lhes proporciona.

Mas a influência das ideias morais na prática e a afirmação efetiva da moral, através da atividade espiritual da sociedade, não se restringem a esta moral pensada ou querida, que é proposta, justificada e difundida a partir das instituições culturais e educativas, mas se processam também por outros caminhos. Temos, em primeiro lugar, nos países mais atrasados — e tanto mais quanto maior é o seu atraso material e espiritual —, a afirmação da moral por meio da tradição e dos costumes. Nesse nível, as normas morais se impõem sem que ele examine ativamente a sua natureza e consequências; o interesse pessoal é reduzido e a moral tradicional é aceita passivamente. Mas, embora o indivíduo aceite assim a atmosfera moral, legada pela tradição e pelos costumes, não significa que esteja privado por completo da capacidade de decidir por si mesmo, pois, do contrário, não se moveria num

ÉTICA

terreno propriamente moral. Pois bem; o enriquecimento da vida moral tende a aumentar a capacidade de decisão e de responsabilidade pessoais e, por isso, a moral que se baseia sobretudo na autoridade da tradição e dos costumes representa historicamente um degrau inferior com respeito a uma moral reflexiva que tem seu centro e origem no indivíduo que medita, decide e assume livre e conscientemente a sua responsabilidade pessoal.

A moral tradicional corresponde, portanto, a uma etapa inferior do desenvolvimento moral, da qual a Antiguidade grega já se distancia.

Mas esse elemento de passividade e de irreflexão na vida moral, que se opõe a uma moral reflexiva, contribuindo assim para um empobrecimento, porque limita gravemente a área de decisão e ação consciente e livre do indivíduo, encontra-se também na nossa época sob outra forma. Evidencia-se na assimilação espontânea, através dos meios de comunicação de massa, de uma moral cujos valores e normas se adotam passivamente. A tendência a fazer da moral uma forma de comportamento consciente e livre do indivíduo — tendência que abre caminho através do progresso social — é sustada hoje, e em grande parte anulada, pela influência decisiva que sobre as consciências exercem estes meios de comunicação de massa, não só nos países altamente industrializados ou nas chamadas "sociedades de consumo", mas também nos países não tão desenvolvidos, mas já sujeitos à ação poderosa destes meios de comunicação.

A imprensa e as revistas, com a sua grande tiragem; os *comics* ou revistas cômicas; o cinema, o rádio e a televisão contam com um público de massa que assimila passivamente a moral que emana de seus produtos pseudoculturais, sem que o seu consumidor chegue a tomar consciência da verdadeira natureza ideológica e moral daquilo que absorve espontaneamente. É evidente que estes meios de comunicação, pelos interesses econômicos aos quais servem, integram-se num processo geral de mercantilização — ao qual não escapa a própria cultura e, é claro, a moral. A moral assim difundida não tem como finalidade o homem, mas o lucro. É por isso

## A REALIZAÇÃO DA MORAL

que, de acordo com essa finalidade, interessa afirmar princípios, modelos e exemplos de comportamentos alienados, nos quais se alternam a resignação e a violência, o fracasso irracional e o êxito egoísta, a hipocrisia e a pornografia mais ou menos disfarçada.

A moral que é assimilada espontânea e passivamente pelo consumidor desses produtos de massa (em particular os que são subministrados pelo cinema, rádio e televisão) não faz senão apresentar como virtudes as limitações humanas e morais de um homem coisificado e alienado, e, nesse sentido, a sua influência moral não pode deixar de ser negativa. Mas a característica dessa influência dos meios de comunicação de massa, na nossa época, não se restringe somente ao conteúdo moral dos produtos difundidos, mas também à amplitude gigantesca da sua difusão, que anula, em grande parte, o trabalho das instituições culturais e educativas empenhadas na elevação moral dos indivíduos. O mal, contudo, não se deve procurar nos próprios meios de difusão, mas no uso que deles é feito em determinadas circunstâncias ou sob as exigências de um sistema. As experiências positivas — embora limitadas — que, apesar de tudo, se registram nesse terreno (na difusão da boa música, da literatura e da arte, no ensino audio-visual ou por televisão etc.), evidenciam, com os seus êxitos limitados, as enormes possibilidades do uso adequado dos meios de comunicação de massa no terreno da formação do homem novo, incluindo evidentemente a sua formação moral.

Mas isso tudo não faz senão confirmar a influência das ideias dominantes e das respectivas instituições, isto é, da vida espiritual em geral, na realização da moral. Do caráter dessas ideias e da natureza do sistema que lhes dá vida e as fomenta depende: a) que o homem se limite a aceitar passivamente a moral difundida pelos meios de comunicação de massa, aceitando como virtudes queridas pelo consumidor desses produtos as virtudes necessárias a uma ordem econômica e social que o mantém na alienação; ou b) que o homem possa comportar-se como um verdadeiro ser moral, isto é, assumindo livre e conscientemente uma moral benéfica para a comunidade inteira.

ÉTICA

## 8. CONCLUSÕES

Tudo o que expusemos no presente capítulo leva-nos às seguintes conclusões:

1ª) A realização da moral é um empreendimento individual, porque os seus verdadeiros agentes são os indivíduos reais.

2ª) Não se trata, contudo, de um modo de agir meramente individual, porque o indivíduo é, por sua natureza, um ser social, e a moral serve a necessidades e interesses sociais e cumpre uma função social.

3ª) A atividade moral do indivíduo se desenvolve, por sua vez, no quadro de certas condições objetivas que determinam, num sentido ou no outro, as possibilidades de realização da moral numa sociedade determinada.

4ª) Estas condições, relações e instituições sociais que contribuem de maneira diversa para a realização da moral relacionam-se com os três planos fundamentais da vida social: econômico, político-social e espiritual.

5ª) A realização da moral não é somente um empreendimento individual, mas também social, isto é, não somente processo de moralização do indivíduo e sim processo de moralização no qual influem, de maneira diversa, as diversas relações, organizações e instituições sociais.

CAPÍTULO X   Forma e justificação dos
juízos morais

## 1. A FORMA LÓGICA DOS JUÍZOS MORAIS

Os enunciados sobre a bondade ou a maldade dos atos realizados, assim como a respeito da preferibilidade de uma ação possível em relação a outras, ou sobre o dever ou a obrigatoriedade de comportar-se de certo modo, conformando o comportamento com determinada norma ou regra de ação, se expressam sob a forma de juízos.

Estes juízos podem ser esquematizados como segue:

a) "x é y".
b) "x é preferível a y".
c) "Deves fazer x, ou faz x".

Pois bem; as variáveis x e y podem assumir valores distintos em proposições diferentes, de tal maneira que, conservando a mesma forma lógica, num caso adquiram um conteúdo moral e, em outros, não.

Assim, por exemplo, poder-se-á dizer indistintamente:

a) *"Pedro é justo"* ou *"Pedro é alto"*.
b) *"É preferível enganar um doente a dizer-lhe a verdade"*, ou *"Este trabalho é preferível àquele outro"*.
c) *"Deves ajudar o teu colega"* (*"Ajuda o teu colega"*) ou *"Na aula, deves sentar nas primeiras filas"* (*"Na aula, senta nas primeiras filas"*).

FORMA E JUSTIFICAÇÃO DOS JUÍZOS MORAIS

Em todos esses exemplos, nada fizemos senão dar às variáveis *x* e *y* valores distintos formando dois tipos de juízos que, conservando inalterada a forma lógica, apresentam, num caso, um conteúdo moral, e, no outro, um conteúdo — passe a expressão — extramoral. Estas três formas lógicas comuns são respectivamente enunciativas, preferenciais ou imperativas. Vejamo-las mais em particular, recorrendo de novo aos mesmos exemplos.

## 2. FORMAS ENUNCIATIVAS, PREFERENCIAIS E IMPERATIVAS

Em primeiro lugar, examinemos a forma enunciativa, que esquematizamos assim: "x é *y*". Tendo presentes os exemplos anteriores, veremos que no juízo *"Pedro é alto"* se atribui a *x* (Pedro) uma propriedade que lhe pertence naturalmente, sem que o enunciado expresse uma atitude com respeito a *x* de acordo com algum interesse, finalidade ou necessidade. Diz-se de Pedro pura e simplesmente que é alto, como se poderia dizer de uma mesa que é baixa ou de uma pedra que é dura. Ou seja, temos aqui a forma lógica de um juízo de existência ou fatual. Registra-se uma propriedade objetiva: isto é, informa-se-nos ou revela-se-nos uma propriedade de *x* (a sua altura), sem que o juízo implique em sua avaliação.

Quando se formula o juízo *"este objeto é útil"*, também atribuo a *x* (este objeto) uma propriedade: a sua utilidade. Mas se trata de uma propriedade que *x* possui somente em relação com uma finalidade ou necessidade nossa. Atribui-se ao objeto alguma coisa que tem valor: uma propriedade que somente existe em relação ao homem social, e não em si. Por isso não se trata de um mero juízo fatual, como no caso anterior, mas de um juízo de valor. Sua forma lógica continua sendo enunciativa, mas o que agora se enuncia é uma propriedade valiosa, um valor. A mesma observação pode ser feita do juízo *"Pedro é justo"*, no qual se atribui a Pedro uma propriedade que não lhe pertence naturalmente, como a sua altura, mas somente em relação com uma necessidade ou finalidade. Pois bem; pelo fato de se enunciar, no caso, uma propriedade valiosa de

ÉTICA

$x$, não somente se informa a respeito dela, mas também se avalia ou aprecia o objeto.

Todavia, quer se trate de um juízo fatual ou de um juízo de valor, a forma lógica, nos dois casos, é enunciativa.

Vejamos agora os juízos que esquematizamos assim: *"x é preferível a y"*. Neste caso, também, as variáveis $x$ e $y$, preenchidas com valores distintos, formam — como já notamos — juízos de conteúdo diferente: moral (*"É preferível enganar um doente a dizer-lhe a verdade"*) e não moral (*"Este trabalho é preferível àquele outro"*).

As características destes juízos de preferência é a sua semelhança com os enunciativos do grupo anterior, que atribuem uma propriedade valiosa. De fato, trata-se de uma forma particular do juízo de valor, sob a forma de comparação, pela qual se estabelece que $x$ é mais valioso que $y$. A preferibilidade nada mais faz senão evidenciar este "ser mais valioso" de $x$ com respeito a $y$. É inseparável do valor porque, em definitivo, apresenta-se somente entre dois atos ou propriedades valiosas, isto é, não considerados em si, mas em relação a certa necessidade ou finalidade humana e tomando em consideração determinadas condições ou circunstâncias concretas.

Assim, por exemplo, a proposição *"É preferível enganar um doente a dizer-lhe a verdade"* nada mais faz a não ser mostrar que, entre duas alternativas, uma: *"enganar um doente"*, é mais valiosa do que a outra: *"dizer-lhe a verdade"*. E como a preferência se baseia numa comparação axiológica, deve referir-se a uma necessidade ou finalidade; neste caso, a de não causar sofrimento inútil ao doente e levantar o seu moral. Mas esta preferência deve considerar também uma série de circunstâncias concretas (tipo de doença, processo de sua evolução etc.). Se se trata de um doente não grave e, de outro lado, não apreensivo, seria talvez preferível que tomasse consciência de seu estado real para facilitar a sua cura. Mas, neste caso, de acordo com a finalidade de recuperá-lo e com as circunstâncias concretas, o juízo de preferência (o já citado "É preferível dizer-lhe a verdade a enganá-lo") se basearia

# FORMA E JUSTIFICAÇÃO DOS JUÍZOS MORAIS

também num juízo de valor. Preferir continuaria a significar que se considera $x$ mais valioso do que $y$.

Nos casos anteriores, o juízo preferencial tem um conteúdo moral. Entretanto, o juízo "Este trabalho é preferível àquele outro" não o tem, se a finalidade visada é estritamente pessoal: receber maior salário, cansar menos etc. Mas este mesmo juízo preferencial adquirirá um conteúdo moral se a finalidade ou a necessidade interessa os demais ou a comunidade. Preferir um trabalho a outro significa então que se julga $x$ mais valioso que $y$ porque traz maior vantagem para a comunidade.

Finalmente, examinemos a forma normativa ou imperativa dos juízos que correspondem ao esquema "deves fazer $x$" ou "faz $x$". Esta forma lógica se distingue claramente da enunciativa e da preferencial. De fato, ao passo que na primeira se enuncia uma qualidade do objeto que julgamos valiosa, na segunda se estabelece uma comparação ou gradação entre dois atos e qualidades. Os juízos respectivos — factuais ou de valor — podem referir-se, por outra parte, tanto a atos já realizados ou a objetos inexistentes como a atos que se realizam ou objetos que existem atualmente.

Na forma normativa ou imperativa, que encontramos nos juízos do tipo "deves fazer $x$" (ou "faz $x$"), há uma exigência da realização: algo que não é ou não existe deve ser realizado. Por conseguinte, o juízo assume a forma de um mandamento ou exortação com o fim de que se faça alguma coisa. A norma — o juízo imperativo — não é uma expressão ou registro de um fato, de algo não realizado; e a exigência de realização implícita na norma não perde força ou validade pela circunstância da não realização daquilo que exige ou é mandado. "Deves ajudar o teu colega" acarreta uma exigência de realização dirigida àquele ou àqueles que devem cumpri-la. Pode acontecer que, numa determinada comunidade, esta norma não se cumpra: conservará, contudo, a sua razão de ser, dado que a sua validade não depende do fato de que se cumpra ou do grau em que se verifique o seu cumprimento. Neste sentido, dizemos que a norma não é expressão, registro ou representação de fatos e, por isto, diferencia-se radicalmente dos enunciados fatuais.

ÉTICA

Mas esses tipos de juízos — normativos ou imperativos — não podem ser separados dos juízos de valor, porque aquilo que se julga que deve ser realizado é sempre algo considerado valioso. Assim, por exemplo, o juízo normativo ou imperativo *"Deves ajudar o teu colega"* (*"Ajuda o teu colega"*) implica o juízo de valor "ajudar a um companheiro é bom"; deve-se dizer o mesmo do juízo de conteúdo diferente, que utilizamos também como exemplo: *"Na aula, senta nas primeiras filas"*, que implica, por sua vez, o juízo "sentar nas primeiras filas da sala é valioso". Claro que, neste último exemplo, é preciso — como em qualquer juízo de valor — levar em consideração: a) certa finalidade ou necessidade com respeito à qual uma atividade adquire a propriedade de ser valiosa (neste caso, não esforçar demais a vista e assimilar melhor as explicações dadas na aula), e b) circunstâncias determinadas (a vista curta) nas quais o sujeito precisa satisfazer esta necessidade.

A forma lógica normativa ou imperativa, característica das normas morais, assenta num juízo de valor e, como este, os juízos que têm esta forma se relacionam com uma necessidade e finalidade: regulamentar as relações entre os homens numa determinada sociedade. Respondendo a esta necessidade, os mencionados juízos exigem que os homens se comportem de certo modo e esta exigência de agir de determinada maneira distingue-os — como juízos normativos — de um mero juízo de valor. Mas a forma imperativa ou normativa não é exclusiva das normas morais: "ajuda o teu amigo", "senta nas primeiras filas" ou "fecha a porta", têm evidentemente a mesma forma lógica (exortativa ou imperativa), mas um conteúdo diferente. Só no primeiro exemplo temos um conteúdo moral. Por conseguinte, não poderíamos distinguir os juízos morais dos que não o são tão somente pela sua forma lógica.

Em suma, pela sua forma lógica, os juízos morais podem ser enunciativos, preferenciais ou normativos. Mas, para distinguir o que há neles de específico — isto é, o que os distingue dos outros que têm a mesma forma lógica — será necessário examinar o seu significado, a sua natureza ou função.

FORMA E JUSTIFICAÇÃO DOS JUÍZOS MORAIS

## 3. SIGNIFICADO DO JUÍZO MORAL

A avaliação dos atos e normas morais que assumem, respectivamente, a forma de juízos de valor ou de juízos normativos ou imperativos desempenha uma função cognoscitiva? Corresponde a fatos objetivos? Pode ser verificada de alguma maneira?

Tal é o problema do significado dos juízos morais, cuja solução condiciona, por sua vez, o de sua justificação; isto é, o das razões da sua validade. A metaética se ocupa com este tipo de problema e, embora — como já assinalamos desde o primeiro momento — o conteúdo da teoria da moral não se possa reduzir ao exame destas questões, é indubitável que elas revestem uma grande importância, já que, se forem deixadas sem resposta, fica sem solução o problema da justificação ou validade dos juízos morais. Por sua vez, sem a solução do problema da justificação, da variedade e diversidade de juízos morais de uma época para outra, de uma sociedade para outra e, inclusive, dentro de uma mesma sociedade, ficamos sob a ameaça de um inimigo implacável da teoria e da prática no terreno da moral: o relativismo. Por isso, depois de examinar os problemas do significado ou da natureza dos juízos morais e dos seus possíveis critérios de justificação, nossa análise desembocará afinal no problema crucial do relativismo ético.

## 4. A TEORIA EMOTIVISTA

Os partidários da teoria emotivista sustentam que nos juízos morais não se afirma ou não se diz nada sobre fatos, propriedades ou qualidades objetivas, mas se expressa uma atitude emocional subjetiva (Ayer) ou se procura inculcar em outros uma atitude emocional que é nossa, ou provocar neles determinado efeito emotivo (Stevenson).

Quando se diz, por exemplo, "esta rua é larga", o adjetivo designa uma propriedade objetiva da rua, e, por conseguinte, informa algo sobre ela; mas se digo "ajudar um amigo é bom", não

ÉTICA

dou nenhuma informação a respeito de coisa alguma que exista ou esteja acontecendo objetivamente; expresso pura e simplesmente uma atitude emocional, sem informar a respeito de fato algum. Não aconteceria o mesmo se, em lugar de dizer "ajudar um amigo é bom", se dissesse "Pedro ajudou o seu amigo", caso em que se informaria realmente a respeito de alguma coisa que existe e aconteceu.

De acordo com os partidários do emotivismo — como A. J. Ayer — as proposições morais não se referem a fatos, não se podem comprovar empiricamente e, por conseguinte, não tem sentido falar da sua verdade ou falsidade. Os juízos morais desempenham somente uma função expressiva. Outros emotivistas, porém, como Stevenson, insistem — mais do que na função expressiva dos juízos morais — na sua função efetiva ou evocadora, dado que, segundo eles, os juízos morais tendem sobretudo a evocar certas emoções nos outros sujeitos ou a produzir neles certo efeito emocional. Contudo, uns e outros coincidem na negação de que os juízos morais desempenham uma função cognoscitiva e que — em virtude do seu significado emotivo — podem ser justificados ou fundamentados racionalmente.

O emotivismo sublinha, com razão, os aspectos expressivo e prescritivo dos juízos morais. Certamente, como juízo específico de valor, o juízo moral expressa a atitude do sujeito que atribui a certo ato humano uma propriedade que considera valiosa. Mas, como já assinalamos, quem avalia não é somente um sujeito empírico, individual, que se deixa levar por suas emoções, mas um homem concreto que, como ser social, avalia de acordo com certas necessidades e finalidades sociais em determinadas circunstâncias. Esta é a situação com referência a um juízo moral de valor como "ajudar um amigo é bom". No que diz respeito ao juízo moral normativo, deve-se dizer que não se trata de um mandamento arbitrário ou de uma regra de ação puramente subjetiva, mas de uma norma cuja exigência de realização ou efeito prático visado corresponde também, em determinadas circunstâncias, a uma necessidade social: regular o comportamento dos indivíduos em

## FORMA E JUSTIFICAÇÃO DOS JUÍZOS MORAIS

certa direção numa determinada comunidade. Assim ocorre com os juízos morais como "ajuda o teu amigo", "ama a tua pátria", "respeita os bens públicos" etc.

Desse modo, os juízos morais não podem surgir de um estado emocional do sujeito ou ser motivados pelo interesse subjetivo de influir nas outras pessoas, mas respondem a determinadas necessidades e finalidades, bem como a condições sociais determinadas, sem as quais não poderiam existir e não teriam sentido nenhum. Assim, por exemplo, o juízo normativo "respeita os bens dos outros", que pressupõe a propriedade privada como uma instituição social valiosa, somente pode existir em certa fase do desenvolvimento da humanidade e numa comunidade em que surge e se conserva esta instituição. Uma norma semelhante não existia e não podia existir — por ser desnecessária e supérflua — sob o regime da comunidade primitiva, baseado no princípio da propriedade coletiva ou social dos bens. A norma, pois, é expressiva e efetiva, mas não no sentido emocional subjetivo e sim num sentido social: expressa interesses e necessidades sociais e, ao mesmo tempo, como regra de ação, visa a um efeito prático. Desempenha assim uma função social reguladora.

Toda norma pressupõe — como já assinalamos — um juízo de valor ("ama a tua pátria" implica "amar a pátria é bom"). Tanto num juízo quanto no outro se expressa o interesse ou a necessidade de uma comunidade determinada (quer seja um grupo social mais ou menos amplo, quer seja a sociedade em sua totalidade). Mas, se comparamos o juízo de valor antes citado com um juízo normativo correlativo, veremos que o segundo — ou seja, a norma — expressa mais categórica ou imperiosamente aquilo que se apresenta a uma comunidade determinada como uma necessidade. Em poucas palavras, não se exige algo não necessário ou supérfluo do ponto de vista social, mas precisamente aquilo que corresponde vitalmente a uma necessidade da comunidade.

Se reduzimos os juízos morais à expressão de uma atitude emocional ou ao efeito emotivo que podem produzir nos outros, as diferenças de juízos se transformam em diferenças emocionais e,

# ÉTICA

a rigor, não se pode falar de diferenças ou de divergências morais porque certos juízos sejam válidos e outros não. Certamente, o problema da validade de um juízo moral diante de outro desaparece, porque se o juízo "*a*" expressa uma atitude emocional, e "*b*" expressa outra, ambos serão igualmente válidos. Se o juízo moral nada mais é do que a expressão de uma emoção, qualquer emoção confere validade ao juízo que a expressa. As divergências serão emotivas e não propriamente éticas. Mas, se se abandona o princípio de que devem existir razões para se formular um juízo moral, razões que lhe conferem validade com respeito aos outros, e se faz da atitude subjetiva a "razão última", cai-se, por um lado, no *irracionalismo* (não há razões para formular um juízo moral e, logo, não pode ser justificado), e, por outro, no *relativismo* (todos os juízos morais são igualmente válidos, ou todos podem ser igualmente justificados).

Mas, se cada um avalia o mesmo ato e procura influir nos outros através do prisma da sua atitude pessoal emocional, como se pode regular o comportamento dos indivíduos de uma mesma comunidade e como se pode falar, inclusive, de um verdadeiro comportamento moral? Se tudo é igualmente válido e tudo tem a mesma justificação do ponto de vista moral, a consequência lógica não pode ser senão esta: tudo é permitido. Encontramo-nos assim em pleno *amoralismo*.

## 5. O INTUICIONISMO ÉTICO

À diferença dos emotivistas, os intuicionistas éticos admitem que os juízos morais, que incluem o termo "bom", ou que determinam deveres, atribuem propriedades a atos, pessoas ou coisas e que, neste sentido, dizem algo que pode ser considerado verdadeiro ou falso. Mas, ao falar em propriedades, procuram sublinhar claramente a sua discrepância com relação aos naturalistas éticos que identificam o "bom", que é uma propriedade não natural, com o desejado, por exemplo, que é uma propriedade natural ou fatual.

## FORMA E JUSTIFICAÇÃO DOS JUÍZOS MORAIS

(Esta tentativa de definir uma propriedade não natural — como "bom" — por meio de propriedades naturais é chamada por Moore de "falácia naturalista".)

Em contraposição aos naturalistas éticos, os intuicionistas sustentam que a bondade e a obrigatoriedade (a avaliação de que algo constitui um dever) não são propriedades que possam ser observadas empiricamente, mas propriedades não naturais que não podem ser apreendidas pela observação empírica, nem tampouco por um processo racional de análise e demonstração. O bom é indefinível, segundo Moore, e os deveres fundamentais são-nos impostos, de acordo com os intuicionistas Prichard e Ross, sem necessidade de prova, como algo evidente por si. Isto é, são captados de uma maneira direta e imediata: ou seja, por meio da intuição.

Por conseguinte, os juízos morais são intuitivos ou autoevidentes e, logo, podemos considerá-los verdadeiros sem recorrer a nenhuma prova empírica ou a raciocínio. Mas esta justificação do juízo moral por via intuitiva enfrenta uma série de objeções.

Em primeiro lugar, assinalemos que o intuicionismo ético não explica satisfatoriamente o que entende por propriedade natural, à qual pertencem a bondade e a qualidade de ser um dever. Se não são propriedades empíricas, sensíveis — e, na verdade, não o são —, diante de que tipo de propriedade nos encontramos? Diz-se-nos que não são empíricas ou físicas, mas, por sua vez, não se afirma que sejam propriedades humanas ou sociais (bom ou obrigatório somente para o homem). Os intuicionistas nos dizem que são propriedades únicas, simples e indefiníveis, com o que adquirem um estatuto um tanto misterioso ou sobrenatural.

Mas as falhas do intuicionismo ético não se restringem a essa, que acabamos de indicar, pois deve arcar também com as que são próprias ao intuicionismo em geral. Vejamos, em particular, o que acontece quando surge uma discrepância.

Suponhamos que existem as propriedades não naturais do tipo das citadas — por exemplo, a propriedade de que algo constitui um dever — e se formulam dois juízos a respeito desta propriedade sobre a base de sua apreensão direta e imediata. Se duas pessoas

# ÉTICA

(*A* e *B*), numa mesma situação, intuem respectivamente dois deveres que se contrapõem (*A* intui que ambas devem cumprir uma promessa feita anteriormente e *B* que não devem cumpri-la), qual das duas intuições é válida? Ambas, por acaso? Mas as duas não podem sê-lo — como sustentariam os emotivistas — porque, para os intuicionistas, não se trata de atitudes emocionais diferentes, mas de diferentes maneiras de apreender uma propriedade normativa ou algo que constitui um dever. Por conseguinte, numa mesma situação, a apreensão intuitiva de *A* no sentido de que deve ser cumprida a promessa é correta, ao passo que a de *B*, que expressa exatamente o contrário, é errada.

Mas suponhamos que *A* e *B*, conscientes de que as suas intuições são contraditórias, reconhecem que um dos dois está equivocado; nesse caso, como determinar qual delas é válida? E, ao mesmo tempo, como justificar — com respeito à outra — a sua validade? Se ambas são evidentes por si mesmas e se, por outro lado, não se pode recorrer a nenhuma prova ou demonstração que transcenda a própria evidência, é indubitável que *A* e *B*, diante destas questões, se encontrarão num beco sem saída, porque nenhum deles pode justificar a validade do respectivo juízo moral.

Resulta assim que o intuicionismo, ao sustentar que os juízos morais se referem a propriedades não naturais apreendidas direta e imediatamente, não admite a possibilidade de que os mesmos possam ser justificados racional e objetivamente; isto é, que possam apresentar-se razões em favor da sua validade.

## 6. A JUSTIFICAÇÃO RACIONAL DOS JUÍZOS MORAIS

Com respeito ao problema do significado ou da natureza dos juízos morais, assim como da justificação da sua validade, as duas posições que acabamos de examinar levam respectivamente às seguintes conclusões: a) os juízos morais não podem ser explicados porque são apenas a expressão de uma atitude emocional, ou da tendência subjetiva a suscitar um efeito emotivo nos outros, razão

## FORMA E JUSTIFICAÇÃO DOS JUÍZOS MORAIS

pela qual só se justificam emocionalmente, isto é, de uma maneira irracional (*emotivismo*); b) os juízos morais desempenham uma função cognoscitiva, porque eles apreendem uma propriedade valiosa, mas como esta apreensão é intuitiva (ou seja, direta ou imediata) não se podem apresentar razões a favor ou contra e, por conseguinte, não podem ser justificados racionalmente (*intuicionismo*).

Pois bem; a própria natureza da moral — e tanto mais quanto mais se eleva e enriquece no decurso do seu desenvolvimento histórico-social — exige uma justificação racional e objetiva dos juízos morais. Já indicamos que a moral cumpre uma função necessária, como meio de regulamentação do comportamento dos indivíduos, coisa que nenhuma comunidade humana pode dispensar. Vimos também que os princípios, valores e normas, de acordo com os quais se organiza esta regulamentação, devem passar pela consciência do indivíduo, que assim os assimila ou interioriza, adequando voluntariamente suas próprias ações, ou exortando os outros para que se adequem com eles, de um modo igualmente voluntário e consciente.

Mas, nas primeiras fases do desenvolvimento social, ou nas sociedades primitivas, que possuem uma moral também primitiva, os indivíduos se caracterizam, do ponto de vista moral, por sua reduzida capacidade de interiorização: acomodam-se às normas não tanto por uma convicção íntima quanto pela força da tradição e do costume: porque "sempre se fez assim" ou "assim fazem os outros". A justificação racional dos juízos morais é muito pobre; o código moral da comunidade é aceito, em geral, sem necessidade de que a sua aplicação deva ser justificada em cada caso. Porém, à medida que se percorrem novas e amplas fases do desenvolvimento histórico-social da humanidade e a sua moral se eleva e enriquece, e, sobretudo, quando ela adquire — já nos tempos modernos — um conteúdo humanista, a justificação racional se torna cada vez mais necessária para que possa cumprir mais firmemente a sua função social reguladora. A passagem da moral baseada nos costumes e na tradição para uma moral reflexiva, ou, também, de uma moral

ÉTICA

heterônoma e sobre-humana para outra autônoma, humanista, evidencia-se na necessidade cada vez maior de uma justificação racional das normas e dos atos morais.

O verdadeiro comportamento moral não se exaure, pois, no reconhecimento de determinado código por parte dos indivíduos, mas reclama por sua vez — e a isto tende o progresso moral — a justificação racional das normas que se aceitam e se aplicam. E é aqui onde a ética, como teoria, contribui para abrir o caminho de uma moral mais elevada e, sobretudo, solucionando o problema, em primeiro lugar, de saber se é possível uma justificação racional da moral e, particularmente, dos seus juízos de valor e das suas normas e, em segundo lugar, o problema de quais seriam — se esta justificação é possível — as razões ou os critérios justificativos que se poderiam aduzir.

Já refutamos duas respostas negativas a estas duas perguntas: a do emotivismo e a do intuicionismo. Mas a rejeição dos seus argumentos não fez senão propor ainda com mais força o problema da necessidade e da possibilidade de justificar racionalmente os juízos morais. Enfrentemos então diretamente o problema.

## 7. A "GUILHOTINA" DE HUME

Há já algum tempo se proclama que nos está fechado um caminho para uma justificação racional dos juízos morais: deduzir logicamente de algo que *é* algo que *deve ser*, ou ainda: derivar de um juízo fatual um juízo normativo. A este propósito, costuma-se citar a seguinte passagem de Hume (do seu *Tratado do entendimento humano*):

"Em todos os sistemas de moralidade que examinamos até agora se terá notado sempre que o autor, por certo tempo, exprime-se de uma maneira habitual, e estabelece a existência de Deus, ou faz comentários sobre os assuntos humanos; mas de repente surpreende deparar com o fato de que — em lugar dos verbos

FORMA E JUSTIFICAÇÃO DOS JUÍZOS MORAIS

copulativos '*ser*' e '*não ser*' entre as proposições — não há mais nenhuma proposição que não esteja ligada por um '*devia*' ou '*não devia*'. Esta mudança é imperceptível; contudo, é de grande importância. Porque, dado que esse '*devia*' ou '*não devia*' expressa uma nova relação ou afirmação, é necessário que se analise e se explique; e, ao mesmo tempo que se dá alguma razão de algo que nos parece inconcebível, será preciso que nos expliquem como esta nova relação pode ser uma dedução de outras que são totalmente diferentes."

Este argumento é considerado tão demolidor que Max Black o chama de "a guilhotina de Hume". Tudo aquilo que pretende passar de um *é* a um *deve ser*, como se passa de uma premissa para uma conclusão, terá necessariamente que cair sob esta guilhotina. Duzentos anos mais tarde, G. E. Moore vem reforçar o argumento de Hume com a sua famosa "falácia naturalista", segundo a qual não se pode definir uma propriedade não natural, como o "bom", por meio de propriedades naturais; quer dizer, não se pode passar logicamente do natural (o não ético) ao não natural (o ético). Mas, voltando à guilhotina de Hume, como se nos apresenta na passagem citada, deve-se reconhecer que aquilo que cai sob ela é a tentativa de deduzir uma conclusão que inclua algo não contido na premissa (um "deve ser" de um "é"). Tal dedução, certamente, é ilegítima do ponto de vista lógico, mas isso não significa que o reino do dever ser não tenha nenhuma relação ou, inclusive, não assente as suas raízes no mundo do ser; ou que entre o fato e o valor (neste caso, a bondade ou o dever) exista um abismo intransponível, coisa que já refutamos antes quando nos ocupamos dos valores. Como não existem os valores em si, mas pura e simplesmente fatos ou objetos valiosos, tal dicotomia carece de sentido.

Mas, voltando ao ponto que nos interessa nesta seção, e considerando sobretudo os juízos normativos, pode-se aceitar que a norma moral — que implica um dever ser — não pode ser identificada com o mero registro de um fato, isto é, com um juízo fatual. Assim, por exemplo, as normas "não faças ao outro o que não

ÉTICA

queres que te façam", ou "deves preferir os interesses da pátria aos da amizade" etc., não informam a respeito dos fatos e, portanto, não podem justificar-se pelo comportamento efetivo dos membros da comunidade. As normas indicam o dever de que os indivíduos ajustem o seu comportamento às normas em questão. Pode acontecer que tal comportamento não se verifique na realidade e que, pelo contrário, os indivíduos atuem em contradição com elas. Mas esta contradição, que implica a total ou parcial inexistência do comportamento devido, não anula a validade da norma. Mas, mesmo que tal contradição não se desse, e o comportamento efetivo dos membros correspondesse ao prescrito pela norma, o juízo fatual a respeito do comportamento predominante na comunidade ("todos fazem $x$" isto é, cumprem a norma "faz $x$"), este juízo não poderia legitimar ou justificar a norma, porque esta não se deduz logicamente dele. Aduzimos antes o exemplo de uma norma que consideramos válida, ainda que entre em contradição com o comportamento dos membros da comunidade e qualquer que seja o nível em que este comportamento se realiza. Agora podemos dar o exemplo contrário para corroborar o mesmo: nos Estados segregacionistas da América do Norte, a maioria da população não considera moralmente reprovável humilhar ou maltratar um negro; apesar disto, não se poderia aceitar de maneira alguma que as normas reguladoras deste comportamento e aceitas pela população branca sejam válidas.

Vemos, portanto, que os juízos fatuais sobre o comportamento dos homens reais de uma comunidade determinada não podem justificar as normas que prescrevem este comportamento. Por sua vez, quando se reprova moralmente um comportamento dominante (como acontece nos países onde ainda predomina o racismo), reprova-se de acordo com as normas ou com um código moral que contradiz o comportamento predominante na comunidade. Logo, o que se deve fazer, nesses casos, não pode ser justificado mediante aquilo que os indivíduos fazem realmente.

De outro lado, se se pudesse justificar os juízos morais recorrendo aos fatos, a uma situação efetiva, não se teria critério para

## FORMA E JUSTIFICAÇÃO DOS JUÍZOS MORAIS

justificar o comportamento moral oposto de duas comunidades distintas, a não ser que se adotasse, com todas as suas consequências, esta conclusão relativista: justifica-se o comportamento de vários indivíduos ou comunidades humanas pela simples razão de que assim se comportam efetivamente. Não haveria, portanto, razão alguma de condenar moralmente certa forma de comportamento predominante na Alemanha nazista, ou, na atualidade, nos países que ainda sofrem as práticas do racismo ou do colonialismo.

Assim, a impossibilidade lógica de que um juízo moral normativo (um "dever ser") seja deduzido de um juízo fatual (um "é"), ou de que o fatual se eleve à categoria de norma, não quer dizer que o fato tenha valor por si e tampouco que o valor possa existir independente do fato, ou que a norma possa surgir e valer abstraindo da realidade humana efetiva.

A última observação significa, portanto, que se é certo — como já sublinhamos — que a norma não pode ser deduzida de um juízo fatual, nem por isto está suspensa no ar como se nada tivesse a ver com os fatos. Assim, por exemplo, embora seja verdade que a norma "não se deve discriminar ninguém por motivos raciais" não pode ser deduzida logicamente do juízo que informa a respeito da situação efetiva em que uma raça supostamente inferior se encontra num país, prescindindo de que a discriminação seja praticada pela maioria da comunidade ou por uma ínfima minoria, a própria norma se refere a uma série de fatos que reclamam a sua formulação e a sua aplicação: a) a discriminação causa humilhações e sofrimentos; b) a discriminação encobre, por sua vez, uma espantosa discriminação econômica e é, portanto, origem de miséria e de dolorosas privações; c) a ciência demonstra que não existem raças inferiores etc. Todos estes fatos reclamam e impelem para a abolição da discriminação racial e as normas estão em correspondência com esta necessidade.

Assim, portanto, embora as normas não possam ser derivadas logicamente dos juízos a respeito dos fatos citados, é preciso recorrer a eles para compreender a sua existência, a sua necessidade social e, inclusive, a sua validade, ainda que — como veremos na

ÉTICA

seção seguinte — não baste apoiar-se nos fatos para justificar a sua razão de ser.

Em suma, a "guilhotina de Hume" não impede que se recorra aos juízos factuais para neles encontrar razões a favor de um juízo normativo. Estas razões — precisamente porque derivam dos fatos — podem desaparecer com o tempo, ou também subsistir, determinando assim, respectivamente, uma anulação ou um enriquecimento da validade da norma correlativa.

E, depois de ter posto em evidência a verdadeira relação entre os fatos e a norma, ou entre os juízes factuais e os normativos, podemos examinar os critérios fundamentais de justificação das normas morais.

## 8. CRITÉRIOS DE JUSTIFICAÇÃO MORAL

Em nossa opinião, podem-se distinguir cinco critérios fundamentais de justificação das normas morais. Como veremos, estes critérios exigem necessariamente que não consideremos a norma moral como algo absoluto, sobre-humano ou intemporal, que existe em si ou por si, mas como um produto humano que somente existe, vale e se justifica como nexo de relações. A consideração da norma nestas diversas relações dá lugar aos seguintes critérios de justificação — social, prática, lógica, científica e dialética — da sua validade; critérios que, por sua vez, também estão mutuamente relacionados.

I. *A Justificação Social* — Na medida em que a moral desempenha a função social de garantir o comportamento dos indivíduos de uma comunidade numa determinada direção, toda norma corresponde a interesses e necessidades sociais. Somente a norma que exige o comportamento adequado, ou seja, a que se ajusta a estes interesses e necessidades, justifica-se e é válida na comunidade social respectiva. A validade de uma norma é, portanto, inseparável de certa necessidade social. Se entra em contradição com ela,

FORMA E JUSTIFICAÇÃO DOS JUÍZOS MORAIS

será inoperante e, por conseguinte, não se justificará no âmbito da comunidade em questão. Isto é, a sua exigência de realização ou a sua capacidade de promover certas ações será nula, porque está em contradição com as necessidades e interesses sociais da comunidade.

Não se deve confundir esta contradição entre uma norma e determinados interesses e necessidades sociais com a contradição que indicamos antes entre a norma que responde a estes interesses e necessidades e o comportamento efetivo dos membros da comunidade em questão. No primeiro caso, a norma não tem validade: no segundo, a contradição não afeta a sua validade. Poderíamos dizer também que, neste último caso, a norma é a própria expressão da contradição entre a necessidade social da comunidade que exige certo comportamento dos indivíduos e o comportamento efetivo dos indivíduos, que não concorda com os interesses e as necessidades sociais. Na comunidade vigoram as normas "não roubes" ou "não mintas", precisamente porque se verificam realmente, ou em potência, roubos, assassinatos ou enganos. Mas esta contradição entre a norma e o comportamento efetivo dos indivíduos, que não atinge a sua validade, se dá exatamente com respeito a uma norma que, longe de estar em contradição com os interesses e necessidades sociais, corresponde a eles.

Por isso, a norma tende a regular o comportamento dos indivíduos de acordo com a necessidade e o interesse de determinada comunidade e, por conseguinte, justifica-se na medida em que está de acordo com eles. Portanto, toda norma, para ser justificável, deve ser situada num contexto humano concreto, isto é, no quadro de uma comunidade histórico-social determinada.

Em conclusão, *numa comunidade em que se verifica a necessidade* x *ou o interesse* y, *justifica-se a norma que exige o comportamento adequado.*

II. *A Justificação Prática* — Toda norma implica uma exigência de realização; por isto, é o guia de uma ação, já que com ela se pretende regular o comportamento dos indivíduos ou de um grupo

ÉTICA

social de acordo com os interesses da comunidade. Mas toda norma moral, enquanto tende a traduzir-se em atos concretos, exige certas condições reais para o seu cumprimento. Se exige determinada ação quando não se verificam as condições necessárias para a sua realização, a norma será irrealizável e, portanto, não poderá justificar-se. Por sua vez, a inexistência de certas condições reais pode justificar uma norma que, se existissem aquelas condições, seria imoral.

Assim, por exemplo, nas comunidades primitivas que ainda não conheciam um excedente de produção, porque o que produziam mal dava para satisfazer necessidades elementares, a existência de anciãos que não podiam executar trabalho algum ou a conservação da vida dos prisioneiros, que não se sabia como empregar, constituíam um sério obstáculo para a subsistência da comunidade. Nestas condições reais, uma norma moral que postulasse a conservação da vida dos anciãos ou o respeito da vida dos prisioneiros não teria podido justificar-se, porque não existiam as condições reais (desenvolvimento da produção e do trabalho humano com a relativa existência de produtos excedentes, que permitisse alimentar uma população inativa) para que uma semelhante norma não entrasse em contradição com os interesses e as necessidades da comunidade.

Uma norma moral só poder-se-á justificar se se verificam as condições reais para que a sua aplicação não se oponha às necessidades sociais da comunidade.

Logo, *numa determinada comunidade na qual se verificam as condições necessárias, justifica-se a norma que corresponde a tais condições.*

III. *A Justificação Lógica* — As normas não existem isoladas, mas formam parte de um conjunto articulado ou sistema, que constituem o que se chama de "código moral" da comunidade. Este código deve caracterizar-se pela não contraditoriedade de suas normas e por sua coerência interna. Sem dúvida, podem verificar-se contradições entre a norma que prescreve determinado comportamento dos indivíduos e o seu comportamento efetivo ou

FORMA E JUSTIFICAÇÃO DOS JUÍZOS MORAIS

também entre normas de códigos morais distintos, mas — dentro de um mesmo código moral — uma norma não pode entrar em contradição com outra, com a norma fundamental ou com o valor em torno dos quais se articula sistematicamente todo o código.

O código moral — como sistema normativo — não se justifica por si mesmo, já que é relativo a determinada comunidade humana. Pois bem, uma norma pode ser justificada logicamente, embora não apareça numa relação direta com os interesses e necessidades sociais, na medida em que mostra a sua coerência e não contraditoriedade com as normas fundamentais do código do qual faz parte. Justificando logicamente uma norma, não a separamos, contudo, do contexto humano concreto no qual nasce: pelo contrário, colocamo-la em relação com ele, mas não diretamente, e sim através das normas fundamentais das quais se deduz logicamente ou do sistema ao qual pertence.

A justificação lógica das normas satisfaz, em definitivo, à função social de toda moral, porque impede que uma comunidade determinada elabore normas arbitrárias ou caprichosas que, precisamente por não se integrarem no respectivo sistema normativo, entrariam em contradição com os interesses e necessidades da comunidade.

Assim, portanto, *uma norma se justifica logicamente se demonstra a sua coerência e não contraditoriedade com respeito às demais normas do código moral do qual faz parte.*

IV. *A Justificação Científica* — Uma norma se justifica cientificamente quando não só se adapta à lógica, mas também aos conhecimentos científicos já estabelecidos, ou é compatível com as leis científicas conhecidas (Bunge).

É preciso que as normas morais tendentes a regular as relações entre os homens contem com os conhecimentos que, a seu respeito, proporcionam várias ciências (fisiologia, psicologia, biologia, economia política, sociologia, antropologia física, social, cultural etc.), ou, pelo menos, não devem entrar em contradição com os

# ÉTICA

conhecimentos científicos já comprovados. Normas morais que, no passado, se aplicavam às crianças, às mulheres, aos doentes mentais, aos criminosos e aos habitantes de regiões muito atrasadas, tinham como pressupostos falsas ideias a respeito do homem e da mulher, da existência de povos e raças inferiores, a ideia de que o choque das diferentes ambições redunda no interesse da comunidade ou que, tendendo cada um a conseguir o seu bem-estar econômico, se garante a comunidade de interesses na sociedade etc. Pois bem, não se podem justificar os juízos morais que se baseiem em pressupostos que a ciência recusa ou que são incompatíveis com as leis científicas já descobertas.

Vemos, portanto, que embora uma norma se justifique socialmente — na medida em que satisfaz os interesses e necessidades de uma comunidade — somente se poderá justificar cientificamente se fundada em conhecimentos científicos e compatível com o nível que estes mantêm no momento em que a norma é formulada. Por esta razão, é fácil compreender que as justificações sociais e práticas de uma norma podem entrar em contradição com a justificação científica, como aconteceu no passado. Assim, por exemplo, as normas morais com as quais os colonialistas ainda pretendem regular o comportamento dos indivíduos nos países coloniais ou neocoloniais continuam sendo — como em outros tempos — normas que pressupõem — contra o estabelecido pelo conhecimento científico — uma suposta inferioridade dos povos subjugados. Quando a ciência muito bem evidencia o que há séculos não podia ser demonstrado, a justificação destas normas passa a carecer completamente de valor científico e assume um caráter exclusivamente ideológico.

Conclui-se que, *dado o nível de conhecimentos alcançado pela sociedade, uma norma moral se justifica cientificamente somente se baseada nesses conhecimentos ou compatível com os mesmos.*

V. *A Justificação Dialética* — Um código moral, com as normas que o integram, é um produto humano e, como tal, forma parte do

## FORMA E JUSTIFICAÇÃO DOS JUÍZOS MORAIS

processo prático histórico da humanidade, que também abrange um processo histórico moral. Dado que a história da moral tem um sentido ascensional — como já sublinhamos ao falar do progresso moral —, uma norma ou um código moral se justificam pelo lugar que ocupam dentro deste movimento progressivo.

O progresso moral se caracteriza, como já assinalamos, por um crescimento do domínio dos homens sobre si mesmos; por suas relações cada vez mais conscientes, livres e responsáveis com respeito aos outros; pela regulamentação dos seus atos de tal maneira que os interesses pessoais se combinem cada vez melhor com os da comunidade; por uma afirmação cada vez mais plena de sua convicção íntima em contraste com a aceitação puramente formal ou externa das regras da convivência etc. Por isto, o progresso moral é processo de aproximação a uma moral universalmente humana, à medida que se vão formando as condições reais para isso.

Dentro deste processo ascensional, uma norma ou um código moral têm um caráter relativo e transitório. Determinadas normas — como as antes citadas da comunidade primitiva — desaparecem para sempre. Mas outras subsistem, corrigidas ou enriquecidas, e, já com conteúdo mais rico, passam a fazer parte de uma moral superior e mais universal. Assim, por exemplo, o princípio moral kantiano verdadeiramente humanista "trata sempre o homem como um fim e não como um meio", que se apresenta com uma forma universal abstrata e uma aplicação limitada, enquanto não se verificam as condições reais para a sua plena e universal realização — isto é, enquanto a sociedade permanece estruturada de tal modo que necessariamente transforma o homem em meio, coisa, mercadoria —, adquire em novas condições sociais toda a riqueza e a universalidade concreta que antes não podia ter. E, ainda que este princípio moral nas suas diferentes formulações tenha obedecido a interesses e necessidades de várias comunidades humanas ou classes sociais, nada impede que já contivesse elementos positivos universais que, posteriormente, puderam revelar toda a sua riqueza.

Isso significa que uma norma ou um código moral não pode ser considerado como algo imóvel e fixo, mas dentro do movimento

ÉTICA

ascensional no qual explicitam toda a sua riqueza. Neste sentido, na medida em que uma norma ou um código se apresenta como um degrau ou uma fase deste processo de universalização da moral, e não como algo estático e imutável, é possível falar de uma justificação dialética. Pelo contrário, existem normas que, embora no passado e no presente sirvam aos interesses de uma comunidade social determinada — como, por exemplo, as normas primitivas antes citadas ou as normas racistas ainda em vigor —, não se podem justificar dialeticamente, porque não trazem elementos positivos suscetíveis de se enriquecer ou de se integrar numa moral superior ou universalmente humana.

Logo, *uma norma moral se justifica dialeticamente quando contém aspectos ou elementos que, no processo ascensional moral, se integram em um novo nível numa moral superior.*

## 9. A SUPERAÇÃO DO RELATIVISMO ÉTICO

Depois de expor os nossos cinco critérios de justificação dos juízos morais, é preciso que nos proponhamos esta última e decisiva pergunta: podemos superar o relativismo ético quando justificamos, como fizemos, os juízos morais, ou seja, quando sustentamos que se podem apresentar várias razões em favor da sua validade?

O relativismo ético parte do princípio já sublinhado, isto é, que diferentes comunidades julgam de maneira diferente o mesmo tipo de atos ou postulam diversas normas morais diante de situações semelhantes. É necessário procurar a causa destas diferenças na diversidade de interesses e necessidades das respectivas comunidades. O relativismo ético proclama, portanto, que os juízos morais, relativos a diferentes grupos sociais ou comunidades e, que, por conseguinte, são diferentes entre si e, inclusive, contraditórios, justificam-se pelo contexto social correspondente.

Mas este relativismo não se limita a justificar um juízo moral pela relação com a comunidade na qual se formula, mas considera que um juízo diferente, ou até oposto, será igualmente correto,

## FORMA E JUSTIFICAÇÃO DOS JUÍZOS MORAIS

porque também corresponde a necessidades e interesses. Cada juízo moral ficaria justificado por esta referência e, portanto, todos seriam igualmente válidos. Tal é o núcleo do relativismo no terreno moral.

Pois bem; suponhamos que nos deparamos com duas comunidades humanas $C$ e $C'$ nas quais, de acordo com os seus interesses e necessidades particulares, se formulam respectivamente as normas $N$ ("Faz $x$") e $N'$ ("Não faças x"). Segundo o relativismo ético, $N$ será válida em $C$ e $N'$ em $C'$. Quer dizer que as normas "faz $x$" e "não faças $x$" não terão validade por si mesmas, mas somente por sua relação com a respectiva comunidade. Mas esta justificação social, que aceitamos anteriormente (como critério I) não implica necessariamente um critério relativista. Já sublinhamos que cada código moral — e, por intermédio dele, cada norma — é relativo a uma dada comunidade (a seus interesses e necessidades comuns), o que explica por que esta aceita esse código e não outro. Mas, embora esta justificação não acarrete necessariamente uma posição relativista, também não a exclui necessariamente, porque se somente empregássemos este critério de justificação (I), seria preciso chegar à conclusão — esta realmente relativista — de que a norma $N'$, oposta à que vigora em $C$, seria igualmente válida.

Deve ficar claro que o relativismo ético não consiste em pôr em relação uma norma com uma comunidade respectiva, mas em sustentar que dois juízos normativos distintos ou opostos, a respeito do mesmo ato, têm a mesma validade. Mas o fato de que duas normas (uma racista e a outra antirracista, por exemplo) refiram-se a diferentes ou opostas necessidades sociais não significa que sejam igualmente válidas. Suas relações respectivas com os interesses e as necessidades de um setor social justificam somente uma validade relativa (na medida em que, em ambos os casos, cumprem a função social de harmonizar o comportamento dos indivíduos com as necessidades e os interesses da comunidade respectiva), mas a validade de uma destas normas (a racista) não pode estender-se além dos limites estreitos da comunidade cujos

ÉTICA

interesses e necessidades expressa. Na medida em que transcende estes limites — e não pode deixar de transcendê-lo, porque as suas consequências afetam os membros de outra comunidade —, o válido ou justo se revela como inválido ou injusto, precisamente pela impossibilidade de transcender a sua particularidade (o âmbito dos interesses e necessidades de sua comunidade).

Vemos, portanto, que, embora seja certo que a natureza relativa de um código moral não acarreta necessariamente um relativismo, também não o evita em princípio. Em suma, a justificação social (I) não basta sozinha para escapar a escolha do relativismo.

Por motivos análogos, também não nos pode salvar do relativismo ético o critério de justificação prática (II), segundo o qual para justificar uma norma exige-se não só que se adeque aos interesses e necessidades da comunidade, mas também que se verifiquem as condições reais para o seu cumprimento. Pode acontecer que duas normas, opostas e contraditórias, sejam realizáveis porque existem as exigidas condições reais indispensáveis. Por esta razão, será preciso afirmar que ambas são igualmente válidas? Se nos atemos exclusivamente a este critério (II), que justifica uma norma pela viabilidade da sua realização, é evidente que sim, com o que continuaríamos navegando no pélago do relativismo. Mas o verdadeiro alcance desta justificação prática está mais naquilo que nega. De fato, não se trata tanto de justificar tudo aquilo que pode ser realizado, quanto de não justificar uma norma moral quando não se verificam as condições reais para a sua aplicação. Mas este critério é aplicável a qualquer norma, sejam quais forem as necessidades e interesses aos quais corresponde: donde a ameaça dos mesmos perigos relativistas que interfeririam no critério anterior (I), com o qual, aliás, está intimamente relacionado.

Mas, por acaso, a exigência de coerência e de não contraditoriedade entre as normas de um sistema ou de um código moral — postulada pelo critério de justificação lógica (III) — não permitirá escapar ao grave escolho do relativismo? Certamente, a integração de uma norma num sistema ou código, dentro do qual se articula logicamente, invalida qualquer norma arbitrária ou caprichosa

## FORMA E JUSTIFICAÇÃO DOS JUÍZOS MORAIS

(isto é, incoerente ou contraditória com respeito ao todo), mas, se se considerasse suficiente este critério, resultaria que duas normas opostas entre si, mas igualmente coerentes e não contraditórias com os seus respectivos códigos, teriam a mesma validade. E, mais uma vez, o relativismo se faria presente.

Tudo o que expusemos anteriormente significa que os três primeiros critérios de justificação — social, prática e lógica — têm um alcance limitado e resultam, portanto, insuficientes porque, embora permitam justificar uma norma pelas necessidades de uma comunidade (I), pelas condições da sua realização (II), ou pela sua articulação lógica com um determinado código moral (III), não permitem, entretanto, estabelecer exatamente aquilo que pode salvar-nos do relativismo: critérios de validade entre normas que vigoram em diferentes comunidades, que formam parte de códigos distintos, ou que surgem em diferentes etapas do desenvolvimento histórico-social da humanidade. Por conseguinte, é preciso recorrer a critérios que, sem excluir a relatividade da moral, não acarretem necessariamente um relativismo.

O critério de justificação científica (IV) impede situar num mesmo plano duas normas opostas de códigos distintos, ou de dois sistemas morais contraditórios ou diversos no tempo, se uma destas normas ou um destes códigos tem por base pressupostos que a ciência recusa ou são incompatíveis com o nível atual dos conhecimentos científicos. Assim, por exemplo, se recusa a validade das normas racistas ou das normas tradicionais que regulam as relações entre os homens e as mulheres porque se baseiam em princípios cuja falsidade foi demonstrada pela ciência (existência de raças inferiores ou inferioridade mental da mulher). Tanto num caso quanto no outro, estas normas poderiam ser justificadas, em algumas comunidades, mediante os três critérios antes citados, isto é, prática e logicamente. Contudo, de acordo com o presente critério (IV), não se pode justificar uma norma que derive de uma premissa cuja falsidade a ciência se encarregou de demonstrar; e, por esta razão, duas normas opostas que se referem a necessidades

ÉTICA

e interesses distintos não podem ter a mesma validade, se uma delas não se justifica cientificamente. Aqui o relativismo tropeça numa barreira insuperável, porque dispomos de um critério firme para invalidar um juízo moral. Mas, apesar disto, por não se tratar de um critério especificamente ético, a concordância do juízo moral com o conhecimento científico não basta para justificar o grau de validade de uma norma ou de um código além das necessidades ou das condições sociais a que correspondem.

É o critério de justificação dialética (V), que, situando uma norma ou um código num processo histórico ascensional, permite, de um lado, reconhecer a relatividade da moral (evidenciada pelos critérios I, II, III), e, do outro, admitir a existência de elementos positivos que vão além das limitações e particularidades das necessidades sociais da respectiva comunidade e das condições reais que explicam a sua aparição e a sua aplicação.

Através de zigue-zagues, retrocessos e contradições, observa-se no processo histórico-moral um movimento ascensional de uma moral para outra ou, como já indicamos, um progresso moral. A relatividade das morais — e, portanto, das suas normas e códigos — não leva necessariamente ao relativismo ético, isto é, à concepção de que todas, por sua relatividade, são igualmente válidas. Determinados sistemas morais, sem deixar de ser relativos e transitórios, contêm elementos que sobrevivem e se integram posteriormente numa moral mais elevada.

Existe um progresso rumo a uma moral verdadeiramente universal e humanista, que parte das morais primitivas e que passa pelas morais de classe com as limitações e particularismos. E se pode falar de progresso, de elevação a níveis morais mais altos, na medida em que se afirmam os aspectos propriamente morais: domínio de si mesmo, decisão livre e consciente, responsabilidade pessoal, harmonização do individual e do coletivo, libertação da coação externa, predomínio da convicção interna sobre a adesão externa e formas às normas, ampliação da esfera moral na vida social, primazia dos estímulos morais sobre os materiais nas nossas atividades etc.

## FORMA E JUSTIFICAÇÃO DOS JUÍZOS MORAIS

Todos estes aspectos do comportamento moral nos servem para definir o lugar ocupado por uma norma ou um código, ou determinada moral no seu conjunto, dentro do processo histórico-moral. E, ademais, permitem-nos compreender até que ponto a sua validade caducou ou se conserva dentro desse processo. Da mesma maneira, permite-nos justificar assim — isto é, dialeticamente — a validade de uma norma ou de um código moral diante de outra norma ou de outro código que postulem atos humanos diametralmente postos. Esta justificação dialética nos proíbe — contra as afirmações do relativismo ético — situar normas diversas, relativas a diferentes comunidades ou a diversas épocas, no mesmo plano, considerando-as igualmente válidas.

Que alcance têm, então, os critérios I, II e III, que se baseiam na relatividade da moral, isto é, nos seus aspectos relativos, históricos, condicionados? Impedem-nos de justificar uma norma, um ato, um código ou uma moral determinada fora de seu contexto concreto (social ou formal) e de aplicar-lhe um critério absoluto que não tome em consideração a sua relatividade. Mas, somente recorrendo aos critérios IV e V, podemos impedir que o relativo estenda os seus limites para além das necessidades e condições sociais respectivas, elevando assim ao plano do absoluto o que é somente relativo, histórico e limitado.

Se uma norma ou um código moral contém elementos que se integram numa nova moral mais elevada, isso significa que o relativo se transcende a si mesmo — às necessidades e condições sociais às quais correspondia — mas o relativo se transcende para elevar-se a um outro nível, para enriquecer o seu conteúdo, para integrar-se com os seus elementos positivos numa moral mais universal e humana. E isto impede de transformar o relativo num novo absoluto.

Conclui-se que a relatividade da moral não acarreta necessariamente um relativismo, dado que nem todas as morais se encontram no mesmo plano, porque nem todas — consideradas historicamente como etapas ou elementos de um processo ascensional, progressivo — têm a mesma validade. O que, afinal, quer dizer: todas as

ÉTICA

normas, os códigos ou as morais efetivas são *relativas a...* e, por isto, podem ser justificadas pelos critérios I, II e III; mas, ao colocar umas em relação com as outras, como elementos de um processo histórico-moral, nem todas estas relações ou relatividades têm o mesmo alcance do ponto de vista do progresso moral. E disto decorre a necessidade de justificá-las dialeticamente.

CAPÍTULO XI Doutrinas éticas fundamentais

## 1. ÉTICA E HISTÓRIA

As doutrinas éticas fundamentais nascem e se desenvolvem em diferentes épocas e sociedades como respostas aos problemas básicos apresentados pelas relações entre os homens, e, em particular, pelo seu comportamento moral efetivo. Por isto, existe uma estreita vinculação entre os conceitos morais e a realidade humana, social, sujeita historicamente à mudança. Por conseguinte, as doutrinas éticas não podem ser consideradas isoladamente, mas dentro de um processo de mudança e de sucessão que constitui propriamente a sua história. Ética e história, portanto, relacionam-se duplamente: a) com a vida social e, dentro desta, com as morais concretas que são um dos seus aspectos; b) com a sua história própria, já que cada doutrina está em conexão com as anteriores (tomando posição contra elas ou integrando alguns problemas e soluções precedentes), ou com as doutrinas posteriores (prolongando-se ou enriquecendo-se nelas).

Em toda moral efetiva se elaboram certos princípios, valores ou normas. Mudando radicalmente a vida social, muda também a vida moral. Os princípios, valores ou normas encarnados nela entram em crise e exigem a sua justificação ou a sua substituição por outros. Surge então a necessidade de novas reflexões ou de uma nova teoria moral, pois os conceitos, valores e normas vigentes se tornaram problemáticos. Assim se explica a aparição e sucessão de doutrinas éticas fundamentais em conexão com a mudança e a sucessão de estruturas sociais, e, dentro delas, da vida moral. Sobre este fundo histórico-social e histórico-moral, examinemos agora algumas doutrinas éticas fundamentais.

## DOUTRINAS ÉTICAS FUNDAMENTAIS

## 2. ÉTICA GREGA

Os problemas éticos são objeto de uma atenção especial na filosofia grega exatamente quando se democratiza a vida política da antiga Grécia e particularmente de Atenas. Ao naturalismo dos filósofos do primeiro período (os pré-socráticos), sucede uma preocupação com os problemas do homem, e, sobretudo, com os problemas políticos e morais. As novas condições que se apresentam no século V (a.n.e.) em muitas cidades gregas — e especialmente em Atenas — com o triunfo da democracia escravista sobre o domínio da velha aristocracia, com a democratização da vida política, com a criação de novas instituições eletivas e com o desenvolvimento de uma intensa vida pública, deram origem à filosofia política e moral. As ideias de Sócrates, Platão e Aristóteles neste campo estão relacionadas com a existência de uma comunidade democrática limitada e local (o Estado-cidade ou *polis*), ao passo que a filosofia dos estoicos e dos epicuristas surge quando este tipo de organização social já caducou e a relação entre o indivíduo e a comunidade se apresenta em outros termos.

## I. *Os Sofistas*

Constituem um movimento intelectual na Grécia do século V (a.n.e.). O vocábulo "sofista" — que desde Platão e Aristóteles toma um sentido pejorativo — originalmente significa mestre ou sábio, como o mostra sua semelhança com a palavra grega *sofia* (sabedoria). O sofista reage contra o saber a respeito do mundo porque o considera estéril e se sente atraído especialmente por um saber a respeito do homem, particularmente político e jurídico. Mas não ambiciona um conhecimento gratuito especulativo, mas prático, tendente a influir na vida pública. Por esta razão, os sofistas se transformam em mestres que ensinam principalmente a arte de convencer, ou retórica. Numa sociedade em que o cidadão intervém ativamente e é muito importante ter êxito na vida política, a arte de expor, argumentar ou discutir ensinada pelos

ÉTICA

sofistas — cobrando por isto, com grande escândalo dos seus concidadãos — não deixa de ter uma aceitação excepcional, até o ponto de convertê-los numa verdadeira força social. Mas esta arte de persuadir é desenvolvida e transmitida pondo em dúvida não só a tradição, mas a existência de verdades e normas universalmente válidas. Não existe nem verdade nem erro, e as normas — por serem humanas — são transitórias. Protágoras cai assim no relativismo ou subjetivismo (tudo é relativo ao sujeito, ao "homem, medida de todas as coisas"), e Górgias sustenta que é impossível saber o que existe realmente e o que não existe.

## II. *Sócrates*

Nasce em Atenas em 470 (a.n.e.); adversário da democracia ateniense e mestre de Platão; acusado de corromper a juventude e de impiedade é condenado a beber cicuta e morre em 399. Compartilha o desprezo dos sofistas pelo conhecimento da natureza, bem como sua crítica da tradição, mas rejeita o seu relativismo e o seu subjetivismo.

Para Sócrates, o saber fundamental é o saber a respeito do homem (daí a sua máxima: "conhece-te a ti mesmo"), que se caracteriza, por sua vez, por estes três elementos: 1) é um conhecimento universalmente válido, contra o que sustentam os sofistas; 2) é, antes de tudo, conhecimento moral; e 3) é um conhecimento prático (conhecer para agir retamente).

Portanto, a ética socrática é racionalista. Nela encontramos: a) uma concepção do bem (como felicidade da alma) e do bom (como o útil para a felicidade); b) a tese da virtude (*areté*) — capacidade radical e última do homem — como conhecimento, e do vício como ignorância (quem age mal é porque ignora o bem; por conseguinte, ninguém faz o mal voluntariamente), e c) a tese, de origem sofista, segundo a qual a virtude pode ser transmitida ou ensinada.

Resumindo, para Sócrates, bondade, conhecimento e felicidade se entrelaçam estreitamente. O homem age retamente quando conhece o bem e, conhecendo-o, não pode deixar de praticá-lo;

por outro lado, aspirando ao bem, sente-se dono de si mesmo e, por conseguinte, é feliz.

## III. *Platão*

Nasce em Atenas em 427 e morre em 347 (a.n.e.). Discípulo de Sócrates e, como este, inimigo da democracia ateniense. A condenação e a execução do seu mestre induzem-no a renunciar à política efetiva. A ética de Platão se relaciona intimamente com a sua filosofia política, porque para ele — como para Aristóteles — a *polis é o* terreno próprio da vida moral.

A ética de Platão depende, intimamente, como a sua política: a) da sua concepção metafísica (dualismo do mundo sensível e do mundo das ideias permanentes, eternas, perfeitas e imutáveis, que constituem a verdadeira realidade e têm como cume a Ideia do Bem, divindade, artífice ou *demiurgo* do mundo); b) da sua doutrina da alma (princípio que anima ou move o homem e consta de três partes: razão, vontade ou ânimo, e apetite; a razão que contempla e quer racionalmente é a parte superior, e o apetite, relacionado com as necessidades corporais, é a inferior).

Pela razão, como faculdade superior e característica do homem, a alma se eleva — mediante a contemplação — ao mundo das ideias. Seu fim último é purificar ou libertar-se da matéria para contemplar o que realmente é e sobretudo a Ideia do Bem. Para alcançar esta purificação, é preciso praticar várias virtudes, que correspondem a cada uma das partes da alma e consistem no seu funcionamento perfeito: a virtude da razão é a prudência; a da vontade ou ânimo, a fortaleza; e a do apetite, a temperança. Estas virtudes guiam ou refreiam uma parte da alma. A harmonia entre as diversas partes constitui a quarta virtude, ou justiça.

Como o indivíduo por si só não pode aproximar-se da perfeição, torna-se necessário o Estado ou Comunidade política. O homem é bom enquanto bom cidadão. A Ideia do homem se realiza somente na comunidade. A ética desemboca necessariamente na política.

ÉTICA

Em *A República*, Platão constrói um Estado ideal à semelhança da alma. A cada parte desta, corresponde uma classe especial que deve ser guiada pela respectiva virtude: à razão, a classe dos governantes — filósofos, guiados pela prudência —; ao ânimo ou vontade, a classe dos guerreiros, defensores do Estado, guiados pela fortaleza; e ao apetite, os artesãos e os comerciantes, encarregados dos trabalhos materiais e utilitários, guiados pela temperança. Cada classe social deve consagrar-se à sua tarefa especial e abster-se de realizar outras. De modo análogo ao que sucede na alma, compete à justiça social estabelecer na cidade a harmonia indispensável entre as várias classes. E, com o fim de garantir esta harmonia social, Platão propõe a abolição da propriedade privada para as duas classes superiores (governantes e guerreiros).

Na ética platônica transparece o desprezo, característico da Antiguidade, pelo trabalho físico e, por isto, os artesãos ocupam o degrau social inferior e se exaltam as classes dedicadas às atividades superiores (a contemplação, a política e a guerra). Por outra parte, de acordo com as ideias dominantes e com a realidade política e social daquele tempo, não há lugar algum no Estado ideal para os escravos, porque desprovidos de virtudes morais e de direitos cívicos. Com estas limitações da classe, encontramos na ética de Platão a estreita unidade da moral e da política, dado que, para ele, o homem se forma espiritualmente somente no Estado e mediante a subordinação do indivíduo à comunidade.

## IV. *Aristóteles*

De Estagira, Macedônia (384-322 a.n.e.). Discípulo de Platão em Atenas; mais tarde, preceptor de Alexandre da Macedônia e fundador da sua própria escola, o Liceu, cujos discípulos eram chamados de *peripatéticos* (porque aprendiam enquanto passeavam com o seu mestre).

Aristóteles se opõe ao dualismo ontológico de Platão. Para ele, a ideia não existe separada dos indivíduos concretos, que são o único existente real; a ideia existe somente *nos* seres individuais.

DOUTRINAS ÉTICAS FUNDAMENTAIS

Mas, no ser individual, é preciso distinguir o que é atualmente e o que tende a ser (ou seja, o ato e a potência: o grão é planta em potência e a planta — como ato — é a realização definitiva da potência). A mudança universal é passagem incessante da potência ao ato. Existe somente um ser que é ato puro, sem potência: Deus. Também o homem deve realizar com seu esforço o que é potência, para realizar-se como ser humano.

O homem, portanto, é atividade, passagem da potência ao ato. Mas qual é o fim desta atividade? Para onde tende? Com esta pergunta já se entra no terreno moral. Há muitos fins, e uns servem para alcançar outros. Mas qual é o fim último para o qual tende o Homem? Deve ficar claro que não se pergunta pelo fim de um homem específico — o sapateiro ou o tocador de flauta — mas pelo fim do homem enquanto tal, de todo homem. E Aristóteles responde: a felicidade (*eudaimonia*). Mas em que consiste o fim ou o bem absoluto, como plena realização daquilo que é humano no homem? Não é o prazer (o *Hedoné*), nem tampouco a riqueza: é a vida teórica ou contemplação, como atividade humana guiada pelo que há de mais característico e elevado no homem: a razão.

Porém esta vida não se realiza acidental e esporadicamente, mas mediante a aquisição de certos modos constantes de agir (ou hábitos) que são as *virtudes*. Estas não são atitudes inatas, mas modos de ser que se adquirem ou conquistam pelo exercício e, já que o homem é ao mesmo tempo racional e irracional, é preciso distinguir duas classes de virtudes: intelectuais ou *dianoéticas* (que operam na parte racional do homem, isto é, na razão) e práticas ou *éticas* (que operam naquilo que há nele de irracional, ou seja, nas suas paixões e apetites, canalizando-os racionalmente). Por sua vez, a virtude consiste no termo médio entre dois extremos (um excesso e um defeito). Assim, o valor está entre a temeridade e a covardia; a liberalidade, entre a prodigalidade e a avareza; a justiça, entre o egoísmo e o esquecimento de si. Por conseguinte, a virtude é um equilíbrio entre dois extremos instáveis e igualmente prejudiciais. Finalmente, a felicidade que se alcança mediante a virtude, e que é o seu coroamento, exige necessariamente algumas

ÉTICA

condições — maturidade, bens materiais, liberdade pessoal, saúde etc. —, embora estas condições não bastem sozinhas para fazer alguém feliz.

A ética de Aristóteles — como a de Platão — está unida à sua filosofia política, já que para ele — como para o seu mestre — a comunidade social e política é o meio necessário da moral. Somente nela pode realizar-se o ideal da vida teórica na qual se baseia a felicidade. O homem enquanto tal só pode viver na cidade ou *polis*; é, por natureza, um animal político, ou seja, social. Somente os deuses ou os animais não têm necessidade da comunidade política para viver; o homem, entretanto, deve necessariamente viver em sociedade. Por conseguinte, não pode levar uma vida moral como indivíduo isolado, mas como membro da comunidade. Por sua vez, porém, a vida moral não é um fim em si mesmo, mas condição ou meio para uma vida verdadeiramente humana: a vida teórica na qual consiste a felicidade.

Pois bem; para Aristóteles, essa vida teórica que pressupõe necessariamente a vida em comum é, por um lado, acessível só a uma minoria ou *elite*, e do outro, implica uma estrutura social — como a da antiga Grécia — na qual a maior parte da população — os escravos — mantém-se excluída não só da vida teórica, mas da vida política. Por esta razão, a verdadeira vida moral é exclusiva de uma *elite* que pode realizá-la — isto é, consagrar-se a procurar a felicidade na contemplação — no âmbito de uma sociedade baseada na escravidão. Dentro desse âmbito, o homem bom (o sábio) deve ser, ao mesmo tempo, um bom cidadão.

## V. *Estoicos e Epicuristas*

O estoicismo e o epicurismo surgem no processo de decadência e de ruína do mundo antigo grego-romano, que se caracteriza pela perda de autonomia dos Estados gregos e pela organização, desenvolvimento e queda dos grandes impérios: primeiro o macedônio, e depois o romano. O estoicismo tem como seus principais representantes Zenão de Cítio, na Grécia, e Sêneca, Epíteto e Marco

Aurélio, em Roma; o epicurismo está representado por Epicuro, na Grécia, e por Tito Lucrécio Caro, em Roma.

Para ambos, a moral não mais se define em relação à *polis*, mas ao universo. O problema moral é colocado sobre o fundo da necessidade física, natural, do mundo. Por isto, tanto no estoicismo quanto no epicurismo, a física é a premissa da ética.

Para os estoicos, o mundo, ou *cosmos* é um único grande ser que tem Deus como princípio, alma ou razão, sendo aquele o seu animador ou coordenador. No mundo acontece somente o que Deus quer, e, assim, domina nele uma fatalidade absoluta; não existe nem liberdade nem acaso. O homem, como parte deste mundo, possui nele o seu destino. E, como tudo é regido por uma necessidade radical, a única coisa que lhe resta é aceitar o seu destino e agir consciente dele. Esta é a atitude do sábio.

O bem supremo é viver de acordo com a natureza, ou seja, de acordo com a razão, com consciência do nosso destino e de nossa função no universo, sem se deixar levar por paixões ou afetos interiores ou pelas coisas exteriores. Praticando para isso a apatia e a imperturbabilidade, o homem (o sábio) se firma contra as suas paixões ou contra os reveses do mundo exterior, e conquista a sua liberdade interior bem como sua autarquia (ou autossuficiência) absoluta. O indivíduo, assim, define-se moralmente sem necessidade da comunidade como cenário necessário da vida moral. O estoico vive moralmente como cidadão do cosmos, não da *polis*.

Para os epicuristas, tudo o que existe, incluindo a alma, é formado de átomos materiais que possuem um certo grau de liberdade, na medida em que se podem desviar ligeiramente na sua queda. Não há nenhuma intervenção divina nos fenômenos físicos nem na vida do homem. Libertado assim do temor religioso, o homem pode buscar o bem neste mundo (o bem, para Epicuro, é o prazer). Mas há muitos prazeres, e nem todos são igualmente bons. É preciso escolher entre eles para encontrar os mais duradouros e estáveis, que não são os corporais (fugazes e imediatos), mas os espirituais; isto é, os que contribuem para a paz da alma.

ÉTICA

Assim, pois, o epicurista alcança o bem, retirado da vida social, sem cair no temor do sobrenatural, encontrando em si mesmo, ou rodeado por um pequeno círculo de amigos, a tranquilidade da alma e a autossuficiência.

Deste modo, na ética epicurista e estoica, que surgem numa época de decadência e de crise social, a unidade da moral e da política, sustentada pela ética grega anterior, se dissolve.

## 3. ÉTICA CRISTÃ MEDIEVAL

O cristianismo se eleva sobre as ruínas da sociedade antiga; depois de uma longa e sofrida luta, transforma-se na religião oficial de Roma (séc. IV) e termina por impor o seu domínio durante dez séculos. Ruindo o mundo antigo, a escravidão cede o seu lugar ao regime de servidão e, sobre a base deste, organiza-se a sociedade medieval como um sistema de dependências e de vassalagens que lhe confere um aspecto estratificado e hierárquico. Nesta sociedade, caracterizada também pela sua profunda fragmentação econômica e política, devida à existência de uma multidão de feudos, a religião garante uma certa unidade social, porque a política está na dependência dela e a Igreja — como instituição que vela pela defesa da religião — exerce plenamente um poder espiritual e monopoliza toda a vida intelectual. A moral concreta, efetiva, e a ética — como doutrina moral — estão impregnadas, também, de um conteúdo religioso que encontramos em todas as manifestações da vida medieval.

## I. A Ética Religiosa

A ética cristã — como a filosofia cristã em geral — parte de um conjunto de verdades reveladas a respeito de Deus, das relações do homem como o seu criador e do modo de vida prático que o homem deve seguir para obter a salvação no outro mundo.

277

## DOUTRINAS ÉTICAS FUNDAMENTAIS

Deus, criador do mundo e do homem, é concebido como um ser pessoal, bom, onisciente e todo-poderoso. O homem, como criatura de Deus, tem seu fim último em Deus, que é o seu bem mais alto e o seu valor supremo. Deus exige a sua obediência e a sujeição a seus mandamentos, que neste mundo humano, terreno, têm o caráter de imperativos supremos.

Assim, pois, na religião cristã, o que o homem é e o que deve fazer definem-se essencialmente não em relação com uma comunidade humana (como a *polis*) ou com o universo inteiro, mas, antes de tudo, em relação a Deus. O homem vem de Deus e todo o seu comportamento — incluindo a moral — deve orientar-se para ele como objetivo supremo. A essência da felicidade (a beatitude) é a contemplação de Deus; o amor humano fica subordinado ao divino; a ordem sobrenatural tem a primazia sobre a ordem natural humana.

Também a doutrina cristã das virtudes expressa esta superioridade do divino. Embora assimile — como virtudes fundamentais — a prudência, a fortaleza, a temperança e a justiça, já proclamadas por Platão e que são as virtudes morais em sentido próprio, admite determinadas virtudes supremas ou teologais (fé, esperança e caridade). Enquanto as fundamentais regulam as relações entre os homens e são, por isto, virtudes em escala humana, as teologais regulam as relações entre o homem e Deus e são, por conseguinte, virtudes em escala divina.

O cristianismo pretende elevar o homem de uma ordem terrestre para uma ordem sobrenatural, na qual possa viver uma vida plena, feliz e verdadeira, sem as imperfeições, as desigualdades e injustiças terrenas. Propondo a solução de graves problemas do mundo num mais além, o cristianismo introduz uma ideia de enorme riqueza moral: a da igualdade dos homens. Todos os homens, sem distinção — escravos e livres, cultos e ignorantes —, são iguais diante de Deus e são chamados a alcançar a perfeição e a justiça num mundo sobrenatural.

A mensagem cristã da igualdade é lançada num mundo social em que os homens conhecem a mais espantosa desigualdade: a divisão entre escravos e homens livres, ou entre servos e senhores feudais. A ética cristã medieval não condena esta desigualdade social e chega, inclusive, a justificá-la. A igualdade e a justiça são transferidas para um mundo ideal, enquanto aqui se mantém e se sanciona a desigualdade social. Significa isso, talvez, que a mensagem cristã carecia de efetividade e cumpria somente uma função social justificativa? O problema deve ser enfrentado de uma maneira não abstrata, mas no quadro das condições histórico-sociais de seu tempo. E, considerando estas, não se pode dar uma resposta simplista. De fato, o cristianismo deu aos homens, pela primeira vez, incluindo os mais oprimidos e explorados, a consciência da sua igualdade, exatamente quando não existiam as condições reais, sociais, de uma igualdade efetiva, que — como hoje sabemos — passa historicamente por uma série de eliminações de desigualdades concretas (políticas, raciais, jurídicas, sociais e econômicas). Na Idade Média, a igualdade só podia ser espiritual, ou também uma igualdade para o amanhã num mundo sobrenatural, ou ainda uma igualdade efetiva mas limitada no nosso mundo real e algumas comunidades religiosas. Por isto, tinha de coexistir necessariamente com a mais profunda desigualdade social, enquanto não se criassem as bases materiais e as condições sociais para uma igualdade efetiva. Assim, pois, a mensagem cristã tinha um profundo conteúdo moral na Idade Média, isto é, quando era completamente ilusório e utópico propor-se a realização de uma igualdade real de todos os homens.

Contudo, a ética cristã tende a regular o comportamento dos homens com vistas a outro mundo (a uma ordem sobrenatural), colocando o seu fim ou valor supremo fora do homem, isto é, em Deus. Disto decorre que, para ela, a vida moral alcança a sua plena realização somente quando o homem se eleva a esta ordem sobrenatural; e daí decorre, também, que os mandamentos supremos que regulam o seu comportamento, e dos quais derivam todas as suas regras de conduta, procedem de Deus e apontam para Deus como fim último. O cristianismo como religião oferece assim ao homem certos princípios supremos morais que, por virem de Deus, têm para ele o caráter de imperativos absolutos e incondicionados.

## II. A Ética Cristã Filosófica

O cristianismo não é uma filosofia, mas uma religião (isto é, antes de tudo, uma fé e um dogma). Apesar disto, faz-se filosofia na Idade Média para esclarecer e justificar, lançando mão da razão, o domínio das verdades reveladas ou para abordar questões que derivam das (ou surgem em relação com as) questões teológicas. Por isto, dizia-se naquele tempo que a filosofia é serva da teologia. Subordinando-se a filosofia à teologia, também se subordina a ética. Assim, no âmbito da filosofia cristã da Idade Média, verifica-se também uma ética limitada pela sua índole religiosa e dogmática. Nesta elaboração conceitual dos problemas filosóficos em geral, e morais em particular, aproveita-se a herança da Antiguidade e particularmente de Platão e de Aristóteles, submetendo-os respectivamente a um processo de cristianização. Este processo transparece especialmente na ética de Santo Agostinho (354-430) e de Santo Tomás de Aquino (1226-1274).

A purificação da alma, em Platão, e a sua ascensão libertadora até elevar-se à contemplação das ideias, transforma-se em Santo Agostinho na elevação ascética até Deus, que culmina no êxtase místico ou felicidade, que não pode ser alcançada neste mundo. Contudo, Santo Agostinho se afasta do pensamento grego antigo ao sublinhar o valor da experiência pessoal, da interioridade, da vontade e do amor. A ética agostiniana se contrapõe, assim, ao racionalismo ético dos gregos.

A ética tomista coincide nos seus traços gerais com a de Aristóteles, sem esquecer, porém, que se trata de cristianizar a sua moral como, em geral, a sua filosofia. Deus, para Santo Tomás, é o bem objetivo ou fim supremo, cuja posse causa gozo ou felicidade, que é um bem subjetivo (nisto se afasta de Aristóteles, para quem a felicidade é o fim último). Mas, como em Aristóteles, a contem-

ÉTICA

plação, o conhecimento (como visão de Deus) é o meio mais adequado para alcançar o fim último. Por este acento intelectualista, aproxima-se de Aristóteles.

Na sua doutrina político-social, atém-se à tese do homem como ser social ou político, e, ao referir-se às diversas formas de governo, inclina-se para uma monarquia moderada, ainda que considere que todo o poder derive de Deus e o poder supremo caiba à Igreja.

## 4. A ÉTICA MODERNA

Entendemos por *moderna* a ética dominante desde o século XVI até os começos do século XIX. Embora não seja fácil reduzir as múltiplas e variadas doutrinas éticas deste período a um denominador comum, podemos destacar a sua tendência antropocêntrica — em contraste com a ética teocêntrica e teológica da Idade Média — que atinge o seu ponto culminante na ética de Kant.

## I. *A Ética Antropocêntrica no Mundo Moderno*

A ética moderna se cultiva na nova sociedade que sucede à sociedade feudal da Idade Média e se caracteriza por uma série de mudanças em todas as ordens. Na econômica, incrementaram-se consideravelmente as forças produtivas em relação com o desenvolvimento científico que se concretiza na constituição da ciência moderna (Galileu e Newton) e se desenvolvem as relações capitalistas de produção; na ordem social, se fortalece uma nova classe social — a burguesia — que se preocupa com estender o seu poder econômico e luta para impor a sua hegemonia política através de uma série de revoluções (na Holanda, Inglaterra e França); no plano estatal, desaparece a fragmentação da sociedade feudal — com a sua multidão de pequenos Estados — e se criam os grandes Estados modernos, únicos e centralizados. É preciso assinalar, contudo, que esta transformação social não possui um caráter uniforme e

DOUTRINAS ÉTICAS FUNDAMENTAIS

que com ela coexiste o atraso político e econômico de outros países (como Alemanha e Itália), que somente no século XIX conseguem realizar a sua unidade nacional.

Na ordem espiritual, a religião deixa de ser a forma ideológica dominante e a Igreja Católica perde a sua função de guia. Verificam-se os movimentos de reforma, que destroem a unidade cristã medieval. Na nova sociedade, consolida-se um processo de separação daquilo que a Idade Média unira: a) a razão separa-se da fé (e a filosofia, da teologia); b) a natureza, de Deus (e as ciências naturais, dos pressupostos teológicos); c) o Estado, da Igreja; e d) o homem, de Deus.

O homem adquire um valor pessoal, não só como ser espiritual, mas também como ser corpóreo, sensível, e não só como ser dotado de razão, mas também de vontade. Sua natureza não somente se revela na contemplação, mas também na ação. O homem afirma o seu valor em todos os campos: na ciência (pondo-a a serviço de suas necessidades humanas); na natureza (considerando-a como objeto de transformação ou produção humana); na arte (representando tudo — inclusive as virgens — com olhos humanos).

O homem aparece, portanto, no centro da política, da ciência, da arte e também da moral. Ao se transferir o centro de Deus para o homem, este acabará por apresentar-se como o absoluto, ou como o criador ou legislador em diferentes domínios, incluindo nestes a moral.

Em Descartes (século XVII) já se esboça claramente a tendência a basear a filosofia no homem, embora este ainda se conceba como um abstrato *eu* pensante; nos iluministas e materialistas franceses do século XVIII, a filosofia está a serviço da tarefa de destruir os pilares ideológicos de um mundo já caduco (o Antigo Regime, ou ordem feudal-absolutista) e de formar — mediante a ilustração — um novo homem em harmonia com a sua natureza racional (a filosofia — segundo estes pensadores que preparam ideologicamente a Revolução Francesa — deve orientar a reforma do homem); em Kant, o homem como consciência cognoscente ou

282

ÉTICA

moral é, antes de tudo, um ser ativo, criador e legislador, tanto no plano do conhecimento quanto no da moral.

Vemos, portanto, que no mundo moderno tudo contribui para que a ética, libertada de seus pressupostos teológicos, seja *antropocêntrica*, isto é, tenha o seu centro e fundamento no homem, embora este ainda se conceba de uma maneira abstrata, dotado de uma natureza universal e imutável. A ética de Kant é a mais perfeita expressão da ética moderna, razão pela qual nos referimos de preferência a ela, mesmo que sucintamente, visando a situá-la — pela mudança decisiva que representa — dentro da evolução do pensamento ético que culminará na nossa época. Por outra parte, recordamos que já expusemos as teses kantianas fundamentais a respeito da bondade (cap. VII, 5) e da obrigatoriedade moral (cap. VIII, 7).

## II. *A Ética de Kant*

Kant (1724-1804), do seu solitário retiro de Koenigsberg, foi contemporâneo dos grandes acontecimentos que estremeceram a França e que deviam culminar na Revolução de 1789. Suas obras éticas fundamentais apareceram nos anos imediatamente anteriores a esta revolução: *Fundamentação da metafísica dos costumes*, em 1785, e *Crítica da razão prática*, em 1788.

Como outros grandes pensadores alemães do seu tempo — Goethe, Fichte e Hegel —, Kant acompanha com admiração a revolução que se realiza do outro lado do Reno e, como os seus coetâneos, anseia também por uma mudança revolucionária, mas, dadas as condições peculiares da realidade social alemã, esta mudança se operará somente no campo do pensamento. E, de fato, Kant tem consciência de que revolucionou a filosofia e, por analogia com a revolução que Copérnico operou ao demonstrar que a terra gira ao redor do sol e não ao contrário, afirma que realizou uma revolução copernicana ao inverter a ordem que se admitia tradicionalmente nas relações sujeito-objeto. No terreno do conhecimento — sustenta Kant — não é o sujeito que gira ao redor do objeto, mas ao contrário. O que o sujeito conhece é o produto de sua consciência. E a mesma coisa se verifica na moral: o sujeito — a consciência moral — dá a si mesmo a sua própria lei. O homem como sujeito cognoscente ou moral é ativo, criador e está no centro tanto do conhecimento quanto da moral.

Kant toma como ponto de partida da sua ética o *factum* (o fato) da moralidade. É um fato indiscutível, certamente, que o homem se sente responsável pelos seus atos e tem consciência do seu dever. Mas esta consciência obriga a supor que o homem é livre. Pois bem, dado que o homem como sujeito empírico é determinado casualmente e a razão teórica nos diz que não pode ser livre, é preciso admitir então, como um postulado da razão prática, a existência de um mundo da liberdade ao qual pertence o homem como ser moral.

O problema da moralidade exige que se proponha a questão do fundamento da bondade dos atos, ou em que consiste o bom. Já conhecemos a resposta de Kant: o único bom em si mesmo, sem restrição, é uma *boa vontade*. A bondade de uma ação não se deve procurar em si mesma, mas na vontade com que se fez. Mas quando é que uma vontade é boa, ou como uma boa vontade age ou quer? É boa a vontade que age por puro respeito ao dever, sem razões outras a não ser o cumprimento do dever ou a sujeição à lei moral. O mandamento ou dever que deve ser cumprido é incondicionado e absoluto; ou seja, o que a boa vontade ordena é universal por sua forma e não tem um conteúdo concreto: refere-se a todos os homens em todo o tempo e em todas as circunstâncias e condições. Kant chama de imperativo categórico a esse mandamento, formulando-o assim: "Age de maneira que possas querer que o motivo que te levou a agir se torne uma lei universal."

Se o homem age por puro respeito ao dever e não obedece a outra lei a não ser a que lhe dita a sua consciência moral, é — como ser racional puro ou pessoa moral — legislador de si mesmo. Por isto, tomar o homem como meio parece a Kant profundamente imoral, porque todos os homens são fins em si mesmos e, como

ÉTICA

tais — isto é, como pessoas morais —, formam parte do mundo da liberdade ou do reino dos fins.

Kant — fiel ao seu antropocentrismo ético — empresta assim à moral o seu princípio mais alto, e o faz exatamente num mundo humano concreto no qual o homem, longe de ser um fim em si, é meio, instrumento ou objeto (mercadoria, por exemplo), e no qual, por outra parte, ainda não se verificam as condições reais, efetivas, para transformá-lo efetivamente em fim. Mas esta consciência de que não deve ser tratado como meio, e sim como fim, tem um profundo conteúdo humanista, moral, e inspira hoje todos aqueles que desejam a realização desse princípio kantiano não já num mundo ideal, mas em nosso mundo real.

A ética kantiana é uma ética formal e autônoma. Por ser puramente formal, tem de postular um dever para todos os homens, independentemente da sua situação social e seja qual for o seu conteúdo concreto. Por ser autônoma (e opor-se assim às morais heterônomas nas quais a lei que rege a consciência vem de fora), aparece como a culminação da tendência antropocêntrica iniciada no Renascimento, em oposição à ética medieval. Finalmente, por conceber o comportamento moral como pertencente a um sujeito autônomo e livre, ativo e criador, Kant é o ponto de partida de uma filosofia e de uma ética na qual o homem se define antes de tudo como ser ativo, produtor ou criador.

## 5. A ÉTICA CONTEMPORÂNEA

Incluímos na ética contemporânea não só as doutrinas éticas atuais, mas também aquelas que, embora tenham surgido no século XIX, continuam exercendo o seu influxo em nossos dias. Tal é o caso das ideias de Kierkegaard, Stirner ou Marx.

As doutrinas éticas posteriores a Kant e a Hegel surgem num mundo social que, depois da Revolução de 1789, não só conheceu a instauração de uma ordem social que se apresenta conforme à natureza racional do homem, mas também uma sociedade na qual

## DOUTRINAS ÉTICAS FUNDAMENTAIS

afloram e se aguçam as contradições profundas que explodirão nas revoluções sociais do século passado e do presente. A sociedade racional dos iluministas do século XVIII, bem como o Estado hegeliano, encarnação da razão universal, revelam na realidade burguesa uma profunda irracionalidade. A ética contemporânea surge, igualmente, numa época de contínuos progressos científicos e técnicos e de um imenso desenvolvimento das forças produtoras, que acabarão por questionar a própria existência da humanidade, dada a ameaça que seus usos destruidores acarretam. Finalmente, a ética contemporânea, na sua fase mais recente, não só conhece um novo sistema social — o socialismo —, mas também um processo de descolonização e, paralelamente a ele, uma reavaliação de comportamentos, princípios e heranças que não se enquadram no legado ocidental tradicional.

No plano filosófico, a ética contemporânea se apresenta em suas origens como uma reação contra o formalismo e o racionalismo abstrato kantiano, sobretudo contra a forma absoluta que este adquire em Hegel. Na filosofia hegeliana, chega a seu apogeu a concepção kantiana do sujeito soberano, ativo e livre; mas, em Hegel, o sujeito é a Ideia, Razão ou Espírito absoluto, que é a totalidade do real, incluindo o próprio homem como um seu atributo. A sua atividade moral não é senão uma fase do desenvolvimento do Espírito ou um meio pelo qual o Espírito — como verdadeiro sujeito — se manifesta e se realiza.

A reação ética contra o formalismo kantiano e o racionalismo absoluto de Hegel é uma tentativa de salvar o concreto em face do formal, ou também o homem real em face da sua transformação numa abstração ou num simples predicado do abstrato ou do universal. De acordo com a orientação geral que segue o movimento filosófico, desde Hegel até os nossos dias, o pensamento ético também reage:

a) contra o formalismo e o universalismo abstrato e em favor do homem concreto (o indivíduo, para Kierkegaard e para o existencialismo atual; o homem social, para Marx);

ÉTICA

b) contra o racionalismo absoluto e em favor do reconhecimento do irracional no comportamento humano (Kierkegaard, o existencialismo, o pragmatismo e a psicanálise);

c) contra a fundamentação transcendente (metafísica) da ética e em favor da procura da sua origem no próprio homem (em geral, todas as doutrinas que examinamos, e, com um acento particular, a ética de inspiração analítica, a qual, para subtrair-se a qualquer metafísica, refugia-se na análise da linguagem moral).

Tais são os rumos principais nos quais se orientam as doutrinas fundamentais contemporâneas no campo da ética, que de um modo muito sumário apresentamos a seguir.

## I. *De Kierkegaard ao Existencialismo*

Kierkegaard (1813-1855) é considerado hoje como o pai do existencialismo. Caracterizou-se a si mesmo como o Anti-Hegel, para sublinhar categoricamente a sua oposição ao racionalismo absoluto hegeliano. Para Hegel — afirmava o filósofo dinamarquês — o homem se integra como um elemento a mais no desenvolvimento universal da razão. O seu racionalismo é indiferente à existência do indivíduo; o que vale neste é o que possui de abstrato e universal. Para Kierkegaard, ao contrário, o que vale é o homem concreto, o indivíduo como tal, isto é, a sua subjetividade. Hegel pretende explicar tudo (nada escapa à sua racionalidade absoluta), mas não é possível uma explicação racional, objetiva, da existência individual (esta não pode ser explicada, mas vivida).

Por conseguinte, ao racionalismo absoluto hegeliano, Kierkegaard contrapõe o seu irracionalismo absoluto e o seu individualismo radical, que é, por sua vez, um subjetivismo total, porque o indivíduo existe unicamente no seu comportamento plenamente subjetivo. De acordo com o grau de autenticidade, Kierkegaard distingue três estágios na existência individual: estético, ético e religioso. O estágio superior é o religioso, porque a fé que o sustenta é uma relação pessoal, puramente subjetiva, com Deus. O estágio

DOUTRINAS ÉTICAS FUNDAMENTAIS

ético ocupa um degrau inferior, embora acima do estético; e, no ético, o indivíduo deve pautar o seu comportamento por normas gerais e, por isto, perde em subjetividade, ou seja, em autenticidade. Porque ainda não garante a conquista do homem concreto como indivíduo radical, que só se alcança na religião, a ética não passa de sua antecâmara.

*Max Stirner* (1806-1856), autor de O *único e sua propriedade*, pode ser considerado como um dos precursores do anarquismo moderno. Pretende também recuperar o homem concreto, encontrando-o no Eu, na vontade individual ou no Único. Por conseguinte, a atitude consequente e sincera é o egoísmo integral, assim como a negação absoluta de toda instância ou autoridade que possa sujeitar o indivíduo (a religião, a sociedade, a lei, a moral ou o Estado). Se em Kierkegaard a moral ocupa um setor limitado da individualidade autêntica, em Stirner ela se torna simplesmente impossível.

O existencialismo de *Jean-Paul Sartre* (1905-1980) renova em nossos dias a orientação individualista e irracionalista de Kierkegaard que, como vimos, também passa por Stirner. Mas Sartre, sob certos aspectos, afasta-se de ambos. De Kierkegaard distingue-se por seu ateísmo. Para Sartre, Deus não existe, e é preciso deduzir desta verdade todas as consequências (recorda a este propósito as palavras de Dostoiévski: "Se Deus não existisse, tudo seria permitido."). Abolido o fundamento último dos valores, já não se pode falar em valores, princípios ou normas que possuam objetividade ou universalidade. Resta somente o homem como fundamento sem fundamento (sem razão de ser) dos valores. Do individualismo niilista de Stirner, Sartre se afasta pelo reconhecimento da necessidade de levar em consideração os outros, reconhecimento que assume ainda maior força na segunda fase da obra de Sartre, quando ele sente o impacto dos grandes problemas políticos e sociais do nosso tempo e se aproxima do marxismo, pretendendo integrar nele o existencialismo, para eliminar as limitações que, na sua opinião, o marxismo apresenta na análise do indivíduo.

## ÉTICA

Dois componentes fundamentais se articulam, de maneira peculiar, na filosofia de Sartre: o seu individualismo radical e o seu libertarismo.

Segundo Sartre, o homem é liberdade. Cada um de nós é absolutamente livre e mostra a sua liberdade sendo o que escolheu ser. A liberdade, além disto, é a única fonte de valor. Cada indivíduo escolhe livremente e, ao escolher, cria o seu valor. Assim, na medida em que não existem valores objetivamente fundados, cada um deve criar ou inventar os valores ou as normas que guiem o seu comportamento. Mas, se não existem normas gerais, o que é que determina o valor de cada ato? Não é o seu fim real nem o seu conteúdo concreto, mas o grau de liberdade com que se realiza. Cada ato ou cada indivíduo vale moralmente não por sua submissão a uma norma ou a um valor estabelecido — assim renunciaria à sua própria liberdade —, mas pelo uso que faz da própria liberdade. Se a liberdade é o valor supremo, o valioso é escolher e agir livremente.

Mas existem os outros, e eu só posso tomar minha liberdade como fim se tomo também como fim a liberdade dos outros. Ao escolher, não só me comprometo pessoalmente, mas comprometo toda a humanidade. Em conclusão, não existindo valores transcendentes e universais, e admitindo-se somente a liberdade como valor supremo, a vida é um compromisso constante, um constante escolher por parte do indivíduo, tanto mais valioso moralmente quanto mais livre.

Sartre nega que se trate de uma escolha arbitrária, porque a escolha é feita dentro de uma dada situação e em determinada estrutura social. Mas apesar disto, a sua ética não perde o seu cunho libertário e individualista, dado que nela o homem se define: a) pela sua absoluta liberdade de escolha (ninguém é vítima das circunstâncias), e b) pelo caráter radicalmente singular desta escolha (consideram-se os outros e a sua respectiva liberdade, mas eu — precisamente porque sou livre — escolho por eles, e traço o caminho que pessoalmente devo seguir —, porque de outro modo abdicaria de minha própria liberdade).

## DOUTRINAS ÉTICAS FUNDAMENTAIS

## II. O *Pragmatismo*

O pragmatismo, como filosofia e doutrina ética, nasce e se difunde particularmente nos Estados Unidos no último quarto do século passado e nas primeiras décadas deste; seus principais expoentes são Ch. S. Pierce, W. James e J. Dewey. O progresso científico e técnico e o desenvolvimento do "espírito de empresa" neste país, bem como a correlativa mercantilização das várias atividades humanas, criavam condições favoráveis para a aparição e difusão de uma filosofia antiespeculativa, como o pragmatismo, afastada dos problemas abstratos da velha metafísica e atenta, sobretudo, às questões práticas, entendidas num sentido utilitário.

O pragmatismo caracteriza-se pela sua identificação da verdade com o útil, no sentido daquilo que melhor ajuda a viver e a conviver. No terreno da ética, dizer que algo é bom equivale a dizer que conduz eficazmente à obtenção de um fim, que leva ao êxito. Por conseguinte, os valores, princípios e normas são esvaziados de um conteúdo objetivo, e o valor do bom — considerado como aquilo que ajuda o indivíduo na sua atividade prática — varia de acordo com cada situação.

Reduzindo o comportamento moral aos atos que levam ao êxito pessoal, o pragmatismo se transforma numa variante utilitarista marcada pelo egoísmo; por sua vez, rejeitando a existência de valores ou normas objetivas, apresenta-se como mais uma versão do subjetivismo e do irracionalismo.

## III. *Psicanálise e Ética*

A psicanálise, como corrente psiquiátrica e psicoterapêutica, foi fundada por Sigmund Freud (1856-1939). Do tronco comum da escola freudiana desprendeu-se uma série de ramos — representados, entre outros, por Adler, Jung, Sullivan e Fromm — nos quais as teses da psicanálise de Freud são submetidas a um processo de revisão. Ainda que não se possa falar propriamente de uma ética psicanalítica, é inegável que algumas de suas descobertas

ÉTICA

mais importantes a respeito do papel da motivação inconsciente no comportamento humano têm consequências importantes para as investigações éticas. Por isto, considerando sobretudo a psicanálise na sua versão clássica — a de Freud —, que parte de uma concepção naturalista do homem, bem como a versão revisada de Fromm, que tenta completá-la integrando nela os fatores sociais, é lícito falar de uma ética de inspiração psicanalítica.

O pressuposto básico da psicanálise é a afirmação de que existe uma zona da personalidade, da qual o sujeito não tem consciência, e que é precisamente o inconsciente. Nela são atirados e se armazenam recordações, desejos ou impulsos reprimidos que lutam para escapar desse fundo obscuro, burlando a "censura" exercida pela consciência. Por isto, o inconsciente não é algo passivo e inerte, mas ativo e dinâmico, influindo poderosamente no comportamento real do sujeito. Para Freud, a energia que se manifesta nessa atividade inconsciente é de natureza sexual e se chama *libido*. Quando não pode ser canalizada ou adaptada e é reprimida, criam-se as condições para perturbações psíquicas como a neurose.

Freud distingue três zonas da personalidade: o *id* (conjunto de forças, impulsos ou tendências inconscientes); o *ego* (que é a consciência em sentido próprio) e o *superego* (conjunto de normas e prescrições que são impostas ao sujeito de maneira autoritária e inconsciente). O *superego*, do qual fazem parte os valores e normas morais adquiridos no período da educação, apresenta-se como uma espécie de consciência inconsciente — o que não deixa de ser uma contradição em termos — que entra em conflito com a consciência moral (consciente).

Sublinhando que o comportamento moral do homem, que se apresenta como consciente, obedece a forças ou impulsos que escapam ao controle da sua consciência, Freud dá uma contribuição importante à ética, pois convida-a a levar em consideração essa motivação, pela qual é obrigada a chegar a esta importante conclusão, a saber: se o ato propriamente moral é aquele no qual o indivíduo age consciente e livremente, os atos praticados por uma

## DOUTRINAS ÉTICAS FUNDAMENTAIS

motivação inconsciente devem ser excluídos do campo moral. A ética não pode ignorar esta motivação e, por isto, deve mostrar que é imoral julgar como moral o ato que obedece a forças inconscientes irresistíveis. De outro lado, a psicanálise ajuda-a a colocar no seu verdadeiro lugar — isto é, como alheias à moral — aquelas normas que são impostas ao sujeito de maneira autoritária.

As contribuições da psicanálise de Freud não invalidam as objeções que já lhe foram feitas por alguns de seus discípulos: a) ampliou desmedidamente o campo e a influência dos fatores inconscientes — de caráter natural, instintivo —, sem considerar o papel da educação e, em geral, dos fatores sociais; b) atribuiu ao inconsciente uma natureza exclusivamente sexual, embora se tenha de reconhecer que já o próprio Freud procurou superar o pansexualismo dos seus primeiros trabalhos. Destas objeções deriva a tendência a pôr em relevo também o papel dos fatores sociais (Fromm), ou a admitir a existência de um inconsciente não exclusivamente sexual (por exemplo, a vontade de poder em Adler).

À diferença de Freud, Fromm não crê que o comportamento do homem — incluindo a moral — possa ser explicado somente pela força dos instintos (explicação mecânico-naturalista), mas também pelas relações do homem (relações abertas e não instintivamente determinadas) com o mundo externo: (1) processo de assimilação de objetos e (2) processos de socialização ou de relações com outras pessoas ou consigo mesmo. Ao analisar a relação entre os fatores inconscientes e os fatores sociais, mantendo como base da sua análise a sociedade capitalista, Fromm nega que os primeiros tenham o papel decisivo que Freud lhes atribuía e imprime assim à psicanálise uma orientação social. E, se bem que ao passar da vida instintiva para a social Fromm caia em concepções antropológicas abstratas do homem, bem como numa visão utópica da mudança social, é evidente que a sua versão da psicanálise — em certos aspectos influenciada por Marx — oferece maiores contribuições à ética do que a psicanálise clássica de Freud.

# ÉTICA

## IV. O *Marxismo*

O marxismo como doutrina ética oferece uma explicação e uma crítica das morais do passado, ao mesmo tempo que põe em evidência as bases teóricas e práticas de uma nova moral. Os fundamentos da teoria marxista da moral se encontram nas tentativas de Marx de recuperar também o homem concreto que se tinha transformado numa série de abstrações: em Hegel (como predicado da Ideia), em Stirner (como eu absoluto ou o único) e em Feuerbach (como homem em geral).

Segundo Marx, o homem real é, em unidade indissolúvel, um ser espiritual e sensível, natural e propriamente humano, teórico e prático, objetivo e subjetivo. O homem é, antes de tudo, práxis: isto é, define-se como um ser produtor, transformador, criador; mediante o seu trabalho, transforma a natureza externa, nela se plasma e, ao mesmo tempo, cria um mundo à sua medida, isto é, à medida de sua natureza humana. Esta objetivação do homem no mundo externo, pela qual produz um mundo de objetos úteis, corresponde à sua natureza de ser produtor, criador, que também se manifesta na arte e em outras atividades.

Ademais, o homem é um ser social. Só ele produz, produzindo ao mesmo tempo determinadas relações sociais (relações de produção) sobre as quais se elevam as demais relações humanas, sem excluir as que constituem a superestrutura ideológica da qual faz parte a moral.

O homem é também um ser histórico. As várias relações que contrai numa determinada época constituem uma unidade ou formação econômico-social que muda historicamente sob o impulso de suas contradições internas e, particularmente, quando chega ao seu amadurecimento a contradição entre o desenvolvimento das forças produtoras e das relações de produção. Mudando a base econômica, muda também a superestrutura ideológica e, evidentemente, a moral.

A história do homem — como história da produção material e da produção espiritual nas quais o homem produz a si mesmo

## DOUTRINAS ÉTICAS FUNDAMENTAIS

— apresenta-se como um processo objetivo e inevitável, mas não fatal. São os homens que fazem a sua própria história, seja qual for o grau de consciência com o qual a realizam e de sua participação consciente nela. Mas, em cada época histórica, o agente principal da mudança é a classe ou as classes cujos interesses coincidem com a marcha ascendente do movimento histórico. Destas premissas, deduzem-se as seguintes teses fundamentais para a ética:

1ª) A moral, como toda forma de superestrutura ideológica, cumpre uma função social; no caso específico, a de sancionar as relações e condições de existência de acordo com os interesses da classe dominante. Nas sociedades divididas em classes antagônicas, por conseguinte, a moral tem um caráter de classe.

2ª) Até hoje existiram diferentes morais de classe, e inclusive numa mesma sociedade podem coexistir várias morais, já que a cada classe corresponde uma moral particular. Por isto, enquanto não se verifiquem as condições reais de uma moral universal, válida para toda a sociedade, não pode existir um sistema moral válido para todos os tempos e para todas as sociedades. As tentativas de construir semelhante sistema no passado, ou de apresentar-se com tal universalidade, visavam a expressar sob uma forma universal interesses particulares.

3ª) A moral de cada sociedade, ou de cada classe, tem um caráter relativo, mas na medida em que nela ocorrem, junto com os seus elementos caducos, elementos vivos, as morais particulares se integram num processo de conquista de uma moral verdadeiramente humana e universal. A moral proletária é a moral de uma classe que está destinada historicamente a abolir a si mesma como classe, para ceder lugar a uma sociedade verdadeiramente humana; por isto, prepara também a passagem a uma moral universalmente humana.

4ª) A história está sujeita a uma necessidade objetiva, e as morais surgem nesse processo histórico necessário, o qual determina, por

# ÉTICA

sua vez, a aparição delas. Os homens necessitam da moral como necessitam da produção; a necessidade da moral se explica pela função social que ela cumpre, de acordo com a estrutura social existente.

5ª) Uma nova moral — que deixe de ser a expressão das relações sociais alienadas — torna-se necessária para regular as relações dos indivíduos, tanto em vista da transformação da velha sociedade como em vista de garantir a unidade e a harmonia entre os membros da nova sociedade socialista. Dado que tanto a transformação da antiga ordem social como a construção e a conservação da nova exigem a participação consciente dos homens, a moral — com as suas novas virtudes — se transforma numa necessidade.

6ª) A necessidade da moral na transformação radical da sociedade não significa cair num moralismo — característico do socialismo utópico — que deseja esta transformação mediante uma via moral, apelando para princípios de justiça ou para sentimentos morais. Mas isso tampouco quer dizer que se desdenhem — Marx não os desdenhou — os apelos morais. De fato, uma vez que se toma consciência de que o homem é o ser supremo para o homem, e de que este está humilhado e abandonado, a transformação das relações sociais, que o retêm neste estado, converte-se para ele — como diz Marx — num imperativo categórico. Tal imperativo, certamente, não teria sentido se essa transformação ou restauração da dignidade humana fosse um processo automático e fatal. Portanto, a possibilidade de que a história tome outro rumo, se o homem não atua conscientemente como seu sujeito, coloca-lhe um problema moral.

7ª) O homem *deve* intervir na transformação da sociedade porque, sem a sua intervenção prática e consciente, pode verificar-se uma possibilidade que Marx entreviu — e que o uso destruidor da energia atômica torna hoje dramaticamente atual — ou seja, a possibilidade de um retorno à barbárie, ou de que o homem não

DOUTRINAS ÉTICAS FUNDAMENTAIS

possa subsistir como tal. Mas, por outro lado, toda tentativa de reduzir essa participação ao cumprimento de um imperativo moral ou de um ideal à margem das condições e possibilidades reais somente transformaria a moral naquilo que Marx, de certa feita, chamou de "a impotência em ação".

## V. *Neopositivismo e Filosofia Analítica*

Sob esta rubrica agrupamos as correntes éticas contemporâneas que, partindo da necessidade de libertar a ética do domínio da metafísica, acabam por concentrar a sua atenção na análise da linguagem moral. A publicação de *Principia Ethica*, de G. E. Moore, em 1903, costuma ser considerada como o ponto inicial destas correntes. Predominam, sobretudo, nos países de língua inglesa, nos quais a sua influência se afirma cada vez mais nos últimos anos. Com matizes peculiares, que apresentam às vezes notáveis diferenças, estas correntes têm como principais porta-vozes Ayer, Stevenson, Hare, Nowell-Smith e Toulmin. Reduzindo a tarefa das investigações éticas a uma análise das proposições morais ou da linguagem sobre o comportamento moral (*metaética*), estes filósofos — particularmente os analíticos — declaram-se neutros no terreno da moral e se negam a tomar posição nas grandes questões morais que tradicionalmente preocuparam a ética. Vejamos, pois, em suas linhas mais gerais, as fases fundamentais deste movimento que, no terreno da ética, parte de Moore e chega até os filósofos analíticos dos nossos dias.

Moore se insurge contra toda ética que pretenda definir o bom como uma propriedade natural, quando se trata de algo que não pode ser definido. Esta tentativa de definição é chamada de "falácia naturalista" e, segundo ele, nela se enreda toda a ética naturalista (como a utilitarista de J. S. Mill), ou metafísica (que tenta explicar o bom em termos de realidade metafísica). Se o bom é indefinível e, por outro lado, existe como uma propriedade não natural, Moore é obrigado a chegar à conclusão de que só pode ser captado por meio da intuição.

## ÉTICA

O que Moore faz com o conceito de bom, outros intuicionistas (como Prichard e Ross) estendem a outros conceitos, como os de *dever, reto* ou *justo, obrigação.* Prichard é autor de um famoso artigo intitulado *A Filosofia Moral assenta num erro?* (1912). A esta pergunta responde afirmativamente; segundo ele, como segundo todos os intuicionistas éticos, o erro consiste em buscar argumentos e razões para determinar o que é bom e o que se deve fazer, quando isso é algo que deve ser apreendido de uma maneira imediata e direta, isto é, intuitivamente.

Com o intuicionismo, estava preparado o terreno para dar um novo passo, que consistiria em estender este caráter vivencial não só ao modo de apreensão dos conceitos, mas ao seu próprio objeto: o bom, o dever, a obrigação etc. Este passo é dado pelos positivistas lógicos, cuja posição é representada muito claramente pelo inglês Alfred J. Ayer (na sua obra *Linguagem, verdade e lógica*, 1936). Os conceitos éticos não descrevem nem representam nada, pela simples razão de que não existem propriedades tais como bom, dever etc.; são somente expressões de emoções do sujeito. Passa-se assim ao *emotivismo ético*, isto é, à conclusão de que os termos éticos têm somente um significado emotivo, pois não enunciam fatos e, por conseguinte, as proposições morais carecem de valor científico.

Partindo da posição de Ayer e, em geral, dos positivistas lógicos, Stevenson (*Ethic and Language*, 1945) investiga o significado emotivo dos termos éticos e, em face de Ayer, que deixara a ética sem objeto, considera que a sua tarefa específica é precisamente o estudo da linguagem emotiva. Segundo ele, a linguagem ética é não só expressão de emoções, mas produção de emoções nos outros. R. M. Hare (*The Language of Morais*, 1952) segue também esta linha de análise de linguagem moral: nela vê uma variante da linguagem prescritiva, destinada a sugerir modos de ação, e, portanto, muito relacionada com a lógica dos imperativos. Finalmente, Nowell-Smith (*Ethic*, 1954) sustenta que as palavras ou enunciados podem desempenhar, em um dado momento, as duas funções emotivas antes consideradas — expressiva e afetiva — ou outras que ele analisa pormenorizadamente.

DOUTRINAS ÉTICAS FUNDAMENTAIS

As contribuições dos filósofos analíticos na investigação da linguagem moral, tanto no que diz respeito à sua diferenciação com relação a outras linguagens quanto à sua estrutura, são inegáveis. Contudo, deve-se formular o problema de se é possível estabelecer, em última instância, esta estrutura e esta distinção se se esquece que a linguagem moral é o meio pelo qual as relações efetivas se manifestam no mundo real; isto é, se não se considera a função social específica que a moral desempenha na sociedade e que necessita de linguagem para exercer-se. Reduzindo a tarefa da ética à análise da linguagem moral, abstrai-se dela o seu aspecto ideal ou forma linguística de seus juízos e termos morais, evitando-se as grandes questões da moral; mas estas questões não podem ser postas de lado. Por isso, o próprio Stevenson ressaltou a insuficiência da investigação analítica, vendo-se obrigado a reconhecer que os grandes problemas morais começam exatamente onde esta investigação termina. Portanto, esta análise pode ser justificada e revelar a sua fecundidade ao possibilitar dar um novo passo, como tarefa preparatória para o exame dos problemas morais da própria vida social. De certo modo, é isto que termina por dizer Mary Warnock, depois de passar em revista na sua *Ética contemporânea* os principais expoentes desta corrente: "Todas as analogias e modelos destinados a esclarecer a linguagem ética têm o aspecto de tentativas preparatórias para limpar a mesa do jogo. E é natural que nos sintamos logrados quando comprovamos que, uma vez limpa a mesa, parece estar terminado o próprio jogo."

Ora, para que o jogo comece, é preciso que se tenha presente que os juízos morais e a linguagem moral estão relacionados com a moral existente na vida social.

# Bibliografia

A) Obras gerais

Aranguren, J. L., *Ética*, Rev. de Occidente, 3ª ed., Madrid, 1958.

Frankena, W. K., *Ética*, UTEHA, México, 1965.

Garcia Maynez, Eduardo, *Ética* (várias edições), Ed. Porrúa, México.

Hartmann, Nicolai, *Ethics*, George Allen and Unwin Ltd., London.

Hospers, John, *La conducta humana*, Ed. Tecnos, Madrid, 1964.

Larroyo, Francisco, *Los principios de la Ética social* (várias edições) Porrúa, México.

Maritain, Jacques, *Filosofía moral*, Morata, Madrid, 1962.

Moore, G. E., *Principia Ethica*, UNAM, México, 1959.

————. *Ética*, Ed. Labor, Barcelona — Buenos Aires, 1929.

Nohl, H., *Introducción a la Ética*, F. C. E., México — Buenos Aires.

Nowell-Smith, P. H., *Ethics*, Penguin Books, London, 1954.

Scheler, Max, *Ética*, Rev. de Occidente, Buenos Aires, 1941-1942 (dois vols.).

Shiskin, A. F., *Ética marxista*, Grijalbo, México, 1966.

B) Antologias e dicionários

Abbagnano, Nicola, *Diccionario de filosofía*, Fondo de Cultura Económica, México — Buenos Aires, 1963.

Ferrater Mora, *Diccionario de filosofia*, dois tomos, 5ª ed., Ed. Sudamericana, Buenos Aires, 1965.

Margolis, Joseph, *Contemporary ethical theory*, Randam House, New York, 1966.

Marias, Julián, *La filosofía en sus textos*, 2ª ed., 3 vol., Ed. Aguilar, Madrid, 1961.

BIBLIOGRAFIA

Rosental, M. e Yudin, P., *Diccionario filosófico*, Ed. Universo, Argentina, 1968. (Há edição brasileira, da Editora Exposição do Livro, São Paulo.)

Sellars e Hospers, *Readings in Ethical Theory*, Appleton-Century-Crofts, N. Y., 1952.

C) Textos fundamentais

Ética antiga: Platão, *Apologia de Sócrates*, *A República*, *As Leis*, *Górgias*, *Filebo*; Aristóteles, *Ética a Nicômaco*, *A Política*; Tito Lucrécio Caro, *Da natureza das coisas*; Sêneca, *Diálogos*; Epicuro, *Carta a Meneceu*; Epiteto, *Enquiridion*; Marco Aurélio, *Solilóquios*.

Ética Medieval: Santo Agostinho, *Confissões*, *A cidade de Deus*; Santo Tomás de Aquino, *Suma teológica*.

Ética Moderna: Maquiavel, *O Príncipe*; Descartes, *Tratado das paixões*; Spinoza, *Ética*; Hobbes, *Leviatã*; Hume, *Tratado da natureza humana*, *Ensaios de moral e política*; D'Alembert, *Discurso preliminar da enciclopédia*; Helvécio, *Do Homem*; Rousseau, *O contrato social*, *Emílio*; Kant, *Fundamentação da metafísica dos costumes*, *Crítica da razão prática*; Bentham, *Introdução dos princípios da moral e legislação*; Hegel, *Enciclopédia das ciências filosóficas*, *Filosofia da História*, *Filosofia do Direito*.

Ética Contemporânea: Kierkegaard, *Ou um, ou outro, Estágios no caminho da vida*; Stirner, *O único e sua propriedade*; Nietzsche, *A genealogia da moral*; Marx, *Manuscritos econômico-filosóficos*, *O Capital*; em colaboração com Engels: *A sagrada família*, *A ideologia alemã*; Engels: *Anti-Dühring*; Stuart Mill: *O utilitarismo*; James, *Pragmatismo*; Bergson, *Duas fontes da moral e da religião*; Scheler, *Ética*; Hartmann, *Ética*; Sartre, *O ser e o nada*, *O existencialismo é um humanismo*; Fromm, *Ética e psicanálise*; Ayer, *Linguagem, verdade e lógica*; Stevenson, *Ética e linguagem*; Hare, *A linguagem da moral*.

D) Obras especiais

(No fim de cada citação bibliográfica, indica-se em algarismos romanos o capítulo deste livro ao qual a obra citada se refere mais diretamente.)

# ÉTICA

Alvarez Pastor, J., *Ética de nuestro tiempo* (Descrição da realidade moral contemporânea), Ed. Méndez Otero, México, D. F., 1967. (IX)

Aranguren, J. L. L., *Ética y política*, Ed. Guadarrama, Madrid, 1963. (IX)

Ash, W., *Marxism and the moral concepts*, Monthly Rev. Press, N. Y., 1964. (Há edição brasileira, de Zahar Editores, Rio de Janeiro, 1965.) (VI e X)

Ayer, A. J., *Lenguaje, verdad y lógica*, EUDEBA, Buenos Aires, 1965. (X e XI)

Beauvoir, S. de, *Para una moral de la ambigüedad*, Ed. Shapire, Buenos Aires, 1956. (Há edição brasileira, da Editora Paz e Terra, Rio de Janeiro, 1970.) (V)

Blanchard, B., *Está la ética en un callejón sin salida?*, UNAM, 1959. (I e XI)

Bunge, Mario, *Ética y ciencia*, Siglo Veinte, Buenos Aires, 1960. (I, IV, VI e X)

Campbell, C. A., *"Is 'Free-Will' a Pseudo-Problem?"*, em: Margolis, *Contemporary Ethical Theory*, ed. cit. (V)

Della Volpe, Garaudy, Luporini, Marcovic, Parsons, Kosik, Sartre, Schaff, *Moral y sociedad*, Ed. Univ. de Córdoba, Argentina, 1967. (Há edição brasileira, da Editora Paz e Terra, Rio de Janeiro, 1969.) (III)

Frankena, W., *"The naturalistic fallacy"*, em Margolis, op. cit. (X)

Freud, S., *Introducción al psicoanálisis*, Alianza Editorial, Madrid. (XI)

Fromm, Erich, *Ética y psicoanálisis*, F. C. E., México, D. F., 1953. (III, IX e XI)

Frondizi, R., *Qué son los valores?*, F. C. E., México, 1958. (VI)

Garaudy, R., *Qué es la moral marxista?*, Ed. Procyon, Buenos Aires, 1964.

————, *Marxisme du 20e siècle*, La Palatine, Paris-Genève, 1966. (Há edição brasileira, da Ed. Paz e Terra, Rio de Janeiro, 1968.) (XI)

Hare, R. M., *The language of morals*, Oxford Univ. Press, 1952. (X)

Hartmann. R. S., *La ciencia del valor*, UNAM, México, 1964. (VI)

Hagemann, R., *Dialéctica sin dogma*, Ariel, Barcelona, 1967. (Edição brasileira, Zahar Editores, Rio de Janeiro, 1967.) (IX)

Jaeger, W., *Paideia*, F. C. E., México. (Ed. Brasileira, Ed. Herder, São Paulo, 1969.) (II)

Lafargue, P., *Le determinisme économique de C. Marx*, Paris. (II)

## BIBLIOGRAFIA

Lukács, G., *Historia y conciencia de clase*, ed. esp. no prelo, Ed. Grijalbo. (III, IX e XI)

Maclntyre, *A short history of ethics*, Routledge and Kegan, London, 1967. (XI)

Prichard, H. A., *"Does moral philosophy rest on a mistakef"*, em Margolis, op. cit. (I e XI)

Salazar Bondy, S., *"Notas sobre la experiencia del valor"*, Dianoia, 1967, México. (VI)

Sánchez Vásquez, A., *Las ideas estéticas de Marx*, Ed. Era, México, 1967. (Edição brasileira, Ed. Paz e Terra, Rio de Janeiro, 1968.) (VI e IX)

_____, *Filosofia de la praxis*, Ed. Grijalbo, México, 1967. (Ed. brasileira, Ed. Paz e Terra, 1968.) (IX e XI)

Shaff, A., *Filosofia del hombre*. Ed. Grijalbo, México, 1965. (Ed. brasileira, Zahar Editores, com o título *Marxismo e existencialismo*, Rio, 1965.) (V e VII)

_____, *Marxismo e individuo humano*, Ed. Grijalbo, México, 1967. (Ed. Brasileira, Ed. Civilização Brasileira, Rio de Janeiro, 1967.) (IX)

Schlick, Moritz, *"Qué pretende la ética?"*, em: A. J. Ayer, *El positivismo lógico*, F. C. E., México, 1965. (I)

Stevenson, C. L., *"El significado emotivo de los términos éticos"*, em: Ayer, *El positivismo lógico*, ed. cit. (X e XI)

_____, *Ethics and language*, Yale Univ. Press, 1945. (X e XI)

Toulmin, S. E., *El puesto de la razón en el cosmos*, Rev. de Occidente, Madrid, 1964. (I, IV e X)

Verley, E., R. P. Dubarle O. P., Gorz, A. e Colombel, J., *"Praxis et Morale"* em: *VHomme chrétien et l'homme marxiste*, La Palatine, Paris-Genève, 1964. (III, IV e XI)

Warnock, Mary, *Ética contemporânea*, Ed. Labor, 1968. (XI)

Wrigt, G. H. von, *La lógica de la preferencia*, EUDEBA, Buenos Aires, 1967. (VI e X)

*O texto deste livro foi composto em Sabon LT Std,*
*desenho tipográfico de Jan Tschichold de 1964*
*baseado nos estudos de Claude Garamond e*
*Jacques Sabon no século XVI, em corpo 10/13,5.*
*Para títulos e destaques, foi utilizada a tipografia*
*Frutiger, desenhada por Adrian Frutiger em 1975.*

*A impressão se deu sobre papel off-white*
*pelo Sistema Digital Instant Duplex da*
*Divisão Gráfica da Distribuidora Record.*